KONTEXT
Kunst
Vermittlung
Kulturelle Bildung

KONTEXT Kunst – Vermittlung – Kulturelle Bildung
Band 7

Filmen im Unterricht 2.0 / Podcastingeducation

Neue Wege der Unesco World Heritage Education
im Zeitalter des Dokumentarpodcastings

von

Kai Helge Wirth

Tectum Verlag

Kai Helge Wirth
Filmen im Unterricht 2.0 / Podcastingeducation.
Neue Wege der Unesco World Heritage Education
im Zeitalter des Dokumentarpodcastings
KONTEXT Kunst – Vermittlung – Kulturelle Bildung. Band 7
Zugl.: Diss. Univ. Paderborn, 2009
ISBN: 978-3-8288-2476-8
ISSN: 1868-6060
Umschlagabbildung: „Triumphus Veneris", H.W.Wirth, 2000

© Tectum Verlag Marburg, 2010

Besuchen Sie uns im Internet
www.tectum-verlag.de

Bibliografische Informationen der Deutschen Nationalbibliothek
Die Deutsche Nationalbibliothek verzeichnet diese Publikation in der Deutschen Nationalbibliografie;
detaillierte bibliografische Angaben sind im Internet über http://dnb.ddb.de abrufbar.

Inhaltsverzeichnis

1 Einleitung 11
1.1 Movens 11
1.2 Fragestellungen der Arbeit 12
1.3 Wissenschaftliche Methodik und Aspekte des Aufbaus
 der vorliegenden Arbeit 13

2 World Heritage Education – Versuch einer Definition 17
2.1 Der Begriff des Unesco-Kulturerbes in der Welterbepädagogik 21
2.2 WHE und kulturelle Bildung in Politik/Gesellschaft und Kunstpädagogik .. 22
2.3 Beispiele für Veröffentlichungen und bisheriges welterbepädagogisches
 Wirken in der Praxis von Hochschule und Unesco-Projekt-Schulen 25
2.4 Zusammenfassung und Analyse bisheriger welterbepädagogischer
 Lernmodelle am Beispiel „Lebensräume von Kunst und Wissen" 27
2.5 Charakterisierung bisheriger pädagogischer Prinzipien der Unesco-
 Welterbepädagogik 30
2.6 Möglichkeiten des interdisziplinären Einbezugs von Erbeerziehung
 in den Regelunterricht an den Beispielen Kunst und Geschichte 31
2.7 Erbebewusstsein als besondere Anforderung des WHE-Unterrichtes 33

3 Kulturantropologische Aspekte Neuer Medien und
 filmischer Kommunikabilität 35
3.1 Schulpädagogik und dokumentarisches Filmen 40
3.1.1 Zur Klärung des Begriffes des Dokumentarfilms für den Unterricht 43
3.1.2 Dokumentarfilmen als Möglichkeit einer intersubjektiven
 „Quasirealität" 44
3.2 Filmen/Podcasting als Element in Schule, Curriculum und
 Welterbepädagogik 45

4 Revolutionäres Potential des Podcastings als
 welterbepädagogisch relevanter Faktor 47
4.1 Aktuelles mediales Kulturverhalten von Kindern und Jugendlichen
 im Web 2.0 47
4.1.1 Nutzung von Videoplattformen 50
4.1.2 Empirische Erkenntnisse über Medienverhalten Jugendlicher 51
4.1.3 Die JIM-Studie als zusätzliche Information zur
 medienpädagogischen Relevanz und Aktualität 55
4.2 Prämissen der Implementierung der Videopodcastingproduktion
 als Methode der WHE im Unterrichtsmodell 55

4.2.1 Perspektiven des Kompetenzerwerbs durch Filmen in WHE
und Kunstunterricht 57
4.3 Einbezug von filmischer Welterbepädagogik in
kunstpädagogische Praxis 57

5 Kompetenz- und Medienkompetenzdiskussion in ihrer Bedeutung für den welterbedidaktischen Zusammenhang 61

5.1 Zur Problematik des Kompetenzbegriffes 61
5.2 Grundlagen für medienpädagogische Kompetenzen in WHE 66
5.3 Überlegungen zu einem „Kompetenzkatalog" für
welterbepädagogische Praxis 67
5.3.1 Mögliche Welterbekompetenzen/inhaltliche Kompetenzen 67
5.3.1.1 Welterbekompetenzen in Verbindung mit
Onlinejournalismuskompetenzen 67
5.3.1.2 Welterbekompetenzen/gruppendynamische Kompetenzen 68
5.3.1.3 Welterbekompetenzen/Gestaltkompetenzen 68
5.3.2 Technisches Wissen „am Set" 69
5.3.3 Schnitt und Postproduktion 69
5.3.4 Editieren 70

6 Methodische Aspekte von WHE/ Konstruktivistische Leitlinien und Podcasting 71

6.1 Diskussion des pädagogischen Konstruktivismus für WHE
mit Podcastproduktion 71
6.2 Gegenbeispiele: Instruktionalismus und Kognitivismus 73
6.3 Lernprozess und Selbststeuerung, lebenslanges Lernen und
Nachhaltigkeit im welterbepädagogischen Unterrichtsvorhaben 76
6.4 Ein problemorientiertes Projektverfahren als Teil
welterbepädagogischen Lernens 79

7 Lerngruppenanalysemodell und Triangulative Sozialempirische Studie 83

7.1 Mehrschichtstruktur der Erhebung 83
7.2 Zur Problematik sozialempirischer Forschung 84
7.3 Iterativ-zyklische Aspekte der Erhebung 87
7.3.1 Zielsetzung und Leitfadenformulierung 88
7.3.2 Videoleitfrageninterview Leitthemenstruktur (Basis1) 90
7.3.3 Fragebogenerhebung nach den Dreharbeiten (BASIS 3) 91
7.3.4 Analyse der Filme 92

8 Unterrichtsprojekt „Unesco Welterbestätte Kölner Dom" 97
8.1 Analyse der Lerngruppe 97
8.2 Didaktische Planung/Analyse 99
8.2.1 Unesco Weltkulturerbestätte Kölner Dom aus didaktischer Sicht 99
8.2.2 Projekt Kölner Dom: Formulierung von Welterbekompetenzen in Verbindung mit Filmproduktion als Unterrichtsinhalt 101
8.3 Projekt Kölner Dom: Methodische Planung 102
8.3.1 Gruppenarbeit in einer Lernumgebung als differenziert fördernde Methode für unterrichtliche Welterbefilmprojekte am vorliegenden Beispiel 102
8.4 Beschreibung von Lernumgebung und Materialpool 104
8.4.1 Räumliche Bedingungen 104
8.4.2 Offlinerecherchepool 104
8.4.3 Onlinerecherchepool 104
8.4.4 Handout („Theoretischer Handwerkspool") 105
8.4.5 Projekt Kölner Dom: Zielorientierung in Gruppenarbeit 106
8.4.6 Praktischer Handwerkspool 106
8.4.7 Projektaufträge 107

9 Ergebnisse des Unterrichtsprozesses **109**
9.1 Analyse unterschiedlicher Filmbeispiele 109
9.1.1 Projekt Kölner Dom: Bebilderte Transkription/Deskription Filmbeispiel 1 109
9.1.2 Projekt Kölner Dom: Bebilderte Transkription/Deskription Filmbeispiel 2: „Der Kölner Dom" (4,11 min) 116
9.2 Dokumentarfilmanalyse der Filmbeispiele (Basis 4) 124
9.2.1 Beispiel: „Unesco SPEZIAL" (6,21 min) 124
9.2.1.1 Kameraeinstellungen und Bildkomposition 124
9.2.1.2 Schnitttechnik/Rhythmus 125
9.2.1.3 Ton/Geräusch/Musik 125
9.2.1.4 Drehbuchentwicklung 126
9.2.1.5 Dramaturgie 126
9.2.1.6 Aussagestringenz, Ausdruck, Rhythmus 127
9.2.1.7 Beziehung zwischen Planung, Inhalt und Improvisation 128
9.2.1.8 Originalität 128
9.2.1.9 Auseinandersetzung mit dem Thema 128
9.2.1.10 „Medienkompetenz" 129
9.2.2 Beispiel 2: „Der Kölner Dom" (4,11 min) 129

9.2.2.1 Kameraeinstellungen und Bildkomposition 130
9.2.2.2 Schnitttechnik/Rhythmus 130
9.2.2.3 Ton/Geräusch/Musik 130
9.2.2.4 Drehbuchentwicklung 131
9.2.2.5 Dramaturgie 131
9.2.2.6 Text-Bild-Beziehung 132
9.2.2.7 Beziehung zwischen Planung und Improvisation 132
9.2.2.8 „Medienkompetenz" 132
9.2.2.9 Beobachtungen zur Originalität 132
9.2.2.10 Auseinandersetzung mit dem Thema (Inhalt) 132

10. Auswertung der Untersuchung 133
10.1 Bewertung der Beobachtungen der Filmbeispiele 1 und 2 hinsichtlich „Medienkompetenzen" 133
10.2 Bewertung der Analyse hinsichtlich welterbedidaktischer Maßstäbe und Kompetenzen 135
10.3 Der Wert der Befragungen 136
10.3.1 Das Leitfrageninterview 136
10.3.2 Die erste schriftliche Befragung 137
10.3.3 Die Befragung direkt nach den Dreharbeiten 137
10.3.4 Überprüfung anhand der vor der Durchführung der Unterrichtsreihe geäußerten Ziele und Prognosen 137

11. Kritisches Resümee 143
11.1 Perspektiven für die Erforschung neuer Themenfelder und Arbeitsformen in WHE 146
11.2 Ausblick: Modularisierung filmischer podcastunterstützter Pädagogik 147

12. Appendix 155
12.1 Auswertung des Videoleitfrageninterviews (Basis 1) 155
12.2 Auswertung erste schriftliche Befragung (Basis 3) 156
12.3 Kurzübersicht des Ablaufs der Unterrichtsreihe 160
12.3.1 „Stunde vor der ersten Stunde"/ Befragung 1 – Videoleitfadeninterview (Basis 1) 160
12.3.2 Erste Unterrichtsstunde 160
12.3.3 Zweite Stunde: Austausch von Erfahrungen mit Medien 161
12.3.4 Dritte Stunde, Schwerpunkt: Recherche 161
12.3.5 Vierte Stunde, Schwerpunkt: Bilder sehen und beschreiben 162
12.3.6 Fünfte Stunde, Schwerpunkt: Praxisübungen 162

12.3.7	Sechste Stunde, Schwerpunkt: Drehbuch	162
12.3.8	Zugfahrt und Dreh	163
12.3.9	Siebte Stunde, Schwerpunkt: Capturing und Schnitt	163
12.3.10	Achte Stunde, Schwerpunkt: Schnitt	163
12.3.11	Neunte Stunde, Schwerpunkte: Offtexte, Ton Effekte/Editieren	164
12.3.12	Zehnte Stunde, Schwerpunkte: Vorführung der Ergebnisse	164
12.4	Unterrichtsmaterial, Recherchepool, Praxistipps	165
12.5	Recherchepool/Material	170
12.5.1	Der alte Dom	170
12.5.2	Beschreibung des Gebäudes	176
12.5.3	Nutzung, Größe	178
12.5.4	Besonderheiten Unesco	180
12.5.5	Dombaumeister	181
12.6	Auswertungsbasis1 Videoumfrage am Beispiel von Schülerinnen und Schülern vor der ersten Stunde der Reihe	183
12.6.1	Befragung (Prob. 1)	183
12.6.2	Befragung (Prob. 2)	189
12.6.3	Befragung (Prob. 3)	194
12.6.4	Befragung (Prob. 4)	199
12.7	Auswertungsbasis 2 – Schriftliche Umfrage der Lerngruppe („Basis 2"), tabellarisch	203
12.8	Auswertungsbasis 3 – Schriftliche Umfrage Rückfahrt	210

13 Literatur ... 219

Einleitung

1.1 Movens

Dieser Arbeit liegt die Fortführung von Beschäftigungen in unterschiedlichen Tätigkeitsfeldern zugrunde. Es handelt sich um fünf Bereiche, die sich ineinanderfügen:

1. Die Beschäftigung mit dem Weltkulturerbe[1]
2. Die pädagogische Forschung und die Arbeit in der Bildungsentwicklung
3. Die Lehre und die Lehrerausbildung
4. Die Zusammenarbeit bei Filmproduktionen, insbesondere im Bereich der Dokumentation mit öffentlich-rechtlichen Fernsehsendern[2] und im Unterrichtszusammenhang[3]
5. Die Erforschung rätselhafter historischer Stätten und Kulturen[4]

Dies spiegelt sich auch im Aufbau der Arbeit.[5]

Mit dieser Arbeit möchte ich für World Heritage Education (WHE) neue Wege erschließen. Ein besonderes Anliegen ist die Auslotung von Möglichkeiten der Einbeziehung von WHE[6] in den Unterricht an den Schulen vor allem im Fach Kunst, so dass Welterbepädagogik nachhaltig wirken kann. Hierzu erscheint mir die Video-Podcasting-Technik mit ihrer Möglichkeit globaler Wirkung durch das Web 2.0 ein besonders wertvolles Mittel zu sein. Daher soll diese Forschungsarbeit eine erste Annäherung der beiden Felder Welterbeerziehung (WHE) und Podcasting darstellen. Sie bewegt sich folgerichtig im pädagogischen Spannungsfeld zwischen Kunstwerken der Weltkulturen und dem Versuch des Vermittelns von Methoden zu deren Darstellung durch Lernende im Medium Internetfilm.

---

[1] Seit 2000 habe ich bei der Beschäftigung mit der Unesco-Welterbepädagogik Einblicke in deren Möglichkeiten und Perspektiven gewinnen können. Durch meine Tätigkeit innerhalb der Unesco-Pädagogik (z. B. Unesco-Grundsatztagungen), der Arbeit an einer Unesco-Schule in Frankfurt am Main und im Rahmen von Veröffentlichungen hierzu habe ich diese vertiefen können.

[2] Insbesondere ZDF, Arte National Geographic und HR.

[3] U. a. im Rahmen des BLK Projektes SEMIK 1998–2003, Infoschul I und II, Telekomstiftung 2006/07.

[4] U. a. Bretagne, Frankreich, Cuzco, Lago de Titikaka, Südamerika, Kreta.

[5] Die Punkte 1 und 5 dienen als Grundlage für ein inneres Verständnis und die Wertschätzung von Welterbe.
Punkt 2 ist der Ausgangspunkt für Ideen zur methodischen Überprüfung und Ergänzung der Welterbepädagogik mit dem Ziel der Implementierung in den Schulunterricht.
Punkt 3 ist Anlass, experimentelle Studien zu erstellen, durchzuführen und deren Bewertung zur Grundlage für neue Überlegungen zum Unterrichtsprozess zu machen.
Punkt 4 ist Anlass dafür, die Sprache des Films für Schülerinnen und Schüler zugänglich zu machen und als Mittel für die Welterbepädagogik zu gewinnen.

[6] World Heritage Education (WHE) hat sich an der Universität Paderborn während des Verfassens dieser Arbeit als Name für Welterbepädagogik etabliert.

1.2. Fragestellungen der Arbeit

1. Das vorrangige Ziel dieser Arbeit besteht darin, herauszufinden, ob und wie die digitale Dokumentarfilmproduktion in Form von Video-Podcasting[7] als Mittel der Unesco-Weltkulturerbepädagogik als ein erfolgversprechendes unterrichtsmethodisches Mittel im Sinne der Zielsetzungen der Unesco und im Einklang mit der bisherigen Welterbepädagogik eingesetzt werden kann, weiterhin:

- Ob mit ihrer Hilfe die „revolutionäre" Ausdrucksform des Videopodcasts als globale Sprache und Kulturform von der Welterbepädagogik von der Schule aus didaktisch erschlossen werden kann, um kulturelle und welterbepädagogische Inhalte und Methoden für die Schülerinnen und Schüler zu vermitteln.

- Ob dies unter Berücksichtigung der aktuellen Veränderungen im deutschen Bildungswesen bezüglich Curricula und zukünftiger Kompetenzorientierung von Unterrichtsinhalten und Methoden unter besonderer Berücksichtigung des Faches Kunst angemessen funktionieren kann.

- Inwieweit aus dieser Untersuchung Konsequenzen für die Weiterentwicklung der Welterbepädagogik (im Folgenden auch WHE[8] genannt) und die Weiterentwicklung der kunstpädagogischen Praxis sowie Ausbildungspraxis gezogen werden können.

- Ob die Erarbeitung eines Evaluationssystems für Dokumentarfilmprojekte im Kunstunterricht mit analytischem Indikatorensystem möglich und hilfreich erscheint.

- Ob die Entwicklung eines in Teilen übertragbaren Unterrichtsmodells für den welterbepädagogischen Unterrichtsaufbau mit Podcasting möglich ist.

- Ob und wie sich Ideen für Modulentwurfe für eine Podcastingausbildung in der Lehrerausbildung empfehlen.

Diese Forschungsziele sollen auf der bisherigen welterbepädagogischen Forschung und praktischen Arbeit basieren.

2. Ziel der Arbeit ist auch die Skizzierung, Sammlung und Herausarbeitung eines welterbepädagogisch orientierten Kataloges von Methoden und „Kompetenzen" für den Unterricht, der an den Welterbeschulen (und anderen Schulen) verwendet werden kann. Insbesondere die bestehenden Unesco-Schulen sollen mit diesen Bausteinen ein Werkzeug zur adäquateren Arbeit innerhalb des Unterrichts bekommen, der sich mit der Stärkung des Welterbegedankens auseinandersetzt.

3. Es geht zusätzlich um einen fachübergreifend verwendbaren Beitrag zum Schließen der Lücke zwischen medienpädagogischer Schulrealität, Kunst-Lehrplänen[9] und gesellschaftlicher Wirklichkeit, die sich in der Diskrepanz zwischen vielfältiger privater Nutzung digitaler Filmtechniken einerseits und der mangelhaften Behandlung des Filmens in Schule und

---

[7] Als Videopodcast werden in dieser Arbeit „podcastfähige" Digitalfilme bezeichnet. Also Digitalvideoproduktionen, die sich durch Aufbau und Länge und durch ihre technische Aufbereitung als Podcasts eignen (auch wenn sie noch nicht im Internet veröffentlicht wurden).

[8] World Heritage Education, kurz WHE.

[9] Für diese Arbeit wurde der aktuelle hessische Lehrplan Kunst 2007/08 einer genaueren Untersuchung unterzogen, da das Unterrichtsbeispiel an einer hessischen Schule durchgeführt wurde.

Unterricht andererseits zeigt. Hier liegt eine gemeinsame Interessensphäre von Schulentwicklung und Welterbepädagogik vor. Die Welterbepädagogik könnte dadurch eine Vorreiterrolle für die kulturelle Bildung einnehmen bzw. ausbauen.

4. Eine neue Art von welterbepädagogischer Unterrichtsreihe mit neuen Medien soll entwickelt und in einem praktischen Unterrichtsvorhaben beispielhaft ein Verfahren untersucht werden, das als zukunftsfähiges methodisches Konzept für einen Unterricht dienen soll, der die Schülerinnen und Schüler in die Lage versetzt, sich selbsttätig, dialogisch, ästhetisch-reflexiv und selbstvergewissernd mit Welterbestätten wie dem Kölner Dom auseinanderzusetzen.

Die unterrichtliche Erprobung des Vorhabens findet anhand der zentralen Welterbestätte Kölner Dom statt und soll mittels einer empirischen Studie besondere Lernchancen des Filmens als Methode evaluieren und präzisieren. Absicht ist aufzuzeigen, dass Weltkulturerbestätten sowohl inhaltlich als auch formal vielfältige filmische Realisierungen zulassen und vielfältige Anregungen bieten. Die globale Publikation der Filme als Podcasts bietet Chancen für das interkulturelle Lernen. Diese Faktoren sind in einer anschließenden Untersuchung außerhalb dieser Arbeit genauer zu überprüfen. Die internationale Ausdruckskultur des Filmens soll genutzt werden, um über die Grenzen hinaus zur Verständigung und interkulturellen Erziehung zu führen.

Schließlich soll ein Ausblick auf weitere Maßnahmen zur zukünftigen Förderung für das Fach Kunst gegeben werden, um die nächsten Schritte zur Einführung der gewonnenen Methode in die Lehrpläne zu erleichtern.

Die Arbeit versteht sich darüber hinaus als Teil der Bemühung, Schüler zu mündigen Bürgern zu erziehen, mündig auch im Sinne einer Teilhabe an der „Mediendemokratie", als Alternative zu Passivität (TV) oder sogar Hörigkeit (Werbung), welche die Mediennutzung weithin prägen. Hierzu sollen filmische Schlüsselkompetenzen aus den Bereichen passive und aktive filmische Kommunikationsfähigkeit, medientechnische Kompetenz sowie Produktionskompetenz bestimmt und vermittelt werden.

1.3 Wissenschaftliche Methodik und Aspekte des Aufbaus der vorliegenden Arbeit

Um einem Auseinanderdriften der notwendig zu behandelnden, für sich gesehen recht unterschiedlichen Kapitel vorzubeugen, werden die Beispiele und Inhalte immer auf die Weltkulturerbepädagogik hin betrachtet und möglichst eng an den Zielen der Arbeit, vor allem demjenigen, modellhafte Strukturen für eine nachhaltige Einführung des Filmens als einer unescopädagogischen Unterrichtsmethode zu entwickeln, ausgerichtet.

Im Zentrum des experimentellen Teils der Arbeit steht das Beispiel eines Unterrichtsvorhabens zur Produktion eines (5- bis 7-minütigen) Dokumentarfilms über Unesco-Weltkulturerbestätten. Hier sollen im praktischen Experiment Potenziale des Filmischen im Unterricht ausgelotet werden.

Mittels einer triangulativen sozialempirischen Studie und analytischen Werkanalysen sollen Aufschlüsse für eine Bewertung gewonnen werden. In der Verknüpfung der daraus resultierenden Erkenntnisse sollen die Vorgänge abschließend beurteilt, analysiert und eine Evaluation vorgenommen werden.[10]

Dieser Kern der Arbeit wird konzentrisch umrahmt von einzelnen Kapiteln, die sich mit Problemen im Umfeld der Modularisierung und des modellhaften Entwerfens zur Einführung solcher Unterrichtsvorhaben an Schule und Hochschule befassen.

Es werden Möglichkeiten digitalfilmischer Welterbepädagogik in den Schulunterricht überprüft. Hierzu werden die aktuelle Lehrplandiskussion und curriculare Strukturen anhand von Lehrplanauszügen untersucht. Ebenfalls findet eine Sichtung derzeitiger bildungspolitischer Voraussetzungen in Bezug auf den Kunstunterricht statt, um auch von hier aus sich stellende Bedingungen für die Einführung filmischen Welterbeunterrichtes zu ermitteln.[11]

Vom derzeitigen Stand der Pädagogik aus werden zukunftsorientierte Methoden der Pädagogik dargestellt und mit Bezug auf die Ziele der Arbeit einer Bewertung unterzogen, um sie in das Unterrichtsvorhaben einzubeziehen.

Zur Ermittlung des derzeitigen Forschungsstandes, also vor allem im ersten Teil der Arbeit, wird Literatur der angegebenen fachwissenschaftlichen Quellen dargestellt und erörtert. Dabei werden insbesondere auch Darstellungen der Erkenntnisse aus zeitgenössischen Diskussionen sowie quantitative sozialempirische Erhebungen berücksichtigt.

Textanalysen und hermeneutische Verfahren sind bei der Erörterung unterschiedlicher Positionen vor allem bei der Begründung der Entscheidung für die allgemeine pädagogische Ausrichtung der Unterrichtsreihe, der Ermittlung der welterbepädagogischen Grundlagen und Inhalte sowie der statistischen Analyse und Evaluation notwendig.

Somit ist die Arbeit in theoretische, praktische, exemplarische und experimentelle Elemente bzw. analytische Sequenzen aufgeteilt, die in der Auswertung und dem Darstellen der Ergebnisse am Ende miteinander verknüpft werden.

Neben der klassischen Auswertung von Fachliteratur in Zeitschriften und Buchform werden insbesondere aus Gründen der Aktualität der Informationen auch Quellen aus Internet und anderen digitalen Medien hinzugezogen.

Die Unterrichtsreihe selbst orientiert sich methodisch im Wesentlichen am Konzept des gemäßigt konstruktivistischen[12] Lernens. Die Unterrichtsplanung wird wie in der Lehrerausbildung allgemein üblich[13] dargestellt und dokumentiert, und sie umfasst folgende Elemente:

---

[10] Im statistischen Teil der Arbeit wird eine Evaluationsgrundlage mittels eines qualitativen statistischen Verfahrens geschaffen. Dazu werden triangulative sozialempirische qualitative Umfragen erstellt und im probaten fachwissenschaftlichen Verfahren ausgewertet. Siehe Mayring, Philipp, a. a. O.

[11] Da eines der Hauptanliegen der vorliegenden Arbeit die Einführung von Unesco-Inhalten und -Methoden in den Kunstunterricht respektive im fachübergreifenden Zusammenhang ist, beschäftigt sich ein Teil der Arbeit mit der aktuellen Curriculum-Entwicklung hinsichtlich Standardisierung von Bildung und Kompetenzorientierung sowie der Methodendiskussion. Durch diese Auseinandersetzung und der Sichtung des Status quo ist meiner Meinung nach die Voraussetzung zur nachhaltigen Einführung von Inhalten und Methoden der Welterbepädagogik gegeben.

[12] Mandl, a. a. O.

[13] Wie in der Praxis hessischer Studienseminare und nach eigenen Erfahrungen im Rahmen der Mentorentätigkeit der letzten zehn Jahre sowie Handreichungen des Kunstseminars von I. Wirth/C. Wirth, Fachleiter Kunst.

- Lerngruppenanalyse
- Didaktische Planung und Formulierung von Kompetenzbeschreibungen
- Planung der Unterrichtsmethodik
- Verlaufsplanung

Innerhalb der praktischen Erprobung der Unterrichtsreihe werden entsprechend verschiedene Methoden zur Förderung selbstständigen Lernens angewendet. Neben kurzen Phasen instruierender Lehrervorträge werden intensive Gruppenarbeitssituationen, Erkundungsgänge, Exkursionen sowie eine geeignete Phasierung des Lerngeschehens mittels Initial-, Erarbeitungs- und Ergebnissicherungsphasen[14] durchgeführt.

---

[14] Im Sinne des projektorientierten, partizipativen Ansatzes von Kersten Reich: Konstruktivistische Didaktik. Beltz, Weinheim 2008, 4. Aufl., S. 261.

2. World Heritage Education – Versuch einer Definition

Die Unesco-Welterbestätten betrachte ich als Brennpunkte von Kulturen unterschiedlichster Herkunft. An ihnen lassen sich aus wissenschaftlicher und pädagogischer Sicht exemplarisch menschliche Kulturbedürfnisse, künstlerische Ausdrucksweisen, besondere kulturelle Eigenheiten und allgemeine kulturanthropologische Phänomene erleben und studieren. Meiner Meinung nach geht von ihnen einerseits eine besondere auratische Wirkung aus, wie Walter Benjamin sie definiert. Andererseits liegt darin mit Bezug auf das Filmen die Möglichkeit der bedingten Reproduzierbarkeit in Bildern mit medialen Mitteln in unserem „neumedialen" Zeitalter.[15] Durch den Globalisierungsschub bildender Kunst haben außerhalb und innerhalb der WHE „inter- und transkulturelle Bildphänomene im wissenschaftlichen und didaktischen Diskurs über ‚Kunst und Medien' zunehmend an Bedeutung gewonnen"[16]. Schon zu Beginn sehe ich also ein Wechselverhältnis zwischen „Erbegedanken" und dessen medialer Verbreitung.

Neuere Befunde der Hirnforschung[17] stützen inzwischen die didaktischen Ansätze (z. B. handlungsorientierte Lernweisen), die auf einer Vernetzung von sinnlichem Wahrnehmen und Handeln mit begrifflichem Reflektieren basieren. Die Vorreiterrolle, die das Fach Kunst methodisch in Schule und Lernkultur insofern beansprucht, wird damit unterstrichen.

Laut Unesco-Konvention zum Schutz des Kultur- und Naturerbes der Welt ist das Hauptanliegen „the preservation of this common heritage". Gemeint ist die Erhaltung der Welterbes in materieller und ideeller bzw. kultureller und sozialer Hinsicht.[18]

Aus meiner Sicht stellt das pädagogische Sichbefassen damit in der Erziehung von Kindern, Jugendlichen und Erwachsenen nicht nur ein besonders reichhaltiges und vielfältiges Feld, sondern ein verantwortliches Gebiet dar, von dem wir nicht mehr und nicht weniger verlangen sollten, als die Ziele der Unesco, wie Völkerverbindung, Nachhaltigkeit, Würdigung der (gleichberechtigten) Kulturen der Welt, zu verwirklichen. Dies trifft nach Ansicht von Jutta Ströter-Bender von der Universität Paderborn besonders für den Kunstunterricht zu: „Im Rahmen der so genannten World Heritage Education zur Vermittlung des UNESCO-Welterbes haben sich auch für die Kunstpädagogik inhaltlich und methodisch neue Unterrichtsfelder entwickelt. Die UNESCO-Formulierungen sind in diesen Kontexten wegweisend; sie gehen nicht mehr von einer Hierarchie in der Wertung von Kunst und Kulturen aus." Ströter-Bender sieht im Fokus „[n]ahe und ferne Welterbestätten, Globalisierung und die Vermittlung des lokalen und regionalen Kulturerbes in Deutschland"[19].

---

[15] Benjamin spricht in Bezug auf Originale (Kunstwerke) von einer Aura, die sich durch die „Einmaligkeit" und das „Erleben im Hier und Jetzt" am Magisch-Kultischen entwickelt. Benjamin, Walter: Das Kunstwerk im Zeitalter der technischen Reproduzierbarkeit. In: ders.: Illuminationen. Ausgewählte Schriften. Frankfurt/Main 1977, S. 142.

[16] Mersmann, Birgit: über Inter- und transkulturelle Bildaspekte. http://bundeskongress-kunstpaedagogik.de/index2.php?content=abstracts, Stand 2009.

[17] Vgl. Singer, Wolf: Was kann ein Mensch wann lernen? In: Singer, Wolf: Der Beobachter im Gehirn. Essays zur Hirnforschung. Frankfurt/M. 2002, S. 43–59.

[18] United Nations Educational, Scientific and Cultural Organization, World Heritage Centre (Hrsg.): Unesco-Konvention, nach Artikel 4: Defining our heritage, URL: http://whc.unesco.org/nwhc/pages/doc/main.htm [2004-02-29], Stand 18.10.2008.

[19] http://bundeskongress-kunstpaedagogik.de/index2.php?content=abstracts, Stand 01.12.2009.

Die pädagogische, insbesondere die kunstpädagogische Befassung[20] mit Weltkulturerbe sollte meiner Meinung nach nicht nur die Behandlung von Kunstwerken im Unterricht, sondern, um mit Carl Peter Buschkühle zu sprechen, „auch die Kunst als Denk- und Handlungsweise, die Kunstpädagogik zur Bestimmung grundlegender Inhalte, Ziele und Methoden des Lernens"[21] umfassen. Hier sehe ich eine Möglichkeit, in Kindern und Jugendlichen Künstlerisches und Kulturelles in ihrem eigenen Bewusstsein zu erwecken, die sie zu eigenem selbstverantwortlichen Handeln führen. Ein Beispiel für eine solche Befassung mit kultureller Bildung in der WHE stellt das in Paderborn ausgearbeitete Konzept des „Museumskoffers" dar.[22] Dies ist auch im Sinne heutiger Konzeption von kultureller Bildung, wie sie im Fach[23] und interdisziplinär zurzeit diskutiert wird.

Etwa zeitgleich mit der Entstehung der WHE hat der Kulturrat[24], bestehend aus Wissenschaftlern und Politikern unterschiedlicher Provenienz, mit der wissenschaftlichen Konzeption einer „Kulturellen Bildung" begonnen, die 2005 einen vorläufigen Abschluss fand. Diese Konzeption für eine kulturelle Bildung wurde vom Deutschen Kulturrat 2005, der sich ebenfalls mit den grundlegenden heutigen sozioökonomischen Anforderungen an schulische Arbeit befasst, der Öffentlichkeit vorgestellt.

So geht das Konzept der Spezialisten im Kulturrat davon aus, dass kulturelle Bildung als Begriff weit auszulegen ist. Bildung ist mehr als Schule, und Schule ist mehr als PISA. „Kulturelle Bildung" wird in der Konzeption als dynamischer Bereich verstanden, der über traditionelle künstlerische Prozesse hinaus ästhetische Erfahrungen insgesamt erfasst und sich dabei in weitem Sinne als (kulturpädagogisch vermittelte) Allgemeinbildung versteht.[25]

Aus meiner Sicht spiegeln sich hier Ansätze der bisherigen und aktuellen WHE, die Lernende mit den Mitteln der Pädagogik den Kulturerbestätten näherbringen will.

---

[20] Um diese geht es in dieser Arbeit hauptsächlich.

[21] Buschkühle, Carl Peter: Statement, zitiert nach: http://bundeskongress-kunstpaedagogik.de/index2.php?content=abstracts, Stand 01.02.2009.

[22] Museen, Denkmäler und Welterbestätten können im Klassenzimmer in besonderer Weise durch ein Museum im Kleinen präsentiert werden. Seit einigen Jahren gehören Museumskoffer immer häufiger zum vorbereitenden museumspädagogischen Unterrichtsmaterial für Exkursionen und Projekte. Vgl.: http://kw.uni-paderborn.de/institute-einrichtungen/institut-fuer-kunst-musik-textil/kunst/personal/stroeter-bender/museumskofferarchiv/, Stand 12.12.2009; vgl. Ströter-Bender, Jutta: Museumskoffer, Material- und Ideenkisten, Projekte zur Vermittlung des kultrellen Erbes in der Primarstufe, Sekundarstufe I und der Museumspädagogik. Marburg 2009.

[23] Wie Veröffentlichungen in der Fachzeitschrift Kunst und Unterricht in den BDK-Nachrichten oder Projekte wie das BLK-Programm „Kulturelle Bildung im Medienzeitalter" zeigen, um nur einige wenige Beispiele zu nennen.

[24] Der Deutsche Kulturrat ist der Dachverband der Bundeskulturverbände in Deutschland. Er wurde 1981 gegründet und besteht aus acht Sektionen: Deutscher Musikrat, Rat für darstellende Kunst und Tanz, Deutsche Literaturkonferenz, Kunstrat, Rat für Baukultur, Sektion Design, Sektion Film und Medien, Rat für Soziokultur und kulturelle Bildung. Den Sektionen gehören wiederum Bundesverbände aus den verschiedenen Bereichen des kulturellen Lebens an. Insgesamt verfügt der Deutsche Kulturrat so über mehr als 200 Mitgliedsorganisationen.

[25] Die Beteiligten des deutschen Kulturrates stellten im Jahre 1994 die zweite Konzeption für kulturelle Bildung (II) und 2005 eine dritte Konzeption vor, die u. a. besonderes Gewicht durch die Internationalisierung der Kultur-, Bildungs- und Sozialpolitik sowie durch die PISA Studien und auch die UNESCO-Konvention zur kulturellen Vielfalt vom Oktober 2005 gewann. Aus diesem Prozess ergaben sich die Definitionen heutiger Diskussion, die für die aktuelle Beurteilung von WHE von einiger Bedeutung sind.

Vom Kulturrat nicht detailliert thematisiert werden allerdings fachliche Fragen im engeren Sinn, also etwa Fragen der Methodik und Fachdidaktik. Hierin wie in der unterrichtskonzeptuellen Forschung und Erarbeitung sehe ich eine besondere Aufgabe der WHE.

Auch die zukünftige, von der Globalisierung vorangetriebene stärkere Verbindung von Bildung und Kultur sowie die Auseinandersetzung mit der Frage einer allgemeinen Definierbarkeit von Bildung und Kultur und den daraus folgenden Anpassungen an die Bildungs- und Erziehungssysteme sollten meiner Meinung nach im Kontext der Interessen von Wirtschaft, Gesellschaft und der Erwartung an WHE untersucht werden.

Eine an modernen wissenschaftlichen Erkenntnissen orientierte WHE kann und muss sich diesen aktuellen Herausforderungen stellen. Das sich daraus ergebende pädagogisch-wissenschaftliche Forschungsfeld erachte ich für exemplarisch und global relevant. Nicht zuletzt beruht diese Beurteilung auf der Auffassung, dass besonders in diesen exemplarischen Aktionsfeldern die Möglichkeit des Einbezugs moderner pädagogischer Inhalte, aber auch neuer Methoden liegt. Damit einher geht außerdem die Chance der Reflexion der dazu notwendigen Erziehungsprozesse[26].

WHE soll sich hier als eine Möglichkeit der wissenschaftlichen und pädagogischen Befassung mit materiellem und immateriellem Weltkulturerbe verstanden wissen. Die WHE-Idee knüpft an die Forderung der in Artikel 27 der Unesco-Konvention[27] geäußerten Vorstellungen an. 1994 wurde sie vom UNESCO World Heritage Centre und den der UNESCO assoziierten Schulen ins Leben gerufen. Der Artikel 27 der Unesco-Welterbe-Konvention verpflichtet die unterzeichnenden Staaten, durch speziell dafür abzustimmende Bildungs- und Informationsprogramme die Wertschätzung des definierten Natur- und Kulturerbes seitens der Bevölkerung zu fördern.[28]

Schließlich geht es heutzutage nicht mehr nur um die eher unbestimmte Förderung der Belange der Unesco-Pädagogik oder deren Definition, sondern vielmehr expressis verbis um die konkrete Forderung, die Unesco-Themen (und -Methoden) fest in die Lehrpläne der Länder zu integrieren.[29]

Welterbepädagogik kann also als lebendige neue Erscheinung nicht abschließend beurteilt und beschrieben werden. Es handelt sich bei dem Phänomen Welterbepädagogik um einen sich verändernden Prozess der interdisziplinären Interaktion. Es lassen sich allerdings als bisherige Spuren unter anderem gewisse Leitlinien erkennen.

---

[26] Siehe Kapitel über Konstruktivismus und Didaktik in dieser Arbeit.

[27] Ebd., Art. 27.

[28] „The States Parties to this Convention shall endeavour by all appropriate means, and in particular by educational and information programmes, to strengthen appreciation and respect by their peoples of the cultural and natural heritage defined in Articles 1 and 2 of the Convention." A. a. O.

[29] „Unesco should lobby with Ministries of Education to include, formally, World Heritage Education into the national curriculum of each State Party and Member State. Particular emphasis should be placed on the development of additional teaching materials (supplementary to the Kit7), which suggests ways in which World Heritage Education can be incorporated into the various mainstream disciplines in the existing curriculum (i. e. maths and heritage; science and heritage; art and heritage; computers and heritage). This will enable and empower teachers and students to work on World Heritage Education at the school level, without conflict of interest with other subjects in the curriculum." United Nations Educational, Scientific and Cultural Organization, World Heritage Centre (Hrsg.): Unesco-Konvention, nach Artikel 4: Defining our heritage, URL: http://whc.unesco.org/nwhc/pages/doc/main.htm [2004-02-29], Stand 18.10.2008.

Konstitutive Grundgedanken, die seither die Leitgedanken in der WHE bestimmen, sind bis heute vor allem in vier Kernaufgaben zu erkennen:

- „To encourage young people to become involved in heritage conservation on a local as well as on a global level
- To promote awareness among young people of the importance of the UNESCO 1972 World Heritage Convention and a better understanding of the interdependence of cultures amongst young people
- To develop new and effective educational approaches, methods and materials to introduce/reinforce World Heritage Education in the curricula in the vast majority of UNESCO Member States
- To create a new synergy among educators, heritage experts, environmental specialists, States Parties, development actors and other stakeholders in the promotion of World Heritage Education on a national and international level."[30]

Der erste Punkt bezieht sich direkt auf die jungen Menschen, die Interessenten der Welterbebewegung werden sollen. Umsetzungsmöglichkeiten liegen hier vor allem anderen in der Schule und im Regelunterricht als effizientestem Mittel der Verbreitung des Welterbegedankens. Im zweiten Punkt wird auf die Bedeutung der Vermittlung des Bewusstseins für den Zusammenhang zwischen den Kulturen bzw. den Kulturen und den Menschen abgehoben.

Aus dem dritten Punkt ergibt sich die Frage nach der Ermittlung neuer probater Methoden für dieses Unterfangen, wie es in der vorliegenden Arbeit konzipiert ist. Der vierte Punkt ist auf das Synergieinteresse gelegt, welches sich konkret darauf bezieht, die Erziehenden und die Forschenden, die Wissenschaftler und die treibenden Kräfte untereinander regional und global zu vernetzen.

Aus diesen vormals geäußerten Leitlinien konstituierten sich bis dato verschiedene Projekte, die immer häufiger die Implementierung in den Unterricht an Schulen projektierten. Es geht in diesen Projekten überwiegend um interkulturelles Lernen anhand und zur Bewahrung des Welterbes:

„Now in its second phase, the Programme seeks to reinforce the involvement of young people in World Heritage preservation, pursue efforts to mainstream World Heritage Education in school curricula through awareness raising and encourage communities and States Parties to participate in heritage preservation and intercultural learning."[31]

Klaus Seitz[32] nennt u. a. folgende pädagogische Hauptaufgaben für globales Lernen im Sinne der Welterbepädagogik:

- die Veränderungen jugendlicher Lebenswelt
- die Anpassungserfordernisse nationaler Bildungssysteme
- die Rolle der Bildung bei der Entstehung von globalen Problemen – sowie bei der Bewältigung von Globalisierungsfolgen.

---

[30] http://whc.unesco.org/en/activities/479, Stand 8.8.2009
[31] Ebd.
[32] Klaus Seitz ist Redakteur der Zeitschrift epd-Entwicklungspolitik.

Weiter führt Seitz an gleicher Stelle aus:

„Globales Lernen kann daher auch nicht nur als eine lästige Notwendigkeit verstanden werden, den Anforderungen einer globalisierten Welt mit pädagogischen Mitteln genügen zu müssen. Es muss vielmehr als ein visionäres und insofern eben auch idealistisches Projekt begriffen werden, das von dem Impuls getragen ist, den unendlichen Reichtum zu erschließen, der in der Begegnung und Kooperation zwischen den Menschen und den Kulturen liegt."[33]

In diese Bewegung integriert, sehe ich auch aktuelles Handeln in der WHE in Deutschland. Institutionell wird dies in Hochschulen, die sich der WHE widmen, und in Unesco-Schulen etabliert und realisiert. Die WHE kann auf zahlreiche Fachveröffentlichungen blicken, die sich ständig erweitern. Aus ihnen heraus finden WHE-Aktivitäten statt. Sie äußern sich in Unterrichtsplanungen, außerschulischen Angeboten und Veröffentlichungen wie zuletzt auch in der Onlinezeitschrift „World Heritage and Arts Education" der Uni Paderborn.[34]

2.1 Der Begriff des Unesco-Kulturerbes in der Welterbepädagogik

Wenngleich der Begriff der Kultur nicht in allen Kulturen und Zivilisationen gleich definiert wird[35], gibt es wohl die Übereinkunft, dass der Begriff „Weltkulturerbe" eine „Sammelbezeichnung für aus der Vergangenheit überlieferte kulturelle Werte geistiger oder materieller Art"[36] darstellt.

Die Unesco-Welterbe-Konvention will kulturelles Erbe schützen. Dies soll in Schulen und außerschulischen Lernorten durch intensive Aktion und Interaktion geschehen. Wobei Kulturerbe in der WHE unter Verwendung des Artikel 1s definiert wird.[37] Ich unterstütze hier die Idee Cornelia Kirstens[38], auf Frank Robert Vielo zu verweisen, der soziales Erbe und Kulturerbe voneinander unterscheidet, indem er bei der Kultur auf Ideenbildung rekurriert und hinsichtlich des sozialen Erbes auf Verhalten und Interaktionen abzielt:

---

[33] Vortrag in Speyer, 17. September 2001, Jahrestagung der UNESCO-Projektschulen, http://www.globales-lernen.de/GLinHamburg/artikel/unescoseitz.htm, siehe auch: unesco heute online, Online-Magazin der deutschen Unesco-Kommission, Ausgabe 1, Januar 2002.

[34] Unter der Leitung von Jutta Ströter-Bender und Anette Wiegelmann-Balz.

[35] Huntington, Samuel und Lawrence E. Harrison: Streit um Werte. Düsseldorf 2002, S. 9 ff. (Orig.: Cultural Matters. N. Y. 2000).

[36] Brockhaus multimedial Premium 2001, Stichwort: Kulturerbe.

[37] „Denkmäler: Werke der Architektur, Großplastik und Monumentalmalerei, Objekte oder Überreste archäologischer Art, Inschriften, Höhlen und Verbindungen solcher Erscheinungsformen, die aus geschichtlichen, künstlerischen oder wissenschaftlichen Gründen von außergewöhnlichem universellem Wert sind; Ensembles: Gruppen einzelner oder miteinander verbundener Gebäude, die wegen ihrer Architektur, ihrer Geschlossenheit oder ihrer Stellung in der Landschaft aus geschichtlichen, künstlerischen oder wissenschaftlichen Gründen von außergewöhnlichem universellem Wert sind; Stätten: Werke von Menschenhand oder gemeinsame Werke von Natur und Mensch sowie Gebiete einschließlich archäologischer Stätten, die aus geschichtlichen, ästhetischen, ethnologischen oder anthropologischen Gründen von außergewöhnlichem universellem Wert sind." Deutsche Unesco-Kommission (Hrsg.): Natur und Kultur. Ambivalente Dimensionen unseres Erbes. Perspektivwechsel. Cottbus 2002.

[38] Kirsten, Cornelia: Gründe und Möglichkeiten der Implementierung von Erbeerziehung in den Schulunterricht. Unveröffentlichte Magisterarbeit, Uni Paderborn, S. 6. Mit freundlicher Genehmigung durch die Autorin.

„Wenn ich etwas als ‚sozial' bezeichne, beziehe ich mich auf Verhalten, Verhaltensmuster, Regelmäßigkeiten in den Interaktionen zwischen Personen als Mitgliedern einer Gesellschaft. Die Ausdrücke soziale Organisation oder soziales System beziehen sich also auf die Beschreibung von Menschen, die miteinander interagieren, während sich Kultur auf das Ideensystem bezieht, in Hinblick auf welches die Menschen ihre Interaktionen durchführen. Eine Kultur beinhaltet die Standards für das Verhalten, ist aber nicht das Verhalten selbst."[39]

Wenn Kirsten zu dem Schluss kommt, dass „die Kultur einer Gesellschaft die Grundlage für die sozialen Interaktionen ihrer Menschen ist, dieses kulturelle Ideensystem jedoch erst vom Menschen/von der Gesellschaft hervorgebracht werden muss und letztendlich aus seinen sozialen Interaktionen resultiert"[40] kann ihr aus meiner Sicht ebenfalls zugestimmt werden.

Nach dieser Idee kann die Weitergabe eines solchen Systems nur im Zusammenhang mit sozialem Interagieren betrachtet werden, so dass soziales und kulturelles Lernen nicht klar voneinander getrennt gesehen werden sollten. Kultur und Gesellschaft bedingen sich schließlich gegenseitig.

Ich möchte die oben aufgestellten Ausführungen über das Kulturelle unterstreichen und doch zur Behutsamkeit mit dem Begriff auffordern, um zu gewährleisten, dass sich unterschiedliche Interpretationen von Kultur, Zivilisation, kulturellen Wertvorstellungen nicht gegenseitig ausgrenzen bzw. einfach pauschal gleichgesetzt werden. WHE verstehe ich hier als globale kulturelle Bildung, die zwar in der Absicht des Kulturschutzes einen gemeinsamen Nenner besitzt, jedoch nicht Kulturvorgaben etwa von Seiten der „westlichen Welt" aus vorschreiben sollte[41]. Diese Frage wird besonders wichtig, wenn Kultur überwiegend im Dienste ökonomischer und politischer Interessen betrachtet wird, wie etwa bei Harrison und Huntington.

Auch wenn sich die Unesco-Welterbe-Konvention selbst wohl auf das materielle Kulturerbe bezieht, so „lebt" doch das Erbe eben erst durch die Interaktion. Die unauflösliche Verknüpfung von beidem ist jedoch die Basis für die schulischen Intentionen und Belange der Unesco-Welterbepädagogik. An den Schulen sollen die Welterbestätten Thema des Unterrichtes werden. Interessanter Unterricht soll mit ihnen möglich sein. Sie sollen in das Bewusstsein der Schülerinnen und Schüler dringen und dort Interesse auslösen, so dass sie im Unterricht selbst Kultur leben und erleben.

2.2 WHE und kulturelle Bildung in Politik/Gesellschaft und Kunstpädagogik

WHE kann als ein notwendiger Teil der kulturellen Bildung verstanden werden. In der Fachdiskussion steht das Stichwort kulturelle Bildung daher für der WHE verwandte Ideen und Aktivi-

---

[39] Vielo, Frank Robert: Handbuch der Kulturanthropologie. Eine grundlegende Einführung. Klett-Cotta Verlag, Stuttgart 1981, 1. Aufl., S. 54–55.

[40] Kirsten, Cornelia: Gründe und Möglichkeiten der Implementierung von Erbeerziehung in den Schulunterricht. Unveröffentlichte Magisterarbeit, Uni Paderborn, a. a. O.

[41] „Unser Buch Streit um Werte untersucht, wie Kultur … den Umfang und die Art berührt, wie Gesellschaften einen Fortschritt ihrer wirtschaftlichen Entwicklung und politischen Demokratisierung erzielen oder nicht erzielen." Huntington, Samuel und Lawrence E. Harrison: Streit um Werte, Düsseldorf 2002 (Orig.: Cultural Matters, N. Y. 2000), S. 9.

täten. Dies zeigt sich anhand unterschiedlicher wissenschaftlicher bzw. fachlicher Veröffentlichungen, wie etwa in „Kunst und Unterricht" oder den „BDK-Nachrichten". Ebenfalls zeugen bildungspolitische Aktivitäten und Studien in Zusammenarbeit mit Forschenden im Bereich Bildung und Kultur von einem sich konstituierenden Verständnis von „kultureller Bildung". Dabei besitzt die III. Studie, die der Deutsche Kulturrat 2005 herausgegeben hat, einen besonderen Stellenwert. Es werden in ihr grundlegende zielführende Gedanken geäußert:

Studie: „Kulturelle Bildung in der Bildungsreformdiskussion –
Konzeption kulturelle Bildung III[42]

- Menschen brauchen Kunst und Ästhetik (innerhalb und außerhalb der Schule). Insbesondere Kinder und Jugendliche haben ein Menschenrecht auf Kunst und Spiel (UN-Kinderrechtskonvention).
- Bildung ist eine Voraussetzung für die Realisierung des Menschenrechts auf soziale, ökonomische, politische und kulturelle Teilhabe. Diese Teilhabe ist insofern universell, als niemand ausgegrenzt oder benachteiligt werden darf.
- Wir brauchen kein enges, sondern ein weites Verständnis von Bildung und Erziehung, das insbesondere über PISA und die Schule hinausgeht. Wir brauchen zudem ein Konzept von Bildung, das das Recht des Einzelnen auf die Entwicklung seiner Persönlichkeit in Einklang bringt mit dem Erfordernis, in unterschiedlichen gesellschaftlichen Bereichen (Politik, Beruf, Gemeinschaft etc.) kompetent zu handeln.
- Wir brauchen eine Vielzahl an Bildungsformen, Bildungsinhalten und Bildungsorten. Die Zusammenarbeit verschiedener Institutionen ist zu unterstützen.
- Wir brauchen eine Anerkennung des nonformalen Lernens (in Kunst und Kultur).
- Wir brauchen Kultureinrichtungen, die ihren Bildungsauftrag ernst nehmen.
- Wir brauchen kein GATS-Abkommen in der Kultur-, Jugend- und Bildungspolitik. Es gibt eine öffentliche und auch finanzielle Verantwortung für kulturelle Bildung.
- Wir brauchen eine Konvention zur kulturellen Vielfalt, die eine nationale Kultur- und Bildungspolitik ermöglicht.
- Wir brauchen neue wissenschaftliche Untersuchungen zur Wirkungsweise und Wirksamkeit von kulturellen Bildungsangeboten sowie zu den verschiedenen Arbeitsformen und Methoden.
- Wir brauchen eine ressortübergreifende Politik für kulturelle Bildung.
- Wir brauchen qualifizierte Fachkräfte und daher ein gut ausgebautes System der Aus- und Fortbildung.
- Kulturelle Bildung geht alle an. Daher brauchen wir Partnerschaften und Unterstützungen aus den Bereichen der Politik, der Wirtschaft und der Medien.

Aus Sicht der WHE können diese Punkte mindestens bei einer ersten Betrachtung wohl unterstützt werden. Sie sind auch, wie gezeigt, meist schon in anderer Form Bestandteil der WHE.

---

[42] Studie "Kulturelle Bildung in der Bildungsreformdiskussion – Konzeption kulturelle Bildung III" vom Deutschen Kulturrat, Hrsgg. v. Max Fuchs, Gabriele Schulz und Olaf Zimmermann.

Auch hier wird also die mit führende Rolle der WHE und die Notwendigkeit des Einbezugs ihrer Konzepte in zukünftige Bildungsplanung deutlich.

Zukunftsweisend erscheint mir auch der letzte obige Vorschlag, in welchem von Kooperationsmöglichkeiten aus den Bereichen Politik, Wirtschaft und Medien mit kultureller Bildung gesprochen wird. Zugleich entsteht durch diesen Vorschlag aber auch die Gefahr einer beiderseitigen Vereinnahmung und eines Abhängigkeitsverhältnisses, vergleichbar demjenigen zwischen Sponsoren und Forschungsprojekten. Dies gilt in gleichem Maße für eine politische Abhängigkeit. So wie dieser müssen auch die anderen Punkte zukünftig einer genaueren Prüfung unterzogen werden, um ihren praktischen Wert zu ermitteln.

Nach meinem Ermessen werden aktuell erforderliche WHE-relevante Schlüsselkompetenzen auch durch Kunstpädagogik und in ihr wirkende ästhetisch-kulturelle Bildungsansätze gefördert und vermittelt.[43]

Auch innerhalb der Kunstpädagogik findet eine Diskussion um kulturelle Bildung, wie sie vergleichbar in der WHE existiert, statt. Sie ist dazu geeignet, in die Beurteilung der Inhalte, Methoden und mittels des interdisziplinären Selbstverständnisses der WHE einzufließen. Aufsätze in den Fachzeitschriften spiegeln die Aufgaben und Problemlagen wider: „Globalisierung bedeutet, dass Kapitalströme, Technologien, Produkte, Mentalitäten und Informationen alle Grenzen überwinden und es kaum noch Kulturen gibt, die von diesem Prozess nicht erfasst sind. Man erlebt ihn als anonymen Gewaltakt der Umgestaltung lebensweltlicher Gegenwart und spricht von einem vor allem ökonomiegesteuerten Vorgang, der nicht aufzuhalten ist. Alles gerät in diesen Sog. Warum nicht Kunstpädagogik"[44.] Jede Art von „Welt-Kunstpädagogik" ist aus Sicht dieses Fachvertreters in der Pflicht, „Umgestaltung von Lebenswelten"[45], „kulturelle Durchlässigkeit"[46], „Auflösung"[47] zu betreiben. Er sieht in dieser Art von, wie er es nennt, „Welt-Kunstpädagogik"[48] eher ein vollkommen neu zu begründendes Fach als eine Erweiterung des Faches Kunstpädagogik, da dies seiner Meinung nach das Fach überfordern würde. Selbst wenn dies als übertrieben angesehen werden kann, leuchtet doch eine gewisse Problemsicht für die Situation der WHE daraus hervor, die ja in dieser Lesart eine Art „Weltkunstpädagogik"[49] darstellen könnte.

---

[43] Vgl. Kirschenmann, Johannes, Rainer Wenrich und Wolfgang Zacharias (Hrsg.): Kunstpädagogisches Generationengespräch. Zukunft braucht Herkunft, München 2004.
[44] Selle, Gert: Kunstpädagogik und ihre Globalisierung. In: BDK Nachrichten, Heft 1.05, S. 2.
[45] Ebd.
[46] Ebd.
[47] Ebd.
[48] Ebd.
[49] A. a. O.

Clemens Höxter formuliert (auch indem er den Kulturbegriff kritisch sieht)[50] aus der Kunstpädagogik heraus ein weiteres Problem, welches für die WHE relevant ist: „Das mangelnde kulturelle Selbstverständnis hat unübersehbar Auswirkungen auf den Status von Bildung."[51]

Auch Anette Seeligmann äußert sich als Kunstpädagogin stellvertretend für andere ebenfalls zum Problemfeld der Notwendigkeit der kulturellen Bildung[52], und sie versucht zu vermittelnde übergreifende Kompetenzen und Methodenbeispiele eines diesbezüglichen Unterrichtes in einer Kompetenztabelle zu formulieren:

- Gegenwartssituationen und zukünftig entstehenden Feldern gewachsen sein
- Veränderte Anforderungen in die Schuldiskussion aufnehmen
- Unzureichende Wissensvermittlung durch zu formal instrumentelles Wissen
- Problematik: Bildungschancen und soziale Herkunft einbeziehen
- Förderung von Kindern und Jugendlichen mit Migrationshintergrund betreiben[53]

Außerdem werden an gleicher Stelle Forderungen laut, die sich, wie es in der vorliegenden Arbeit projektiert ist, der außerschulischen Kinder- und Jugendbildung, medien-, kultur- und kunstpädagogischen Arbeit widmen und ihnen einen entscheidenden Raum für die Erarbeitung einer Bildungskonzeption und den damit verbundenen Fähigkeiten, Fertigkeiten und Schlüsselkompetenzen geben. Die Darstellung dieser Denkrichtungen stärkt meiner Meinung nach insgesamt die ästhetisch-kulturelle Bildung welterbepädagogischer Prägung.

2.3 Beispiele für Veröffentlichungen und bisheriges welterbepädagogisches Wirken in der Praxis von Hochschule und Unesco-Projektschulen

Um eine Konzeption neuer Wege der Erbeerziehung, wie z. B. mit Podcasting, in sinnvoller Weise in die WHE an Schulen einzubeziehen, ist ein Blick auf das bisherige welterbepädagogische Wirken erforderlich. Neben den Forschungsbemühungen an den Hochschulen finden sich unterrichtspraktische Forschungen und Veröffentlichungen innerhalb und außerhalb der Hochschule. Seit 2001 entstehen Lehr- und Forschungsprojekte zum Unesco-Weltkulturerbe zum Beispiel „e-learning für Weimar, 2006"[54].

Seit dem Entstehen der ersten Veröffentlichungen und der Gründung der Unesco-Projektschulen finden unterschiedliche Aktivitäten auch in Deutschland statt, um der Forderung nachzukom-

---

[50] In Deutschland verbanden sich die Begriffe „Kultur" und „Bildung" oft genug mit nationalsozialistischem Größenwahn. Vgl. Höxter, Clemens: Mensch Kunst Bildung. In: BDK-Mitteilungen, Heft 3/2005, 41. Jg., S. 5.

[51] Höxter, Clemens: Mensch Kunst Bildung. In: BDK-Mitteilungen, Heft 3/2005, 41. Jg., S. 5.

[52] http://www.kinderweltraum.de/index.php?option=com_docman&task=doc_view&gid=9, Stand 7.8.2009

[53] Außerdem noch „soziale Kompetenz, Wahrnehmungs- und Teamfähigkeit, soziales und solidarisches Handeln, die Fähigkeit, sich auf Neues einzulassen, rhetorische Fähigkeiten, experimentelles und visionäres Umgehen und Entwickeln von Ideen, selbstbewusstes Auftreten, Ausbildung von Subjektivität, Empathie, Kritikfähigkeit usw.", Seeligmann, A. a. a. O.

[54] http://groups.uni-paderborn.de/stroeter-bender/, Stand 23.08.2008.

men, den „Lerninhalt" Welterbe als festen Bestandteil im Unterricht zu implementieren. Eine dieser Maßnahmen ist die länderübergreifende Bestimmung von Unesco-Projektschulen, die sich besonders den Belangen der Unesco-Pädagogik verschreiben.[55] Diese Schulen verpflichten sich, Projekte zu initiieren, die der Etablierung des Welterbes im Bewusstsein von Schülerinnen und Schülern sowie Lehrkräften dienen. Die Projekte können wahlweise das Natur- oder das Kulturerbe der Menschheit thematisieren. Mittlerweile sind die Unesco-Projektschulen dazu angehalten, nicht nur Projekte neben dem Unterricht her, etwa in Arbeitsgruppen, zu initiieren, sondern die Themen ganz konkret in den Unterricht einzuflechten.[56] Hierzu sollen im Idealfall konkrete Unterrichtsmodelle entstehen, die die Themen des Regelunterrichts mit denjenigen der Unesco-Pädagogik im Schulalltag verbinden können und weitgehend übertragbar sind. Die Entwicklung der Aktion „Denkmal aktiv"[57] ist der Versuch einer Hilfestellung dabei.

Als Anregung für die Schulprojektgruppen, die an „Denkmal aktiv" teilnehmen, und zur Veranschaulichung der von Unesco und Deutscher Stiftung Denkmalschutz favorisierten Lehr- und Lernformen wurde eine Veröffentlichung herausgegeben, in der anhand unterschiedlicher Themen- und Methodenbeispiele Didaktik und Methodik von Welterbepädagogik demonstriert werden. Es handelt sich dabei um problem- und handlungsorientierte Aufgabenstellungen zu Kulturdenkmalen unterschiedlichster Art.[58] Auch von der Veröffentlichung „World Heritage in young hands: to know, cherish and act" liegt eine deutsche Version vor: „Welterbe für junge Menschen: entdecken, erforschen, erhalten"[59]. Sie wurde gemeinsam von der Deutschen Unesco-Kommission, der Österreichischen Unesco-Kommission und der Deutschen Stiftung Denkmalschutz im Jahre 2003 veröffentlicht. Die Unterrichtsmappe soll die Schülerinnen und Schüler für das Welterbe begeistern und enthält hierfür wichtige Anregungen für den Unterricht, für Diskussionen, Expeditionen, Feldforschung etc.

An der Veröffentlichung von „Denkmal aktiv" hat der Autor mitgearbeitet. Es galt hier, „die Bedeutung nachhaltiger Entwicklungen aufzuzeigen und für einen verantwortungsvollen Umgang des Menschen mit seiner Umwelt, mit seinen Mitmenschen und mit dem kulturellen Erbe anderer zu werben"[60].

Die Unesco-Projektschulen, die sich der Weltnatur- und Kulturerbeerziehung besonders verpflichtet fühlen, sind Elemente des „Associated School Project" (ASP), dessen Zweck die Realisierung der Ziele des Programms der Unesco wie „Erziehung zu internationaler Verständigung" ist.[61]

---

[55] Hirche, Walter: Vorwort. In: Forum der Unesco-Projektschulen, H. 3/4, 2003, S. 5.
[56] Beschlussfassung auf der Unesco-Grundsatztagung, April 2007 in Eisenach.
[57] A. a. O.
[58] Deutsche Stiftung Denkmalschutz (Hrsg.): Denkmal aktiv: Kulturerbe macht Schule. Arbeitsblätter für den Unterricht. Bonn 2002.
[59] Deutsche Unesco-Kommission (Hrsg.): Unesco heute online, Online-Magazin der deutschen Unesco-Kommission, Ausgabe 3, März 2003, Welterbe für junge Menschen.
[60] Deutsche Unesco-Kommission (Hrsg.): Unesco heute online: Online-Magazin der Deutschen, Unesco-Kommission, Ausgabe 3, März 2003, Welterbe für junge Menschen. http://www.unesco-heute.de/0303/welterbekit.htm [2004-08-11], Stand 12.08.2008.
[61] Hirche, Walter: Vorwort. In: Forum der Unesco-Projektschulen. H. 3/4 2003, S. 5.

Das Grundanliegen des ASP kann mit den folgenden Zielvorgaben zusammengefasst werden: „Menschenrechte für alle verwirklichen, Armut und Elend bekämpfen, Umwelt schützen und bewahren, Anderssein der anderen akzeptieren"[62].

Dazu gehen die Unesco-Schulen die Selbstverpflichtung ein, nachhaltig Projekte der Welterbepädagogik in ihren Fachunterricht einzubeziehen. Es kommt außerdem regelmäßig zu länderübergreifenden Treffen der Projektgruppen.

Über die schulische Beschäftigung hinaus existieren zahlreiche universitäre Projekte der Welterbepädagogik. Zu deren Ergebnissen zählt u.a. das Heft „Das Weltkulturerbe der Unesco im Kunstunterricht" und das Modellprojekt „Lebensräume von Kunst und Wissen", an welchem neben Jutta Ströter-Bender und Heidrun Wolter auch zwölf Studierende der Universität Paderborn mitgewirkt haben. In diesem 120-seitigen Heft werden Unterrichtsideen, Konzepte und Kopiervorlagen zu Welterbestätten aus unterschiedlichen Ländern gezielt für den Kunstunterricht vorgestellt: „Die Diskussionen um das Weltkulturerbe und die einzelnen Welterbestätten als Orte kollektiver Erinnerung sind verbunden mit interdisziplinär verknüpften Bezugsfeldern und Fragestellungen, die auch für die Schule von großer Bedeutung sind."[63]

Als Beispiele werden dort[64] als Hauptuntersuchungsfelder genannt:[65]

- Kulturelle Wurzeln und Wertvorstellungen
- Vergangene und gelebte Traditionen
- Rituale und ihre ästhetischen Inszenierungen
- Lebens- und Arbeitsformen
- Religion und Spiritualität
- Regionale und nationale Identität
- Traditionelle und zeitgenössische Kunst
- Musik und Tanz
- Literatur und Poesie

2.4 Zusammenfassung und Analyse bisheriger welterbepädagogischer Lernmodelle am Beispiel „Lebensräume von Kunst und Wissen"

„Unesco-Welterbestätten in Nordrhein-Westfalen" ist als ein Vorhaben konzipiert worden, bei dem das Land NRW, die Universität Paderborn, die Forschungsgruppe im Fach Kunst u.a. zusammenarbeiten. In der projekteigenen Broschüre sind ästhetische Zugangsmöglichkeiten und

---

[62] Staatsinstitut für Schulpädagogik und Bildungsforschung München (Hrsg.): Unesco-Projektschulen in Bayern, Kontinuität und Innovation: Handreichung und Dokumentation. München 1999, S. 9.
[63] Ströter-Bender, Jutta/Wolter, Heidrun, Das Welterbe der Unesco im Kunstunterricht – Materialien für die Grundschule, Bd. 1, Donauwörth 2005, 1. Aufl., S. 7.
[64] Ebd., S. 7.
[65] Ströter-Bender, Jutta und Heidrun Wolter: Das Erbe der Welt, Ästhetische Projekte zum Weltkulturerbe der Unesco, Primarstufe, Band 1. Donauwörth 2005.

Lernpfade entwickelt worden, um Schülerinnen und Schüler mit Welterbestätten zu beschäftigen.

Im Einzelnen geht es um:

Ästhetische Zugänge

- Materialerfahrungen
- Ästhetische Forschungen
- Arbeitsmappen Welterbehefte

Lernpfade

- Annäherung durch Wissen
- Kunsträume – immateriell und materiell
- Unbekanntes, Ungewohntes, Andersartiges
- Alltagsleben – vom Gebrauch der Dinge
- Körper – Gesten und Inszenierungen
- Schattenseiten
- Kulturen des Erinnerns
- Erben und Bewahren – was wäre, wenn?

Denkmalpädagogik „vor Ort"

- Denkmäler vor Ort
- Denkmäler von morgen

Inhaltlich geht es in den „Lebensräumen von Kunst und Wissen" um mehr als die kulturhistorische Wissensvermittlung zu Welterbestätten. Thematisiert wird das Vermitteln eines Verständnisses für Symbole, Zeichen, Strukturen, Sinngehalte und Phänomene, welches über die Weitergabe eines Basiswissens hinausgeht. Welterbestätten sollen aber auch als Orte erkannt werden, in welchen sich immaterielles Erbe manifestiert. Emotionale Wirklichkeiten, Subjekt-Objekt-Beziehungen und andere Realitätsebenen werden durch die Beschäftigung mit Welterbe hier gefordert und ermöglicht.

Methodisch sollen durch geeignete Lernmaterialien und ein grundsätzlich offenes Verständnis von Unterricht Lernsituationen geschaffen werden, innerhalb derer und durch die sich Schülerinnen und Schüler einen möglichst lebendigen, anschaulichen, bildsamen, einprägsamen und nachhaltigen Zugang zu den Welterbestätten verschaffen können. Die Lernsituationen sind dabei u.a. auf folgende Fähigkeiten hin angelegt:

- Experimentieren, ausprobieren
- Eindrücke gewinnen und verarbeiten, sammeln, sortieren, sich bewusst machen
- Wahrnehmen, spüren, sinnliches Erfahren auch von Unbekanntem und Neuem
- Unterschiede zwischen materiellem und immateriellem Erbe erkennen
- Unbekannte Perspektiven gewinnen, Sehweisen kennen lernen, staunen

- Fremde Eindrücke verarbeiten, einordnen
- Exemplarisches definieren
- Symbolisches entschlüsseln, für sich selbst entdecken
- Exotisches und Alltägliches differenzieren und miteinander verbinden
- Geschichte und ihre Spuren hinterfragen
- Inszenierungen durchschauen und begreifen
- Sensibilität und Einsicht gewinnen hinsichtlich der Notwendigkeit des Erbeschutzes[66]

Schon an dieser Aufzählung ist die spezifische welterbepädagogische Orientierung an vorstellungsorientierten, schüleraktiv basierten Zielvorgaben eher als an Sachwissenvergrößerung erkennbar. Ein pädagogisches Merkmal welterbepädagogischer Methodologie lässt sich aus meiner Sicht als subjektiv-ästhetisch-forschende Art und Weise der Beschäftigung mit den Inhalten definieren, bei der in enger Auseinandersetzung mit den Artefakten und dem Lernmaterial innerhalb der Lernsituationen Schülerinnen und Schüler selbst die Akteure des Unterrichtsgeschehens sein können. Insofern folgt die Welterbepädagogik grundsätzlich eher einem gemäßigt konstruktivistischen als einem instruktivistischen Konzept. Dies gilt auch für die anderen Veröffentlichungen, wie z. B. die in den „Denkmal aktiv"-Broschüren abgedruckten Lehr- und Lernkonzepte.

Wir können also bezogen auf die welterbepädagogischen Aktivitäten spezifische Merkmale entdecken, die sich mit den neueren outputorientierten pädagogischen Konzeptionen zu einem großen Anteil decken. Dies ermöglicht innovativen Unterricht und erleichtert evtl. dessen konkreten Einbezug in die zukünftig kompetenzorientierten, curricular festgelegten Spektren des Schulfächerkanons.[67]

Ein weiteres praktisches Beispiel für Welterbepädagogik und die Möglichkeit des direkten Einbezugs in den Unterricht an der Schule ist die Forschungsarbeit von Cornelia Kirsten mit dem Titel „Gründe und Möglichkeiten der Implementierung von Erbeerziehung in den Schulunterricht", welche als von einer Spezialistin für dieses Gebiet verfasste Schrift in diesem Kapitel besondere Beachtung findet.[68]

---

[66] Zusammenfassung nach Ströter-Bender, Jutta: Lebensräume von Kunst und Wissen. Unesco-Welterbestätten in Nordrhein-Westfalen. Paderborn 2004, S. 18 f.

[67] „Standards und Kompetenzen in der Lehrerausbildung" – dies ist ein Thema, das in Deutschland seit 1997 mit den Veröffentlichungen von Fritz Oser und Ewald Terhart in der Diskussion ist. Im wissenschaftlichen Diskurs geht es dabei um Begriffs- und Zielbestimmungen, um Kategorisierungen, um die Frage der Niveaustufen und vieles mehr. Gleichzeitig gibt es in Deutschland einen politischen Diskurs und den politischen Willen zur Einführung solcher Standards. So hat die Kultusministerkonferenz beispielsweise im Dezember 2004 Standards für die bildungswissenschaftlichen Teile der Lehrerbildung verabschiedet. Wissenschaft und Bildungspolitik haben damit in Deutschland einen Reformprozess mit vielfältigen Aktivitäten einer Neuorientierung der Lehrerausbildung in Gang gesetzt, der alle Phasen betrifft. Es werden Ansätze und Modelle für eine Orientierung der Lehrerausbildung an Standards und Kompetenzen diskutiert, Erfahrungen mit der Implementierung von Standards in fachlichen Lehr-/ Lernprozessen und in pädagogischen Handlungsfeldern skizziert und Fragen der empirischen Überprüfung der Wirksamkeit einer Orientierung der Lehrerausbildung an Standards und Kompetenzen bearbeitet. Siehe Kapitel 5 dieser Arbeit „Veränderte Bildungskonzepte und institutionelle Voraussetzungen zur Einbindung von digitalem Filmen in die Weltkulturerbepädagogik".

[68] Kirsten, Cornelia: Gründe und Möglichkeiten der Implementierung von Erbeerziehung in den Schulunterricht, Paderborn 2007

In ihrer diesbezüglich erarbeiteten Schrift wird aufgezeigt, dass durch die Einbeziehung von Erbeerziehung in den Schulunterricht nicht nur Erbebewusstsein bei der jungen Generation entwickelt, sondern zugleich der Unterricht pädagogisch-methodisch bereichert werden kann.

Um zu prüfen, inwieweit sich Erbeerziehung eignet, in die Schulbildung integriert zu werden bzw. inwieweit dies bereits geschieht, wird ein Blick auf das Bildungsverständnis in Deutschland geworfen[69]. Die Ergebnisse bestätigen die Vorhaben zur Einbeziehung von Welterbe in den Unterricht. In dem Entwurf einer Unterrichtskonzeption werden einige Varianten des unterrichtlichen Einbezugs von nahe gelegenen Erbestätten[70] in den Unterricht entwickelt.

Ihre praktischen Vorhaben und deren theoretische Fundierung münden in der Nennung von Begründungen für die Einführung von Welterbe in die schulische Arbeit. Um zu prüfen, inwieweit sich Erbeerziehung eignet, in die Schulbildung integriert zu werden, nennt Kirsten am Ende ihrer Arbeit drei Gründe zur Einbeziehung der Welterbepädagogik in den Unterricht:[71]

1. Die Notwendigkeit von Erbeerziehung ergibt sich zum einen aus der Tatsache, dass ohne Erbebewusstsein der Erhalt des Erbes für zukünftige Generationen nicht realisierbar ist.
2. Ein zweiter Grund für Erbeerziehung ist das dem Erbe eigene identitätsstiftende Potenzial.
3. Die Unesco-Welterbe-Konvention fungiert auf Grund des ihr zugrunde liegenden Kulturbegriffes als völkerrechtliches Instrument der Friedenspolitik, wodurch Erbeerziehung im Sinne der Konvention eine Form von Friedenserziehung ist.

2.5 Charakterisierung bisheriger pädagogischer Prinzipien der Unesco-Welterbepädagogik

Für die Implementierung der Welterbepädagogik in den Schulunterricht ist die Kenntnis ihrer spezifischen Prämissen notwendig. Dies gilt besonders für das Erarbeiten von welterbedidaktisch orientierten Unterrichtskonzeptionen.

Grundlegende Eigenschaften der Unesco-Welterbepädagogik lassen sich nach den soeben durchleuchteten Beispielen von Veröffentlichungen sowie bisherigen Unterrichtsprojekten erkennen und formulieren. Dadurch ist es möglich geworden, einen Cluster von charakteristischen Ansätzen der Welterbepädagogik zu skizzieren. Die oben angeführten welterbepädagogischen Beispiele orientieren sich nach meiner Analyse hauptsächlich an folgenden pädagogischen Grundsätzen:

---

[69] Kirsten a. a. O., das gesamte 3. Kapitel.
[70] Als Beispiel dient hier die Cottbuser Mühleninsel.
[71] Ebd.

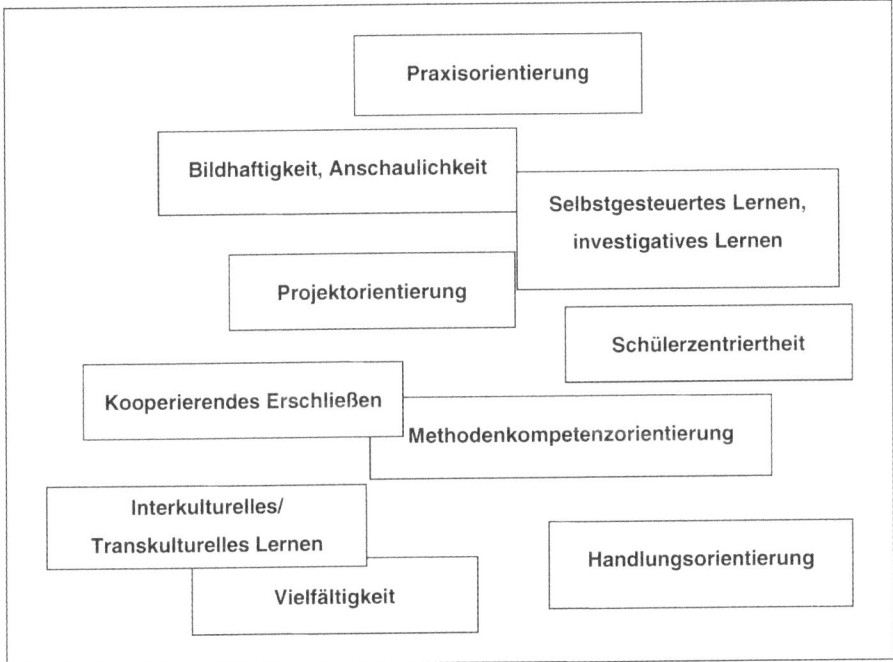

Abb. 1: Grafik: Analyse der didaktischen und methodischen Prinzipien bisheriger Welterbepädagogik[72]

2.6 Möglichkeiten des interdisziplinären Einbezugs von Erbeerziehung in den Regelunterricht an den Beispielen Kunst und Geschichte

Aufgrund der Tatsache, dass welterbepädagogische Entwürfe eng mit Kunstpädagogik verwandt sind, tauchen dort Beispiele auf, die die aktuellen und traditionellen Positionen der Kunstpädagogik implementieren, wie „Bildorientierung", „Kunstorientierung" oder den Ansatz der „Ästhetischen Forschung"[73], wie sie zurzeit diskutiert werden.

In der Bildorientierung[74] ist für die Welterbepädagogik die Idee der „Bildlesekompetenz" besonders von Belang. Aus dieser fachlichen Sicht heraus wird von der Idee ausgegangen, dass wir in einer zunehmend medialisierten Bildwelt leben und dazu in die Lage versetzt werden müssen, Bilder im weitesten Sinne zu sehen, zu durchschauen, zu entschlüsseln und selbst herzustellen. Verwandtschaften mit Welterbepädagogik können auch in der Ausrichtung des Ziels der ästhetischen Erziehung auf „visual literacy" gesehen werden, die sich ebenfalls im interkulturellen Kontext bewegt.[75] Da von hier aus eine Legitimationsgrundlage der Kunstpädagogik im Fächer-

---

[72] Erstellt v. Verfasser.
[73] Ob nun an zeitgenössischen Bildern oder allgemein an „Bildern".
[74] Kämpf-Janssen, Helga, siehe http://www.bilderlernen.at/theorie/aesthet_forsch_thesen.pdf, 5.12.2009
[75] http://www.georgpeez.de/texte/jetzt.htm, Stand 01.04.2009.

kanon der Schule geschaffen werden soll, kann dieser Punkt in Bezug auf die Integration von Welterbe als relevant für unsere Untersuchung angesehen werden.

Gleiches gilt alleine schon methodisch gesehen für alle Bestrebungen im Fach, die sich an der Subjektorientierung ausrichten.[76] Die traditionelle besondere Subjektorientierung korrespondiert mit Ideen Schillers[77] und der Reformpädagogik. Sie spielt aktuell etwa bei Helga Kämpf-Janssens Ansatz der „ästhetischen Forschung"[78] eine Rolle als entscheidende Einflussquelle des Faches. Auch dieser Ansatz findet sich in den Grundgedanken der Welterbepädagogik wieder.[79]

Über diese feststellbare grundsätzliche Verwandtschaft von Welterbe- und Kunstpädagogik hinaus lautet eine zu klärende Frage unserer Untersuchung, ob die Inhalte der Welterbepädagogik im Kunstunterricht in angemessener Weise curricular-„konform" behandelt werden dürfen oder ob bestimmte Inhalte nur aus einem spezifischen Blickwinkel betrachtet werden, der zu eng für den an die institutionellen Bedingungen an Schulen gebundenen Kunstunterricht sein könnte. Eine Gefahr könnte auch in einer Überfrachtung des Kunstunterrichts durch eventuell als „kunstfremd" betrachtete Inhalte gesehen werden. Überarbeitete Kräfte an den Schulen könnten sich bei der praktischen Umsetzung überfordert sehen, derartige Inhalte neu in den Unterricht übernehmen zu müssen.

Bei genauerer Betrachtung lässt sich jedoch erkennen, dass die welterbepädagogischen Unterrichtsvorhaben und Projekte durchaus geeignet sind, in den kunstpädagogischen Zusammenhang an den Schulen gestellt zu werden. Hierfür sprechen u. a. folgende Gesichtspunkte:

1. Unterrichtsmodelle korrespondieren mit Elementen aus der Kunstpädagogik und werden zum Teil daraufhin konzipiert.[80]
2. Methoden wie diejenigen der Welterbepädagogik werden im Kunstunterricht schon benutzt.
3. Inhalte, die mit denjenigen der Welterbepädagogik in Bezug stehen, sind in Lehrplan und Unterricht verankert.[81]
4. Durch die Einbeziehung soziokultureller Zusammenhänge können Themen bereichert und fächerverbindende Projekte angeregt werden.

---

[76] Vgl. Seydel, Fritz: Ästhetische Verfahren in der Arbeit zum beruflichen Selbstbild von Lehrkräften, Biografische Verwirrungen. Verlag für Sozialwissenschaften, Wiesbaden 2008.

[77] Gemeint ist Schillers „handelndes Subjekt"-Verständnis, Schiller Friederich, „Über die ästhetische Erziehung des Menschen", a. a. O., z. B. 15. und 23. Brief.

[78] Kämpf-Jansen, Helga und Daniela Neuhaus: Wie man in der Kunstpädagogik auf den Hund kommt. In: Peez, Georg und Heidi Richter (Hrsg.): Kind – Kunst – Kunstpädagogik. Erfurt, Frankfurt am Main 2004, S. 105–116.

[79] Wie den Beispielen in „Denkmal aktiv" (a. a. O.) oder in den anderen Arbeitsheften für den Unterricht zu entnehmen ist.

[80] Beispiele aus den verschiedenen Veröffentlichungen, wie z. B. Broschüren, Studien, „Denkmal aktiv"-Heften (a. a. O.) zeigen dies. Deren Autorinnen und Autoren sind zum gewichtigen Teil Kunstpädagogen (Ströter-Bender, I. Wirth, H. Wirth, Kirsten u.a.).

[81] Praxisorientierung, Schülerorientiertheit, Anschaulichkeit, Handlungsorientierung, Projektorientierung, Methodenkompetenzorientierung, Nachhaltigkeit, Vielfältigkeit, spannendes, entdeckendes Lernen, kooperierendes Lernen.

5. In der Veröffentlichung „Das Weltkulturerbe der Unesco im Kunstunterricht"[82] werden in der Einleitung für den Kunstunterricht passend zu verschiedenen Erbestätten Leitmotive konkretisiert. Unter „Erweiterung von Perspektiven – Wissen Sehen Erfahren" tauchen folgende Stichworte auf:

Mit Blick auf die eingegrenzte („touristische") Sichtweise:

- enge Vorgaben aufbrechen.

Mit Blick auf Wissenserweiterung:

- grundlegendes kunst- und kulturhistorisches Wissen und eine kulturelle Kartografie erweitern.

2.7 Erbebewusstsein als besondere Anforderung des WHE-Unterrichtes

Zur Erbeerziehung gehört die Vermittlung von relevanten Kenntnissen über Grundlagen und Zusammenhänge innerhalb von Kunst, Kultur, Geschichte und Gesellschaft. Das Ziel von Erbeerziehung ist ein „bewusstes Verhältnis der Menschen zu Erbe, also Erbebewusstsein"[83].

Welterbe bezeichnet Kulminationspunkte kulturellen und künstlerischen Handelns und Geschichtsbewusstsein. Selbst wenn Impulsen aus dem Fach Geschichte eine große Bedeutung zukommt, wäre es falsch, hauptsächlich oder gar ausschließlich historische Inhalte in der Unesco-Pädagogik zu sehen.

Bodo von Börries interpretiert Geschichtsbewusstsein als „komplexe Verknüpfung von Vergangenheitsdeutungen, Gegenwartswahrnehmungen und Zukunftserwartungen"[84].

Die besondere Sensibilität für dieses tiefgründende Verständnis von Orten der Kulmination von Kultur lässt sich als Erbebewusstsein bezeichnen. Sie geht im späteren Kapitel über filmische Kompetenzen der hier vorliegenden Arbeit ein als eine der besonderen auch filmisch wichtigen Fähigkeiten, die es ermöglichen, im Film auch „Unsichtbares" zu „zeigen".

Hans-Jürgen Pandel schlägt auch für die Kunstpädagogik inhaltlich zu berücksichtigende „Doppelkategorien"[85] vor:

- Zeitbewusstsein (früher – heute/morgen)
- Wirklichkeitsbewusstsein (real/historisch – imaginär)
- Historizitätsbewusstsein (statisch – veränderlich)
- Identitätsbewusstsein (wir – ihr/sie)
- Politisches Bewusstsein (oben – unten)

---

[82] A. a. O., S. 9.

[83] Vgl. Pandel, Hans-Jürgen: Dimensionen des Geschichtsbewusstseins. In: Geschichtsdidaktik 12 (1987), H. 2, S. 130–142, hier S. 130.

[84] Borries, Bodo von: Das Geschichtsbewusstsein Jugendlicher: erste repräsentative Untersuchung über Vergangenheitsdeutungen, Gegenwartswahrnehmungen und Zukunftserwartungen von Schülerinnen und Schülern in Ost- und Westdeutschland. Juventa-Verlag, Weinheim 1995 (Jugendforschung), S. 152.

[85] Pandel, a. a. O., S. 130.

- Ökonomisch-soziales Bewusstsein (arm – reich)
- Moralisches Bewusstsein (richtig – falsch)

Die geschichtlichen Anteile können teils jedoch auch im kunstpädagogischen Rahmen aufgegriffen werden, erscheinen doch im fächerübergreifenden Sinne und unter Berücksichtigung der kunstgeschichtlichen Elemente der Kunstpädagogik jene Faktoren einbezugsfähig und förderlich. Hier handelt die Welterbepädagogik ganz im Sinne einer Vernetzung von Wissen, wie es in letzter Zeit verstärkt gefordert wird.[86]

Vorgriff: Gerade bei Sauer findet sich übrigens ein weiterer wichtiger Hinweis für die Erstellung filmischer Dokumentationen, die sich mit Welterbe befassen. Das „eigene Betrachten" des Welterbes und die „persönliche Sicht"[87], die er fordert, können am Beispiel der filmischen Dokumentation besonders lebendig erlebt und zeigbar gemacht werden. Es wird im Sinne eines Wahrnehmens-Begreifens-Selbstäußerns (d. Verf.) zum tragenden Element der Welterbepädagogik mit filmischen Mitteln und damit zu einer lebendigen Möglichkeit der Welterbepädagogik, die sich auch an den Schulen im Regelunterricht realisieren lässt.

---

[86] Z. B. im strategischen Positionspapier des Bundesministeriums für Forschung und Bildung: „Information vernetzen – Wissen aktivieren", http://www.bmbf.de/pub/information_vernetzen-wissen_aktivieren.pdf, Stand 29.08.2008.

[87] Pandel, a. a. O., S. 130.

3. Kulturantropologische Aspekte Neuer Medien und filmischer Kommunikabilität

Auch dieses Kapitel kann mit Walter Benjamin beginnen, der sich von „modernen" Produktionsmitteln überzeugt zeigte und Möglichkeiten sah, welche die für damalige Verhältnisse „neumediale" Technik bot. Es kann aufgezeigt werden, dass die heute aktuelle Frage der Neuen Medien, wie sie sich im Web 2.0 zeigt, grundsätzlich schon früher vorausgedacht worden ist, wie beispielsweise durch Bertolt Brecht[88], Rudolf Arnheim und Walther Benjamin oder später durch Hans Magnus Enzensberger. Benjamin ging es weniger darum, ob eine fotografische Reproduktion auch Kunst sein kann, sondern um die Frage, was die Fotoreproduktion aus einem Kunstwerk macht. Seine Antwort: Sie macht aus der Hervorbringung einzelner „Bilder" kollektive Gebilde[89]. Durch die Verkleinerung der Kamera kommt sie in einem breiteren Anwenderkreis zur Verwendung, und so steigert sich in dieser neuen Medienwirklichkeit die allgemeine Verfügbarkeit. In der gleichen Zeit äußert sich Brecht zu den Möglichkeiten des „neuen" sprachlichen Mediums: „Der Rundfunk ist aus einem Distributionsapparat in einen Kommunikationsapparat zu verwandeln. Der Rundfunk wäre der denkbar großartigste Kommunikationsapparat des öffentlichen Lebens, ein ungeheures Kanalsystem, das heißt, er wäre es, wenn er es verstünde, nicht nur auszusenden, sondern auch zu empfangen, also den Zuhörer nicht nur hören, sondern auch sprechen zu machen und ihn nicht zu isolieren, sondern ihn auch in Beziehung zu setzen."[90] Auf die heutige Situation bezogen klingt dies geradezu prophetisch.

Auch in den folgenden Jahren, etwa in den 1970er Jahren als das „Kassettenfernsehen" neue Möglichkeiten barg, wurden Charakteristika einer erst heute wirklich realisierten Medieneigenschaft schon diskutiert.

Die kritisch-emanzipative Zeit der Medienpädagogik bis 1970 war gesellschaftspolitisch ausgerichtet.[91] Die Massenmedien wurden als massenwirksame Werkzeuge einer gesellschaftlichen Unterdrückung definiert: Als Teil der Kulturindustrie manipulieren und unterdrücken sie dadurch, dass sie die Rezipienten zu passiven Objekten herabwürdigen[92].

Zu dieser Zeit kam auch die Medienkompetenz in die Diskussion. Hans Magnus Enzensberger forderte, die Bevölkerung solle auch bei der Produktion von Medien partizipieren. Er formuliert in seiner Theorie der Medien:

---

[88] Brecht, Bertolt nach Wöhrle, Dieter: Bertolt Brechts medienästhetische Versuche, insbes. Kapitel IV: „Das Radioexperiment ‚Der Lindberghflug' und Brechts Auseinandersetzung mit dem Medium Rundfunk". Köln 1988, S. 45 ff.

[89] Benjamin, Walter: Das Kunstwerk im Zeitalter der technischen Reproduzierbarkeit, a. a. O.

[90] Brecht, Bertolt nach Wöhrle, Dieter: Bertolt Brechts medienästhetische Versuche, insbes. Kapitel IV: „Das Radioexperiment ‚Der Lindberghflug' und Brechts Auseinandersetzung mit dem Medium Rundfunk". Köln 1988, S. 45 ff.

[91] Orientiert an der kritischen Theorie nach Adorno und Horkheimer.

[92] Vgl. Sander, Uwe, Friederike von Gross und Kai-Uwe Hugger: Handbuch Medienpädagogik, Wiesbaden, 2008, S. 61.

„Ein revolutionärer Entwurf muß nicht die Manipulateure zum Verschwinden bringen; er hat im Gegenteil einen jeden zum Manipulateur zu machen."[93]

Die neueren medientechnologischen Ereignisse wie auch die Medialisierungsvorgänge erfassen sämtliche sozialen und kulturellen Areale, und es stellen sich neue Forderungen an kulturelle Bildung, Kunstpädagogik und WHE sowie Fortbildung und Forschungskonzeptionen.

Die neuen Medien sind soziokulturelle Verständigungsformen, die uns ganz neue Räume eröffnen: ästhetisch, gesellschaftlich, erzieherisch, kulturell, politisch. Die Erfassung und Bereitstellung von „Vermittlungskonzepten" für mediale Bildung wird zum unverzichtbaren Bestandteil einer nachhaltigen kulturellen Bildung bzw. Pädagogik überhaupt. „Der Umgang mit neuen Medien, mit dem Computer, eine ‚Computer-Literacy' wird für alle zur Eingangsvoraussetzung und Teilhabe an der medientechnologischen Gesellschaft."[94]

Heutzutage ergibt sich eine bildungspolitische Herausforderung durch die neuen Medien, die an den qualitativen Aspekten und Veränderungen ansetzen muss, die durch die digitalen Medien induziert sind. Dies sind einerseits etwa „die digitalen Speicherkapazitäten, die leichte Kopierbarkeit und Distribution von Informationen, die Möglichkeiten der schnellen Suche und Erschließung von Informationen, die zu einer wachsenden Informationsflut, zu einer Senkung der Schranke zur öffentlichen Publikation, zur langfristigen Verfügbarkeit der Interneteinträge und zu einer stärkeren Verschränkung von Privatheit und Öffentlichkeit führen"[95].

Auf der anderen Seite sind im ausdrücklichen Fokus dieser Arbeit: „multimediale Darstellungsmöglichkeiten, die globale Dimension des Netzes und die Überbrückung von Zeit und Raum, welche zu virtuellen Gemeinschaften, neuen Aktions- und Erlebnisräumen"[96] führen.

Aus meiner Sicht sind ganz in diesem Sinne die Strukturen für die Erfüllung dieser Forderung oder besser gesagt der technischen Machbarkeit heutzutage endlich gelegt. Ich denke, dass diese Chancen ein gewinnbringendes Mittel zur Realisierung von WHE sein müssen. Gerade das Videopodcasting als global editierbares Sprachrohr ermöglicht die Einlösung der o. g. Forderungen.

WHE ist als pädagogischer Kulminationsort allgemeiner gesellschaftlicher Herausforderungen auch der Raum, in welchem sich neue Entwicklungen manifestieren können. In meiner Vision müsste „WHE 2.0" als neumediale kulturelle Bildung dazu in die Lage versetzt werden, gesellschaftlich-kulturelle Inhalte mit digitalen Utopien den elektronisierten Alltag der Kinder und Jugendlichen zu durchdringen, aufzugreifen und zu fördern.

---

[93] Enzensberger, Hans Magnus: Baukasten zu einer Theorie der Medien. In: Lorenz Engell u. a. (Hrsg.), Kursbuch Medienkultur: die maßgeblichen Theorien von Brecht bis Baudrillard. Deutsche Verlags-Anstalt, Stuttgart 2000.
[94] Nach: Seeligmann, Anette, a. a. O.
[95] Kompetenzen in einer digital geprägten Kultur, Bericht der Expertenkommission des BMBF zur Medienbildung. BMBF, März 2009, S. 1.
[96] Ebd.

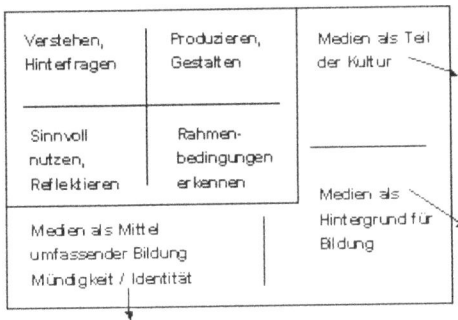

Abb. 2: Grafik: Jochen Hettinger: "Medienkompetenz"[97]

„We are at the beginning of a radically different relationship with the Internet, one that has long-standing implications for educators and students."[98]

Niesyto ist u. a. Sprecher der renommierten Deutschen Gesellschaft für Erziehungswissenschaft in der Kommission für Medienpädagogik: „Filmkompetenz ist wesentlicher Teil einer übergreifenden Medienkompetenz. Filmpädagogik gehört als Filmerziehung bzw. Filmbildung schon immer zu den Kernaufgaben von Medienpädagogik. Trotz der großen Bedeutung, die heute audiovisuelle Medien für Kinder, Jugendliche und Erwachsene haben, ist die Unterrichtskompetenz der meisten Lehrer/innen bezüglich Filmanalyse und filmpädagogischer Inhalte und Methoden nach wie vor gering."[99]

Auch die Kunstpädagogik wird in den kommenden Jahren vom Gedanken der Medienbildung immer stärker beeinflusst sein. Kunstpädagogik in diesem Sinn ist als morphogenetisches Feld zu verstehen, das sich u. a. durch Kunst, Kultur, Medien und Bildung im medientechnologischen Zeitalter konstituiert. So könnte sich durch das Podcasting die „Konsistenz" des Unterrichtes ändern:

„The podcast is an emerging technology that has the ability to unite the active engagement and passive reflection critical to meaningful learning. I believe the effectiveness of integrating communication technologies such as podcasting to enhance art-teaching practices is evident in this research."[100]

---

[97] Nach: http://www.mediaculture-online.de/Medienbildung.357.0.html, Stand 2009.
[98] Richardson, W.: Blogs, wikis, podcasts, and other powerful web tools for classrooms. Sage Publications, Thousand Oaks, C. A. 2006.
[99] http://www.ph-ludwigsburg.de/fileadmin/subsites/1b-mpxx-t-01/user_files/Online-Magazin/Ausgabe7/Niesyto7.pdf, S. 1, Stand 01.01.2010.
[100] Wallace Tracey: Podcasting as a creative learning tool in the art classroom. University of Florida 2007, S. 42.

Die heutige Jugend wächst wie selbstverständlich mit den Neuen Medien heran. Medienkompetenz wird zum kulturellen Vorteil gegenüber anderen. Ausgeschlossene besitzen jetzt und später schlechtere Chancen, als eingebundene Mitglieder der Mediengesellschaft akzeptiert zu werden. Insbesondere gilt dies meiner Meinung nach für mediale Eigenproduzenten. Es wird benachteiligte Kinder und Jugendliche sowie Unterschiede zwischen Mädchen und Jungen, Migranten[101] und Nichtmigranten geben. Die in dieser Arbeit dargestellte Unterrichtsreihe sollte zukünftig daher zugunsten einer besseren Übertragbarkeit erweitert bzw. umkonzeptioniert werden.

Da die Jugendlichen meist mit Spielen in die Computerwelt einsteigen, besitzen sie ein eher intuitiv-spielerisches und lustvolles Verhältnis zum „PC".

Die Chancen einer Medienerziehung liegen meiner Meinung nach darin, den Umgang mit den Informationen und Inhalten spielerisch und reflexiv zu „bearbeiten" und zu beurteilen.

Entscheidende Fragen am Anfang dieser Arbeit bezüglich der Rolle des Filmischen als vitale Kulturform sind:

- Ist das Medium Film und sind Podcasts als unterrichtsmethodisch nutzbare kulturelle Medien in der Lage, die WHE zu bereichern?
- Kann das Filmen sinnvoll eingesetzt werden, um die Ziele der WHE zu erreichen?
- Ist das Podcasting nur eine zeitgebundene modische Erscheinung oder eine moderne Ausprägung eines grundlegenden kulturellen Prinzips menschlicher Kommunikation?

„Neuere Projekte und Tagungsbeiträge zur Förderung von Filmkultur und Filmkompetenz sind teilweise noch sehr stark an filmwissenschaftlichen und cineastischen Interessen ausgerichtet. Notwendig sind eine bessere Berücksichtigung filmpädagogischfachdidaktischer Aspekte sowie eine zielgruppenspezifische Ausdifferenzierung von Konzepten. Es geht darum, Filmpädagogik fachbezogen und fächerübergreifend besser zu verankern."[102]

Um die oben geäusserten Fragen zu beantworten, ist neben dem Blick auf die Unesco-pädagogische Methodologie und die Zielsetzungen eine Betrachtung bisheriger kunstpädagogischer Forschung bezüglich der neuen Medien erforderlich, da hier im Gegensatz zur verwandten WHE schon Einblicke gewonnen werden konnten:

Wir können uns an dieser Stelle über relevante Aspekte des Filmischen im Allgemeinen und des Podcastings im Speziellen bewusst werden.

Die heutige Bedeutung des filmischen Prinzips resultiert zunächst aus der mächtigen sinnlichen Vereinnahmung des Zuschauers durch synchrone Bild-Ton-Folgen im Zusammenhang mit dramatischen Inhalten und Symbolen. Schon zu Anfang der Filmgeschichte zeigten sich die bildsamen und verzeitlichenden[103] Charaktereigenschaften des heutigen Phänomens: erst im Stummfilm, dann im Tonfilm.

---

[101] Dieser heutzutage inflationär und unpräzise verwendete Begriff meint hier Menschen, die im bevölkerungsgeografischen Sinne in ein Land eingewandert und dort auf Dauer sesshaft geworden sind.

[102] http://www.ph-ludwigsburg.de/fileadmin/subsites/1b-mpxx-t-01/user_files/Online-Magazin/Ausgabe7/Niesyto7.pdf, S. 1, Stand 01.01.2010

[103] Diese Illusion wird durch rasche Bildfolgen ausgelöst, die die menschliche Wahrnehmung, welche auf der sequentiellen Übermittlung von optischen Daten durch das Auge basiert, überlisten.

Das Phänomen des Filmischen basiert seiner Logik nach auf Bildsamkeit, Bildfolge und Dramaturgie. Legen wir an dieser Stelle zugrunde, dass es sich hier[104] um einen dem Schildern verwandten Vorgang handelt, bei welchem durch textlich begleitende Informationen mittels Bildvorstellungen Ereignisse dargestellt werden, haben wir Anlass, über das heutige Filmische hinaus nach einer grundsätzlichen Eigenschaft zu forschen, die ihm als Grundlage dient.

So denken wir auf der Suche nach den historischen Wurzeln des Filmischen vielleicht zuerst an die Bänkelsänger des Mittelalters, die mit kommentierten „Einzelbildern" Geschichten erzählten („schilderten"). Noch weiter zurück liegt die antike Theaterkunst, etwa in der Form der Tetralogien, in der schon quasi Drehbuch, Aufführungscharakter, Dramaturgie u.a. enthalten sind.

„Filme zu drehen, das bedeutet für mich zuerst und vor allem eine Geschichte zu erzählen. Diese Geschichte darf unwahrscheinlich, aber sie darf nie banal sein. Sie sollte dramatisch und menschlich sein."[105] (Alfred Hitchcock)

Jedoch lassen sich auch schon in prähistorischen Bildfolgen einiger jungsteinzeitlicher Höhlenmalereien Kernelemente von etwas Filmischen erkennen, die über die pure Einzeldarstellung hinausgehen. Frühzeitige Dokumentationen als Abbildungen und Bildergeschichten weisen bereits zentrale Eigenschaften dessen auf, was wir heutzutage im Filmischen erkennen können: so das Zeigen auch von Bewegtem in vitaler Darstellung,[106] Schildern, Dramaturgien in der Aufeinanderfolge von Bildern[107] (wie etwa bei einem Trickfilm), ja Überlagerungen[108] bewegter Figuren wie bei einem filmischen Ghostingeffekt. Auch Dokumentieren von Erlebtem. Außerdem lassen sich enge Bezüge zwischen Inhalten und Form und regelrechte Kompositionen mit einem „Programm"[109] entdecken, wenngleich es noch in einem statischen Medium (Höhlenwände und -decke) existiert, das erst im künstlerischen Kommunikationsprozess in Bewegung[110] gesetzt wird. Schildern, Darstellen, Aufführen nach einem bestimmten formalen Plan oder Programm oder innerhalb eines Ausschnitts von Wirklichkeit bereiten die Logik filmischen Denkens sozusagen schon vor. Wie im Stop-Motion-Verfahren werden einzelne Bilder in übergeordneter Bewegung miteinander gesehen. Die Augenbewegung und Blickverschiebung der Betrachter sind hier das bewegende Moment im Vorstellungsapparat desselben.

Inhalte, Stoffe, Geschehnisse, Emotionen, Abstraktionen schildern und formulieren, sind grundlegende Prinzipien im filmischen Gestalten[111] wie auch im Gestalten überhaupt.

---

[104] Zumal auf den Dokumentarfilm bezogen.
[105] Vgl. Truffaut, François 1966, Truffaut Hitchcock, Diana Verlag, München 2002, S. 91.
[106] Wie etwa bei den durchweg „bewegten" Tierdarstellungen in der Höhle von Lascaux, Frankreich.
[107] Denken wir nur an Jagdszenen wie in eiszeitlichen Höhlen in Europa und Afrika und an Darstellungen wie in Chauvet oder Lascaux, Frankreich.
[108] Zum Beispiel in der Höhle von Chauvet, Frankreich.
[109] Auch hier mögen die Beispiele aus Altamira und Chauvet als Zeugen dienen, a. a. O.
[110] Und zwar dadurch, dass die als Erstes betrachteten Bildern mit den später betrachteten abgeglichen werden und solchermaßen im Bewusstsein des Betrachters eine „Entwicklung" im Geschehen vorgestellt wird.
[111] Das gilt auch dann, wenn das Anliegen eines Films darin besteht, Atmosphäre einzufangen oder abstrakte Inhalte zu erfassen und quasi immaterielle Botschaften auszusenden. Letztlich haben wir es mit

War noch die Höhlenbildfolge ortsgebunden[112], sind die Erzähler und Bänkelsänger schon mobil und transportieren ihre Botschaften auch zu Menschen an anderen Orten.

Mit der Einführung von Kinos und dem Zeigen von kopierbaren Filmrollen konnte das Kulturmedium des Films international zum Massenmedium avancieren. Die Entwicklung des Fernsehens seit den 1950er Jahren machte das gleichzeitige Sehen von bewegten und vertonten Bildern für viele Menschen von zu Hause aus möglich und gipfelte in Live-Übertragungen, wie zum Beispiel der Mondlandung von 1969 oder Boxkämpfen von „Superstars" wie Muhammad Ali und den Olympischen Spielen, wie sie heute vollkommen selbstverständlich geworden sind.

Die Globalität des kulturellen Mediums Film hat jedoch in jüngster Zeit durch das Internet und die Podcasttechnik einen weiteren Quantensprung absolviert. Es wurde quasi zum potenziellen Produktionsmedium für alle. Anders als in der Vergangenheit sind die Menschen nicht mehr als mehr oder weniger „erleidende Objekte" von einer überschaubaren Zahl von TV-Sendern aufbereiteten „Sendungen" gezwungen, Filme zu erleben.[113]

Es besteht heute im Web 2.0 die Möglichkeit, von schier unzählbaren Anbietern Filmproduktionen zu betrachten. Darüber hinaus kann jeder potenzielle User selbst Videoproduzent werden.

Heute wie früher ist das Medium Film in seinem Hauptzweck ein darstellerisches dokumentarisches Medium. Auch beim Podcasting ist es dies geblieben. Die User zeigen, was sie gesehen haben, was sie über sich und über andere sagen wollen, was sie bewegt.

3.1 Schulpädagogik und dokumentarisches Filmen

Das gesamte Spektrum an Zielen und Qualitäten des Films kann an der Schule wohl nicht in den Unterricht einbezogen werden. Im noch so kleinen von Lernenden gedrehten Film kann jedoch Ergreifendes geschildert, Schicksalhaftes geäußert, Allgemeines, Wichtiges festgehalten werden. Jeder kleine Bericht kann eine eigene ernst gemeinte Stellungnahme zur Welt sein.[114] Die meisten Podcasts sind dokumentarischer Natur.[115]

Hier setzt auch die Idee der Podcastpädagogik in dieser Arbeit an. Im geplanten Unterrichtsvorhaben sollen die Schülerinnen und Schüler in der Unterrichtsreihe eigene Dokumentationen erstellen.

Bilderfolgen sowie deren Ausgestaltung, dramaturgische Anordnung und Ablauf zu tun. Diese zielen auf Anmutungen, transportieren Botschaften und veranschaulichen Ansichten.

[112] Da sie an das statische Medium der Höhlendecke gebunden ist.
[113] Ein Beispiel dafür ist auch die Bundeskanzlerin Angela Merkel, die in einer Art eigenem TV-Sender eine Serie „wöchentlicher Videopodcasts" aufgelegt hat, in der sie unabhängig von TV-Sendern ihre Botschaften „ausstrahlen" kann, vgl. www.bundeskanzlerin.de/.
[114] Die Beispiele für Podcasts auf den Internetplattformen wie YouTube oder Clipfish sind zu zahlreich, um sie hier zu nennen.
[115] Wobei ich hier auch TV-Aufzeichnungen als dokumentarisch ansehe.

Es existiert zurzeit kein einheitliches fest gefügtes Konzept, wie eine gute Dokumentation auszusehen hat. Ja, es existiert nicht einmal eine gültige Definition für filmische Dokumentationen.[116] Für Schule und Welterbepädagogik wird noch näher zu bestimmen sein, wie die Indikatoren für Dokumentationen aussehen sollen. So gelten anfangs die oben genannten allgemeinen welterbepädagogischen Charakteristika als Orientierungsrahmen. Auch bei kurzen filmischen Dokumentationen jedenfalls, die mit geringem Aufwand produziert werden, können mit Bezug auf Unterricht Qualitätsmerkmale des Filmens exemplarisch realisiert und in die Beurteilung mit aufgenommen werden. Erlebnisse können verdichtet erzählt werden, Szenerien geschildert, kurze Augenblicke Thema eines längeren Films werden. Am Speziellen kann ein Allgemeines aufleuchten. Dies gilt nicht zuletzt für kurze Dokumentarfilme. An realen Beispielen können persönliche Wirklichkeiten und Wahrheiten dargestellt werden. Schon hier deuten sich welterbepädagogische Qualitäten an. Abgesehen von welterbespezifischen Betrachtungsweisen lassen sich bezogen auf formale und inhaltliche Aspekte des Dokumentarfilms (hier über ein Baudenkmal) in einer ersten Betrachtung u.a. folgende Qualitätsmerkmale des unterrichtlichen Filmens formulieren:

Qualitäten	Bsp. für Realisation:	Bsp. für Indikation:
Konzeptionelles	Drehbuch, Treatment	• Erreichen der Übereinstimmung des Ergebnisses mit dem Ziel des Vorhabens. • Informatives Berichten über den dokumentierten Gegenstand
Kompositorisches	Schnitt	• Erzeugen von Spannung durch Rhythmisierung und Akzentuierung • Differenzierung zwischen Haupt- und Nebenaspekten
Bildästhetisches	Kamera	• Aufschlussreiche, interessante, schöne, verdichtete, sinnvolle, bewegende Bildausschnitte • Gezielte Kamerabewegungen zur Heranführung an das Geschehen
Atmosphärisches	Beleuchtung	• Erzeugen einer Stimmung, die den dokumentierten Gegenstand sinnvoll ausdeutet
Authentisches	Interviewsituationen	• Glaubhafte Reaktionen und Situationen, ungekünsteltes Umsetzen des Drehbuches
Publikation	Postproduktion/Text	• Einstellen in einen Rahmen, Informationstransport durch Text, Verfremdungen, Deutungen

Pädagogisch relevante Qualitäten des Filmens

Gelingt es Schülern im Rahmen eines entsprechenden Projektes, probate filmische Äußerungen zustande zu bringen, ergeben sich aus meiner Sicht verschiedene Lerneffekte wie etwa:

---

[116] Vgl. Schadt, Thomas: Das Gefühl des Augenblicks. Zur Dramaturgie des Dokumentarfilms. Bergisch Gladbach 2002, S. 16 f.

Beispiele für Lerneffekte bei dokumentarischem Filmen im Welterbeunterricht

1. Lernende durchdringen den gewählten Filmgegenstand, indem sie ihn gestalterisch erschließen, wenn sie sich dessen, was ihnen im Sinn liegt, mittels eines Films vergewissern. Sie erstellen einen eigenen Film, ein eigenes Werk mit einer eigenen Aussage aus einer eigenen Sicht.

2. Durch den kommunikativen Charakter der Gestaltung eines Films bekommen sie ein Gefühl für ästhetische Mitteilung und halten innerlich Zwiesprache mit sich als Produzierenden sowie als ihr eigenes Publikum.

3. Schüler erwerben praktische Medienkompetenz, indem sie Ausdrucksmittel der Filmgestaltung kennen lernen und anwenden, sie in ihr Ausdrucksrepertoir aufnehmen.

4. Sie erwerben Fähigkeiten zur Medienbeurteilung und können sich in einer Welt von Medienerzeugnissen besser zurechtfinden.

5. Schüler erwerben theoretische Medienkompetenz, indem sie Gestaltungsmöglichkeiten und Betrachtungswinkel kennen lernen und sich Perspektiven erschließen, um ihr eigenes filmisches Handeln und die Resultate ihrer Arbeit mittels Kriterien beurteilen.

Nach dieser ersten Sichtung deutet sich schon vor der Durchführung unseres Unterrichtsvorhabens die grundsätzliche Eignung der Videopodcastproduktion als Thema in der Schule an. Auch mit bereits manifestierten Ansätzen der Welterbepädagogik scheint das unterrichtliche Filmen einhergehen zu können, wie z. B.:

Welterbepädagogik-typische methodische Eigenschaften

- Schülerzentriertheit
- Praxisorientierung
- Anschaulichkeit
- Bildhaftigkeit
- Nachhaltigkeit
- Methodenkompetenzorientierung
- Handlungsorientierung
- Vielfältigkeit
- Kooperierendes Lernen
- Aktivierendes, entdeckendes, forschendes Lernen

Es deuten sich hier durch die Übereinstimmungen mit bisherigen outputorientierten, ganz ähnlichen Prinzipien der WHE schon die Eignung des unterrichtlichen Filmens/Podcastings einerseits und welterbepädagogischer Inhalte und Methoden andererseits für outputorientierte Lernumgebungen im gemäßigt konstruktivistischen Sinne[117] und damit die Möglichkeit des Einbezugs in zukunftsorientierten, kompetenzorientierten Unterricht an.

---

[117] s. Kapitel 6 in dieser Arbeit.

3.1.1 Zur Klärung des Begriffes des Dokumentarfilms für den Unterricht

Der Charakter des Dokumentarfilms wird unter Fachleuten an Hochschule und in der Praxis unterschiedlich begründet und hergeleitet. So wäre es sicher ein Missverständnis, den Dokumentarfilm als bloße Abbildung von Sachverhalten oder Gegebenheiten zu sehen. Überwiegend sind sie sich darin einig, dass der Dokumentarfilm den Filmproduzenten ein breites Spektrum an Ausdrucksmöglichkeiten bietet.[118]

Laut einer Umfrage von Schadt gaben verschiedene erfahrene Redakteure und Regisseure bzw. Produzenten von Dokumentationen ganz verschiedene Erklärungen zur Definition des Begriffes der Dokumentation, wie beispielsweise:[119]

Christoph Hübner: „Der Dokumentarfilm braucht für mich keine Abgrenzung gegen andere Genres. Im Gegenteil. Oft wird er gerade zu seinen Grenzen hin interessant".

Gisela Tuchtenhagen: „Ich bin gern Dokumentarfilmerin, weiß aber nicht genau, was ein Dokumentarfilm ist. [...] deshalb hat der Dokumentarfilm – ich verstehe ihn als Kunst – auch eine Zukunft."

Andres Veiel: „Thesen vom Reinheitsgebot erinnern mich eher an die Wettbewerbskämpfe der Bierindustrie. Warum diese Angst vor Fiktionalisierung? Für mich ist es befreiend, mit Formen spielen zu können."

Ganz abgesehen von diesen Aussagen gibt es in letzter Zeit im Fernsehen und Kino[120] so viele Mischformen von Formaten mit „halbdokumentarischem" Charakter, dass die Grenzen zu anderen Genres verschwimmen.[121] Diese qualitativen Aussagen von professioneller Seite ermöglichen es, den Schülerinnen und Schülern eine eigene Deutung des Begriffes der Dokumentation zu überlassen.

Auf diese Art sind nach meinem Verständnis Dokumentationen ein Dokumentieren im ästhetisch-künstlerischen wie im sachlich-dokumentarischen Sinn als eigenartige Stellungnahmen zur Welt.

Zwar kann durch das Thema die Wirklichkeitsaneignung bzw. die Erklärung von bestehenden Wirklichkeiten (z. B. Kölner Dom) angeregt werden, doch unterliegt sie aufgrund der weiter oben dargelegten Sachverhalte keinen festgelegten Schemata.

---

[118] Vgl. Schadt, Thomas: Das Gefühl des Augenblicks – Zur Dramaturgie des Dokumentarfilms, Bergisch Gladbach 2002.
[119] Die folgenden Zitate wurden zitiert nach Schadt, a. a. O., S. 16 ff.
[120] Zumal in den Videopodcasts auf YouTube und ähnlichen Plattformen.
[121] Gemeint sind hier z. B. Dokusoap-Formate wie „Supernanny", „Raus aus den Schulden", „Deutschland sucht den Superstar" (RTL), Kriegsdokumentationen auf N24, Gerichtsshows, Wissenssendungen wie „Wissen Macht Ah" oder „Willi will's Wissen" etc.

3.1.2 Dokumentarfilmen als Möglichkeit einer intersubjektiven „Quasirealität"[122]

Das Prinzip der digitalen Filmaufnahme liegt in der digitalen Speicherung von „gedrehten" Tonbildfolgen und Bildmaterial für die spätere Herstellung des Endprodukts. Der Kamerasucher oder das „Display" ist der erste entscheidende Ort und Kulminationspunkt, an dem sich das Ergebnis der sensuellen, sensomotorischen und technischen Abläufe unter den Bedingungen vor Ort zeigt.

Bereits im Sucher der Kamera zeigt sich eine Interpretation der Realität: ein Ausschnitt, ein Blickwinkel, eine Beleuchtung, welche der Filmer durch Bewegen und Einstellen der Kamera anlegt, eine Szene, die er auswählt, die seine Auslegung des Gesehenen repräsentiert. Schon in diesem Stadium des Filmens wird aus Realität ein deutendes Bild. Der Sucher wird zu einer eigenen Welt, zu einer Art Quasirealität[123]. Die Komplexität des Gestaltungsaktes im „Display" wird deutlich, wenn die Gestaltungsoptionen vor Augen geführt werden, die hineinspielen, wie z. B.:

- Ausschnittwahl
- Blickrichtung
- Perspektive
- Blende
- Schärfe
- Lage
- Beleuchtung
- Kontrast

Ebenso aber auch:

- die Aussageträchtigkeit einer Szenerie in Bezug auf das Gesamtkonzept
- das spezifizierte Verhalten der Darsteller vor der Kamera
- die informative und ästhetische „Dichte", also das „Auf-den-Punkt-bringen"
- die erzeugte „emotionale Botschaft"
- die erzählerische „Wahrheit" oder „Wirklichkeit"[124]

Die Welt des Suchers wird zum Schauplatz der gesuchten oder vorgefundenen ästhetischen Spur, von dramaturgischen Auslegungen, Konstruktionen von Phantasiewelten, schließlich zum Ausschnitt einer mehr oder weniger bewusst gestalteten Welt. Durch den Spielcharakter im Gestalten, durch das Formen eines Stoffes, durch die Inszenierung von Aussagen – ob nun im Spielfilm oder bei der dokumentarischen Reportage – wird das Filmen zu einem besonderen

---

[122] Marcuse, Herbert: Die Permanenz der Kunst – wider eine bestimmte marxistische Ästhetik. Ein Essay. München 1977, S. 18 ff.

[123] Ebd.

[124] Thomas Schadt meint hierzu: „In der Philosophie bezeichnet man Wahrheit im Allgemeinen als etwas ‚Objektives', das tatsächlich Vorhandene und Stattfindende in diesem Universum. ‚Realität', deutsch ‚Wirklichkeit', wird eher als ‚subjektiv' definiert, als zwar kompletter, aber dennoch individueller Zugriff des Einzelnen auf das ‚Objektive'. Also eine Wahrheit, aber unzählige Wirklichkeiten oder Realitäten." A. a. O., S. 39.

schöpferischen Phänomen. Die Suche nach einer bildhaft-bewegt-filmischen Form für einen Inhalt ist eine Grundprämisse des Films.

Erkennbare Charakterzüge des Spielerischen[125] im filmischen Prozess zeigen sich darüber hinaus dann auch vor der Kamera, am Set und am Schneidetisch. Hier werden Bewegungen, Spannungsbögen, Dramaturgien, verschiedene Elemente in Korrespondenz zueinander gesetzt. Einzelne Versatzstücke werden hier zu größeren Aussagekomplexen zusammengefügt, auf ihre Ausdruckskraft hin überprüft, bestätigt oder verworfen. Auch dies sind Aspekte, die den spielerischen Charakter des Filmens als Prozess kennzeichnen hinsichtlich seines „Aufführungscharakters" und seiner Intention des „Aufführens für jemanden"[126], wie es Hans-Georg Gadamer beschreibt. Diese Sachverhalte spielen auch in jeder Filmdokumentation eine Rolle im „Kleinen" wie im „Großen". Der Betrachtende ist Teilnehmer an einer „Voraugenführung"[127] und er ist es, der entsprechend die „Werkdaten" betrachtet, den intendierten Werkzusammenhang sehend, erfassend und in seiner Vorstellung verlebendigend herstellt. Er ist Erlebender und Wahrnehmender, doch zugleich auch Akteur, wie der Akteur auch gleich Wahrnehmender ist.

3.2 Filmen/Podcasting als Element in Schule, Curriculum und Welterbepädagogik

Hinsichtlich der produktiven praktischen Nutzung des Mediums Digitalfilm zeigt sich, wie angedeutet, eine wachsende Diskrepanz zwischen dem aktuellen Medienverhalten Jugendlicher und der Einbeziehung der Medienproduktion in den Unterricht. Als Pars pro Toto für das allgemeine Problem wurden in dieser Arbeit die aktuellen hessischen Lehrpläne für den gymnasialen Bildungsgang im Fach Kunst G8[128] einer Untersuchung unterzogen, an dem sich die Problematik beispielhaft erläutern lässt.

Eine vorläufige Sichtung der Lehrpläne macht deutlich: In Hessen wird an sich zwar die Entwicklung der Neuen Medien gefördert und findet auch Eingang in den Lehrplan, namentlich im Fach Kunst, jedoch ist dort von Filmproduktion so gut wie nicht die Rede.

Auch an den Schulen selbst scheint das Thema Filmen nur vereinzelt Aufmerksamkeit zu finden. Weder an den Schulen und Universitäten noch in den Kultusministerien[129] wird dieser neuesten Entwicklung der Medien und der medialen Realität unserer Gesellschaft Rechnung getragen. Zwar ist ein Bemühen erkennbar, bestimmte neumediale Methoden zu manifestieren, zu erforschen, zu erproben, und mittlerweile werden ja auch Medienprojekte und vereinzelt Fortbildungen angeboten (wie z. B. durch Wettbewerbe und durch akkreditierte Angebote der

---

[125] Im Sinne von zweckfreien, freien Tätigkeiten, in welchen sich ein Formspiel ergibt zum Formtrieb. Vgl. Schiller, Friedrich: Über die ästhetische Erziehung des Menschen. Reclam Verlag, Stuttgart 1975. Zu Merkmalseigenschaften des Spiels vgl. Huizinga, Johann: Homo Ludens. Hamburg 1963, 6. Aufl.; zu intrinsischer Motivation als Grundlage des Spielens vgl. Heckhausen, Heinz: Entwurf einer Psychologie des Spielens. In: Psychologische Forschung, Heft 27, Berlin 1964, S. 225–243.

[126] Gadamer, Hans Georg: Wahrheit und Methode. Einleitung XXXVIII. In: Hart Nibbrig: Ästhetik der letzten Dinge, S. 299., Frankfurt am Main/Leipzig: Insel 1995

[127] Wirth, Kai Helge: Spiel Bewegung Kunst. Alpha Literatur Verlag, Frankfurt am Main 2002, S. 55.

[128] Lehrplan Kunst G8, Hessen, Stand 2008.

[129] Vgl. Hess. Lehrplan – aktuelle Umsetzungsverordnung zur Lehrerausbildung, Stand 2008.

Lehrerfortbildung[130]), die auch schon das Filmen umfassen, dies geschieht jedoch immer noch nicht hinreichend konsequent mit Blick auf den Unterrichtsalltag.

Als Schlussfolgerung aus den obigen Textteilen lässt sich formulieren, dass das Einführen des digitalen Filmens die Konsequenz aus der gelungenen Einführung der Neuen Medien sein könnte und als solche in der Praxis des Kunstunterrichts eine wichtige Rolle spielen könnte als bisher. Die Neuen Medien sind im hessischen Lehrplan für das Fach Kunst ohnehin schon vertreten, wie sich durch die Einbeziehung von „Präsentationen" und „Bildbearbeitung" in die Lehrinhalte schon ab der 7. Jahrgangsstufe zeigt.[131]

---

[130] Z. B. vom Amt für Lehrerfortbildung in Frankfurt am Main.
[131] Lehrplan Kunst G8, Hessen, Stand 2008, a. a. O.

4. Revolutionäres Potenzial des Podcastings als welterbepädagogisch relevanter Faktor

4.1 Aktuelles mediales Kulturverhalten von Kindern und Jugendlichen im Web 2.0

Sowohl die Welterbepädagogik als auch die Kunstpädagogik an den Schulen und Didaktiken anderer Fächer sind dazu angehalten, die allgemeingesellschaftlichen Entwicklungen auch bei den Neuen Medien in ihrer zukünftigen Entwicklung zu beachten und einzufügen.[132]

Die Veränderung der Möglichkeiten im Internet und deren Auswirkungen auf das Verhalten der Jugendlichen hat globale Folgen für die mediale Erfahrungswelt der Schülerinnen und Schüler.

Verdeutlicht wird der dadurch an den Schulen entstehende Bedarf zusätzlich, wenn in den Blick gerät, welche Entwicklungen sich im Umgang mit Filmen und anderen aktiven gestalterischen Möglichkeiten nach wissenschaftlichen Studien im Kommunikationsprozess im Internet vollzogen haben, während er bislang in den Lehrplänen so gut wie nicht vorkommt.

Die gewöhnliche Rolle der Schüler und Medienkonsumenten gegenüber dem Filmen war bisher fast ausschließlich eine passiv-rezipierende. Die Medientechnik hingegen erlaubt es seit kurzer Zeit, den gesamten Vorgang der Filmproduktion in Grundzügen und anhand von persönlichen Projekten zu erlernen und eigene „Streifen" sogar in „Minutenschnelle" global zu publizieren. Darüber hinaus mag die Kenntnis der technischen und der gestalterischen Verfahren helfen, Medienprodukte und Manipulationen zu erkennen und zu reflektieren. In neuen Bildungsplänen könnten daher diese Entwicklungen als Medienkompetenzen in die Bestimmung von Standards und Kompetenzen Eingang finden.

Allein die Tatsache, dass die technische Ausstattung der Schulen und die technische Entwicklung des Internets sowie der Heim-PCs bis vor wenigen Jahren die Einführung des digitalen Filmens, Schneidens und Nachbearbeitens schlichtweg unmöglich machten, zeigt jedoch schon im Vorfeld, dass das digitale Filmen noch nicht zum festen Bestandteil pädagogischer Arbeit werden konnte.

In der heutigen Gesellschaft ist bei vielen älteren Erwachsenen noch immer das Fernsehen das bestimmende Medium. Wenn Neil Postman davon spricht, dass „jenes Medium" die kulturelle Ausprägung einer Kultur bestimme, meint er noch das Fernsehen.

Neil Postman konstatiert 1988, dass jenes Medium die kulturelle Ausprägung einer Kultur bestimme, welches es schaffe, Gedanken im kommunikativen Austausch am bequemsten zu transportieren. Jene Gedanken, die sich bequem ausdrücken ließen, würden dann unweigerlich zum Inhalt einer Kultur. Deswegen seien die „Wahrheitsbegriffe jeweils sehr eng mit den Per-

---

[132] Hessischer Lehrplan Kunst, S. 3, Stand 2008, vgl. http://www.kultusministerium.hessen.de/irj/servlet/prt/portal/prtroot/slimp.CMReader/HKM_15/HKM_Internet/med/dc5/dc5060d2-2a4e-b115-3a16-e91921321b2c,22222222-2222-2222-2222-222222222222,true.pdf, Stand 08.10.2008. Vgl. auch Lehrplan Kunst, NRW, Sekundarstufe II, S. 14, http://www.ritterbach.de/lp_online/4734.pdf, Stand 08.10.2008.

spektiven bestimmter Ausdrucksformen verknüpft"[133]. Postman resümiert schließlich, dass die spezifischen Ausdrucksformen die Kultur prägten, die den jeweiligen Medien zur Verfügung ständen. „Unsere Sprachen sind unsere Medien. Unsere Medien sind unsere Metaphern. Unsere Metaphern schaffen den Inhalt unserer Kultur."[134]

Akzeptiert man diese Sichtweise, so bedeutet dies auch, dass in der Möglichkeit, die wirklich neuen medialen Kulturtechniken wie das Internetfernsehen, welches zurzeit durch meist frei zugängliche Podcastingplattformen repräsentiert wird, zu nutzen, eine Möglichkeit zur Einflussnahme liegt. Diese kann durch alle Menschen stattfinden, die über die notwendige praktische Medienkompetenz verfügen. Praktisch bedeutet dies, Filme produzieren zu können. Dabei sollte man berücksichtigen, dass gleichzeitig das Ende des „Fernsehens", wie wir es heute kennen, in zehn Jahren kommen könnte, wenn das Internet es ersetzt. Der Gestaltung von Beiträgen durch die einzelnen User kommt dadurch noch größere Bedeutung bei. „Das Fernsehen hat den Status eines ‚Meta-Mediums' erlangt – es ist zu einem Instrument geworden, das nicht nur unser Wissen über die Welt bestimmt, sondern auch unser Wissen darüber, wie man Wissen erlangt."[135]

Damit könnte es bald vorbei sein, denn das Fernsehen verliert laut JIM-Studie bei den Jugendlichen stetig an Gewicht. Nicht zufällig ist der Lieblingssender der meisten Jugendlichen (Pro7) mit einer eigenen Podcastplattform[136] aufgestellt. Es fragt sich, wie Fernsehen ersetzt werden wird. Die Grundlagen für diese Entscheidung werden gerade gelegt. Es geht daher jedenfalls im Kern um die Brisanz der praktischen Fähigkeit, eigene Podcasting-Beiträge herstellen und im Netz spontan (und weltweit) veröffentlichen zu können. Durch die Suchmaschinentechnik ist dies auch noch in einer Art von schmalen Spartenkanälen möglich, da auch Spezialbeiträge bei Bedarf auf Anhieb gefunden werden können. Der frühere Zuschauer ist nicht mehr als „erleidendes Objekt" dem Medium ausgesetzt. Vor dem Fernseher hatte der Zuseher ja bis vor kurzem nur wenige Gestaltungsoptionen. Die einzige Möglichkeit, den Entscheidungen der Redakteure zu entgehen, bestand im Um- oder Ausschalten. Demgegenüber werden in Zukunft Informationssucher zu eigenen Redakteuren werden. So stimmt vielleicht in der Zukunft mehr denn je, was Stefan Bornemann über die praktische Medienkompetenz schreibt (jedenfalls, wenn man sie nur auf das Fernsehen bezieht):

> „Die scheinbar nicht überschaubare Fülle an medial vermittelten Eindrücken, diese Fülle an audiovisuellen Medientexten analysierbar und filtrierbar zu machen und schließlich deren Inhalte und Subtexte beurteilen und klassifizieren zu können, das ist der eigentliche Vermittlungsinhalt praktischer Medienkompetenz."[137]

Für den Bereich der Neuen Medien, vor allem des digitalen Filmens, gelten die sich aus Postmans damaligem Postulat ergebenden Forderungen in verstärktem Maße. Die von ihm geschil-

---

[133] Postman, Neil: Wir amüsieren uns zu Tode. 1. Aufl., Fischer Verlag, 1985 (Orig.: Amusing Ourselves to Death), S. 15.

[134] Ebd.

[135] Ebd.

[136] Vgl. www.myvideo.de.

[137] Stefan Bornemann, nach Wikipediaeintrag vom 07.07.2008, siehe hierzu auch: Bornemann, Gerold: TV-Produktion in Schule und Hochschule. Schriftenreihe der LPR Hessen. Bd. 19, Kassel, Juli 2004, S. 18 ff.

derte Entwicklung hat sich zugunsten des Internets und der Einbeziehung von Handy, Bluetoothübertragungstechnik, Webservertechnik etc. schnell weiter entwickelt.

Voraussetzung für diese Veränderungen ist nicht zuletzt der technische Fortschritt der allerjüngsten Zeit. Es ist vor allen Dingen die Verbreitung digitaler Kameras, die Einführung von Foto- bzw. Videohandys und der so genannten Webcams als filmische Aufnahmemedien. Hierdurch ergaben sich verschiedene Impulse und Anreize, die das Filmen unter Jugendlichen verbreiteten. Der Prozess begann mit der Entwicklung von Handyvideos, dem Onlinestellen von Webcamdaten (Streaming), dem Brennen von Urlaubsvideos auf CD. Momentan findet das Filmen vor allem durch das möglich gewordene schnelle Onlinestellen von Videos größte Verbreitung.

Als Folge dieser Wandlungen ergab sich auch ein völlig neues Segment im World Wide Web. Podcasting und Videoplattformen wurden entwickelt, die userfreundlich und effizient aufgebaut sind. Voraussetzung hierfür war die Leistungsfähigkeit der Rechner und der Web-Server. Weiterhin nahmen die Übertragungsgeschwindigkeit und der Umfang der Uploads und Downloads drastisch zu. Dadurch bedingt, konnten Anbieter Flatrates und Verträge anbieten, die das Ganze für breite Bevölkerungsschichten, besonders für Kinder, Jugendliche und deren Eltern, bezahlbar machten. Die betreffenden Plattformen verzeichneten ein enormes Wachstum.

In der aktuellen Gegenwartskultur entwickelt sich durch die vereinfachte Medientechnik eine Situation, wie man sie sich als Pädagoge nur wünschen kann: Den Schülern, Studenten und Lehrern ist ein Mittel an die Hand gegeben, Medienmonopolen gegenüberzutreten. Durch das Erlernen digitaler Filmtechniken und deren sinnvolle Anwendung für die Wirklichkeitsaneignung ist es möglich, das Medium des Fernsehens (Filmens) flächendeckend aktiv mitzugestalten. Schon jetzt zeigt sich, dass Podcasts in TV-Sendungen einbezogen werden, Webspaces für das Onlinestellen eigener Filme zur Verfügung stehen und die zuvor passiven Zuschauer jetzt vermehrt zu Akteuren werden. Die Schüler sind in vielen Fällen im Umgang mit der Technik besser bewandert als die Lehrer, wodurch sich auch nachhaltige Änderungen in der Unterrichtskultur ergeben könnten (dieses Phänomen beggenete mir jedenfalls öfter in der Praxis).

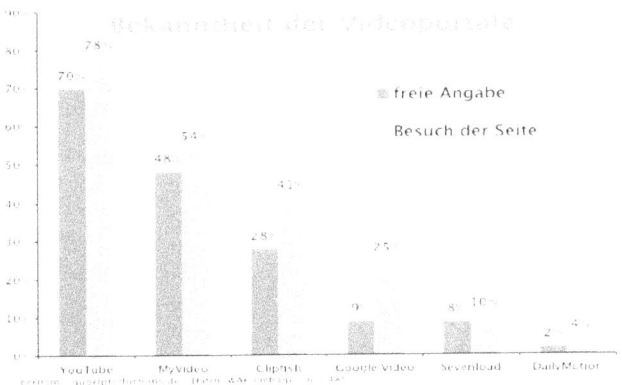

Abb. 3: Bekanntheit der Videoportale: http://www.gugelproductions.de/blog/wp content/uploads/2007/06/bekanntheit_videoportale1.jpg, Stand 13.10.2008

4.1.1 Nutzung von Videoplattformen

Nikoletta Lemmer, Frank Maier und Carina Schmelcher von der Westdeutschen Akademie für Kommunikation (WAK) führten eine Befragung bei 499 Personen über die Nutzung von Videoplattformen durch:[138] Knapp 90 Prozent der Befragten waren Podcastportale ein Begriff. Die Bekanntheit der Portale hing vom Alter der Befragten und der Verfügbarkeit eines DSL-Anschlusses ab. Beide Variablen hatten einen Einfluss auf die Bekanntheit der Portale, wobei galt: je älter, desto weniger konnten die Probanden mit den Portalen anfangen.

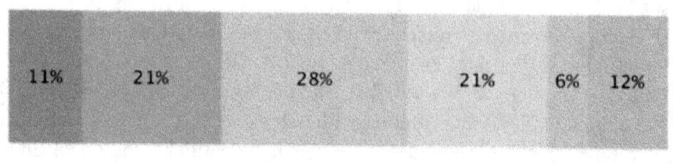

Abb. 4: Nutzungsfrequenz der Videoportale: http://www.gugelproductions.de/blog/wp-ontent/uploads/2007/06/nutzungsfrequenz.jpg, Stand 13.10.2008

11 Prozent der Befragten gaben an, täglich Videoportale zu besuchen. 60 Prozent besuchen mindestens einmal im Monat ein Videoportal. Die Ergebnisse dieser Untersuchung liegen um 10 Prozentpunkte höher als die von Advertising.com ermittelten Zahlen. Dort waren es nur 49 Prozent.

Für das Podcasting standen immer mehr Jugendlichen privat Medienträger, Datenverbindungen und Softwarevarianten zur Verfügung, die ihnen das Filmen, Schneiden und sogar das Publizieren möglich machten.

In der Unterrichtspraxis, den Lehrplänen und etwa Fortbildungsangeboten für Lehrerinnen und Lehrer sowie solchen im Vorbereitungsdienst sind dem Autor Lücken in dem gleichen Sektor aufgefallen. Es gab nur hier und dort eher vereinzelte, z. T. sehr gute Versuche, Filmprojekte zu initiieren. Dabei ist es unsere Aufgabe, die eben geschilderte praktische Medienkompetenz zu fördern und zu fordern. Davon, dass Filmen selbstverständliches Mittel des Regelunterrichtes wäre, kann aber keine Rede sein.

---

[138] Näheres: http://www.gugelproductions.de/blog/2007/studie-zur-nutzung-der-videoplattformen.html, Stand 04.04.2008.

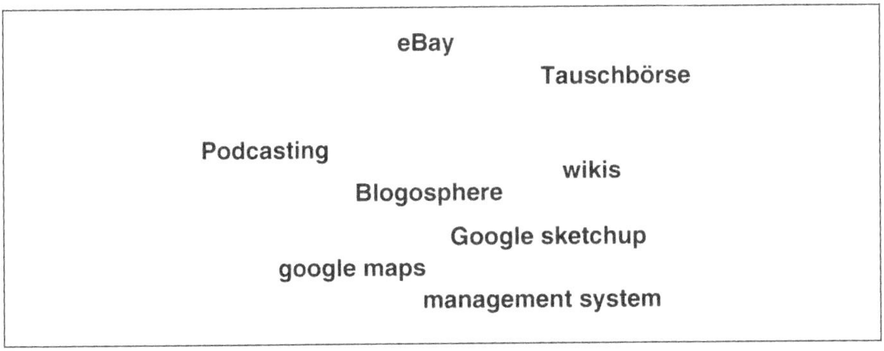

```
                        eBay
                              Tauschbörse

        Podcasting
                                    wikis
                Blogosphere
                              Google sketchup
            google maps
                          management system
```

Abb. 5: Elemente des WEB 2.0 (Grafik erstellt vom Verfasser)[139]

Diese Grafik zeigt Begriffe, die allesamt Phänomene beschreiben, die in hohem Maße Eigeninitiative und Kreativität fordern.[140] Die Intensität der Veränderungen lässt sich durch Statistiken belegen.

So sind laut der jüngsten JIM-Studie von 2007 die 14- bis 17-jährigen Menschen hier die aktivsten Gestalter.[141]

„Ähnliches gilt für die Videoplattform ‚YouTube'; hier hat immerhin schon jeder zehnte jugendliche Internetnutzer einmal ein Video eingestellt, drei Fünftel nutzen diese Seite jedoch nur passiv und schauen Videos an."[142]

4.1.2 Empirische Erkenntnisse über Medienverhalten Jugendlicher

Die Verbreitung digitaler Beschäftigungsmöglichkeiten außerhalb der Schule fordert die Bildungsinstitutionen und Pädagogen zur Stellungnahme und zum Ergreifen von Maßnahmen auf.

---

[139] Unter dem Begriff „Web 2.0" subsumieren wir seit geraumer Zeit die aktuellen Entwicklungserscheinungen im Internet. Das Internet ist in jüngster Zeit von einem vorwiegend outputorientierten Medium zu einem stärker inputorientierten und interaktiven Medium geworden. Web 2.0 ist der Begriff, der sich im Zeitalter der stärkeren Interaktivität eingebürgert hat, wie durch Wikis, Vlogs, Blogs, Podcasts etc. deutlich wird. Siehe Darstellung v. Tim O'Reilly, http://oreilly.com/web2/archive/what-is-web-20.html, unter Punkt 1.

[140] Vgl. web2null.de/index/wasistweb-2, Stand 10.03.2008.

[141] JIM-Studie 2007, S. 42, a. a. O.

[142] Ebd. Mittlerweile gibt es im Übrigen Studiengänge für Onlineredakteure (Köln) oder Onlinejournalisten nicht nur in Deutschland. Hervorgegangen ist diese Berufsbezeichnung aus dem Podcasting-Phänomen. Die Erfindung des Podcasts wird Dave Winer und Tristan Louis zugeschrieben (USA). Adam Curry gilt als der erste professionelle Produzent von Videopodcasts (MTV). Der Begriff des Podcasts stammt von Benjamin Hammersley und wird seit 2004 genutzt. Noch 2006 war in den USA nur ein Prozent der User mit dem Podcasting vertraut. Durch die Einbürgerung des Downloading von Musikfiles und im Folgenden der Filmdownloads hat sich das Videopodcastingphänomen rasant ausgebreitet. Auch die aktive Podcasterstellung im Internet ist laut JIM-Studie explosionsartig angestiegen. Verwandt ist der Begriff mit dem Vlog, das zum ersten Mal ins gesellschaftliche Bewusstsein Einzug hielt, als etwa ab 2005 bewegte Bilder „vor Ort"-Szenarien zeigten, die nicht von Journalisten gedreht, sondern aus dem Internet gezogen und in die aktuelle TV-Berichterstattung miteinbezogen wurden.

Um ein halbwegs gesichertes Wissen über die neuesten Entwicklungstendenzen im Bereich der Neuen Medien zu bekommen, eignet sich eine gezielte Analyse der bereits angesprochenen JIM-Studie.

Es handelt sich dabei um eine vom Medienpädagogischen Forschungsverbund Südwest (mpfs) vorgelegte Studie, die seit 1998 regelmäßig erstellt wird, um repräsentative Daten über das Medienverhalten Jugendlicher zu bekommen. Man hat hier den Bedarf von fachwissenschaftlicher Seite offensichtlich erkannt. Das Thema „Jugend und Medien", heißt es, habe „in den vergangenen zehn Jahren kontinuierlich an Relevanz gewonnen, es hat sich doch auch die Medienwelt von Heranwachsenden gegenüber 1998 stark verändert"[143]. Dass sich gerade diese Studie besonders gut eignet, um Aufschlüsse zu pädagogischen Belangen zu gewinnen, zeigt die Einbeziehung unterschiedlicher Altersgruppen – also auch getrennt beobachtbarer Jugendgruppen und Bildungsgruppen in deren Soziodemografie: „Daneben ist Medienkompetenz und der sinnvolle Umgang mit der Medienvielfalt mehr denn je ein Thema und wird in Gesellschaft, Schule und Politik intensiv diskutiert. All diese Entwicklungen hat der mpfs mit seinen Basisuntersuchungen ‚JIM – Jugend, Information, (Multi-)Media' und ‚KIM – Kinder und Medien' – für die 6- bis 13-Jährigen – kontinuierlich begleitet."[144]

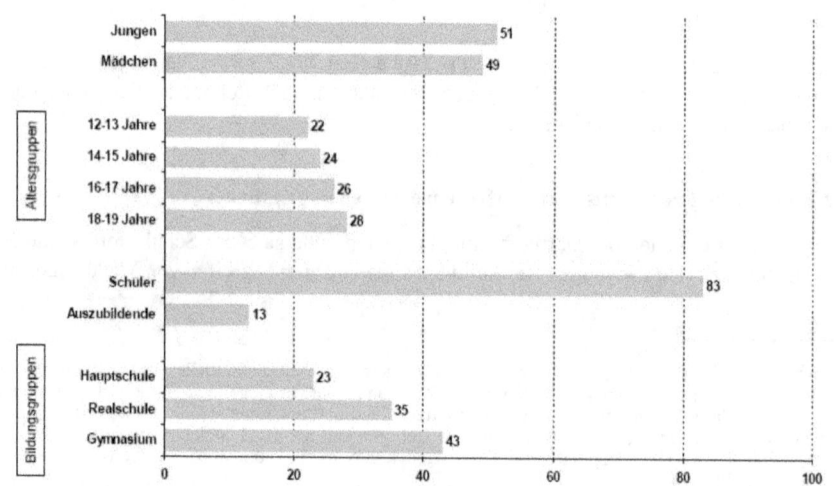

Abb. 6: Grafik: JIM-Studie 2007: Soziodemografie[145]

---

[143] JIM-Studie 2007, Medienpädagogischer Forschungsverbund Südwest (Hrsg.), S. 3.
[144] Ebd.
[145] JIM-Studie 2007, S. 4. Medienpädagogischer Forschungsverbund Südwest (Hrsg). Der Herausgeber wird gemeinsam von der Landesanstalt für Kommunikation Baden-Württemberg (LFK) und der Landeszentrale für Medien und Kommunikation Rheinland-Pfalz (LMK) in Kooperation mit der SWR Medienforschung, der Zeitungs-Marketing Gesellschaft (ZMG) in Zusammenarbeit mit der Bundes-

Für diese Arbeit ist der Bereich, in dem es um die Filmkompetenzen geht, von besonderem Interesse, weswegen der Blick auf die JIM-Studien im Folgenden daraufhin fokussiert werden soll.

Die Studie birgt aussagekräftige Umfrageergebnisse hinsichtlich des Medienverhaltens von Jugendlichen genauso wie z. B. solche der Geräteausstattung von Haushalten und Personen.

Bei der Geräteausstattung z. B. (a.a.O., S. 8) zeigt sich, dass 88 Prozent der Haushalte über eine Digitalkamera verfügen, 95 Prozent über einen Internetzugang und 100 Prozent über ein Handy.

Im Besitz von Jugendlichen befanden sich Digitalkameras (45 Prozent Jungen, 37 Prozent Mädchen) und Internetzugänge (41 Prozent Mädchen, 48 Prozent Jungen), wobei es eine gewisse Schwankungsbreite zwischen den unterschiedlichen Bildungsgruppen gibt (a.a.O., S. 11). Anhand der Tatsache, dass sich noch 2006 nur 33 Prozent (Jungen) bzw. 26 Prozent (Mädchen) der Digitalkameras im Besitz der Jugendlichen befanden, erkennen wir eine rasante Entwicklung.

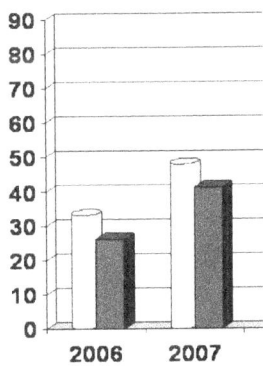

Abb. 7: Grafik nach JIM-Studie 2006/07: Prozentuale Zunahme der Digitalkameras im Besitz Jugendlicher in geschlechtsspezifischer Darstellung (helle Säulen Jungen, dunkle Mädchen), erstellt vom Verfasser.

Besonders interessant ist die Häufigkeit von Schülerinnen und Schülern, die angeben, in ihrer Freizeit digitale Filme zu produzieren: „Sieben Prozent lesen regelmäßig Comics und sechs Prozent beschäftigen sich mehrmals pro Woche mit der Produktion digitaler Filme oder Videos." Hierbei ist die Verteilung auf Jungen und Mädchen fast gleich.

2006 wurde die aktive Beschäftigung mit Videoproduktionen in den Kanon der Erhebung aufgenommen, da hier ein zunehmender Bedarf erkannt wurde: „Neu erhoben wurde das Aufnehmen digitaler Filme, das von 5 % regelmäßig ausgeübt wird."[146] Dies stellt einen relativen Zuwachs von fast 20 Prozent dar, der darauf schließen lässt, dass diese Beschäftigungsmöglichkeit, wenngleich sie erst vor kurzem entstanden ist, schon jetzt durch eine rasche Verbreitung gekennzeichnet ist. Man könnte sich für 2008 eine Entwicklung vorstellen ähnlich derjenigen bei der Rubrik „Digitale Fotos machen", wo es bei den Jungen 2006 18 Prozent (Mädchen 17 Prozent) und 2007 schon 25 Prozent (Mädchen 20 Prozent) waren (s. a.a.O., beide Jahre S. 12). Interessant

---

zentrale für politische Bildung sowie den Landeszentralen für politische Bildung Baden-Württemberg und Rheinland-Pfalz der Stiftung Lesen getragen.

[146] JIM-Studie 2006, S. 12.

ist: „Mädchen greifen häufiger zum Handy oder zur Digitalkamera."[147] Wird sich dies auch in Zukunft auf die Videoproduktion beziehen[148]?

Aus folgender Aussage der Studie hinsichtlich der Themeninteressen könnte man einen Nachholbedarf für Bildungsinhalte wie denjenigen der Weltkulturerbepädagogik herauslesen: „Das Thema ‚Umweltschutz' (44 %) rangiert noch vor Computerspielen, für die gerade mal ein Drittel der Jugendlichen (32 %) Interesse zeigt. Das Schlusslicht bilden Kunst und Kultur, Wirtschaft sowie regionale und überregionale Politik, für die nur wenige Jugendliche etwas übrig haben."[149]

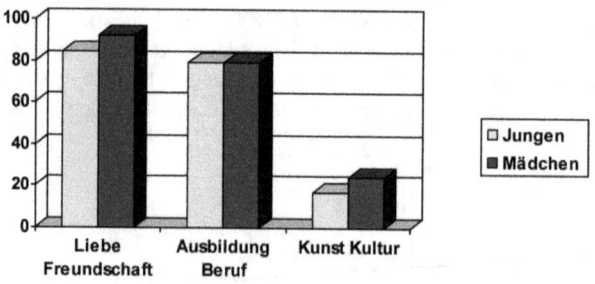

Abb. 8: Grafik nach JIM-Studie, Themeninteressen (erstellt vom Verfasser)[150]

Eine wichtige Information befindet sich auf Seite 41 der JIM-Studie, in welcher es um die Nutzung des Internets geht. Das Ergebnis der Studie bilden die folgenden Daten:

Videos anschauen (Jungen 28 Prozent, Mädchen elf Prozent)
Videos einstellen (Jungen neun Prozent, Mädchen acht Prozent)

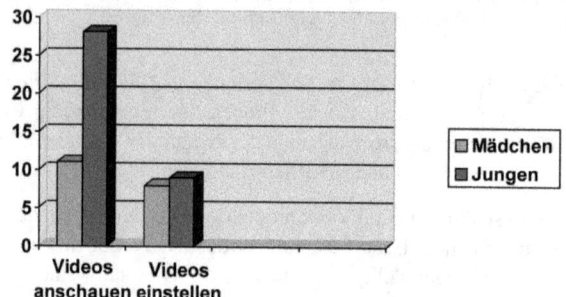

Abb. 9: Videonutzung im Verleich, nach Jim Studie, Grafik erstellt vom Verfasser

---

[147] JIM-Studie, a. a. O., S. 10.

[148] Nicht unerheblich ist die Beliebtheit des Senders Pro7, der im Vergleich alle anderen Sender mit Abstand schlägt. Er scheint der „beliebteste" Sender bei Jugendlichen zu sein und verfügt auch über eine gute Internetverlinkung, die schon Videoproduktionsplattformen umfasst (MyVideo), für die im sendereigenen Werbeprogramm geworben wird.

[149] JIM-Studie, a. a. O., S. 14.

[150] Nach Grafik der JIM-Studie, a. a. O., S. 15.

In Bezug auf YouTube, der größten Videopodcastplattform im Internet, haben sich die Jugendlichen wie folgt geäußert:

- neun Prozent gaben an, aktiv mit der Plattform umzugehen und schon einmal etwas eingestellt zu haben.
- 60 Prozent gaben sich als passive Nutzer zu erkennen.
- 17 Prozent gaben an, es wenigstens zu kennen.
- Nur 14 Prozent wussten nicht, um was es sich handelt.

4.1.3 Die JIM-Studie als zusätzliche Information zur medienpädagogischen Relevanz und Aktualität

Auch die JIM-Studie lässt neben den im Kapitel 1.5 der vorliegenden Arbeit gewonnenen Auffassungen die Schlussfolgerung zu, dass die Beschäftigung mit digitalem Filmen unter Jugendlichen im Kinder- und Jugendalter in naher Zukunft weiter dramatisch ansteigen wird. Schon im Jahr 2010 könnte dies ein Viertel der Gruppe betreffen[151]. Die Studie weist aus, dass sich die Podcastproduktionen nicht mit kulturellen Themen beschäftigen. Dem könnte der deutliche Auftrag an die Schule und das Fach entnommen werden, derartige Themen mit Podcasting zu verbinden. Die Beobachtungen und Erkenntnisse, die die Studie liefert, decken sich mit meinen persönlichen Beobachtungen aus Schule und Ausbildung.

Die durch den Medienpädagogen und Erziehungswissenschaftler Stefan Aufenanger erhobene Forderung, die Frage nach dem Menschsein laufend neu zu bestimmen, da es um einen quasi „erweiterten Menschen"[152] gehe, der die Beziehungen zu seiner Außenwelt überwiegend mittels Technik bzw. Medien herstellt, bleibt auch zukünftig relevant.

4.2 Prämissen der Implementierung der Videopodcastingproduktion als Methode der WHE im Unterrichtsmodell

Die bisherigen Untersuchungen über das Videopodcasting haben Folgendes aufgezeigt:

1. Das Filmische ist eine moderne Ausprägung einer tief im menschlichen Bewusstsein verankerten kulturellen Kommunikations- und Dokumentationstechnik. Im Filmischen treffen wir Grundfunktionen der Mitteilsamkeit menschlicher Existenz an.
2. In heutiger Zeit findet ein Paradigmenwechsel statt. Die Objektrolle, die den Zuschauern von Fernsehen zugeeignet war, wechselt in eine Subjektrolle beim Internetpodcasting im Web 2.0. Erstens weil das Medium die Produktion von Filmproduktionen zulässt. Zweitens, weil die Auswahl des Programms vollständig selbst getätigt werden kann.
3. Vor allem die Jugendlichen haben sich das Medium bereits angeeignet. Dadurch besteht ein Druck auf die Schulen, auf Welterbepädagogik und auf Bildungseinrichtungen in Richtung der Einführung dieser Methoden und Techniken in den Unterrichtskanon.

---

[151] Nach Schätzung des Autors aufgrund der bisherigen Entwicklung in der JIM-Studie.

[152] Aufenanger, Stefan: Invasion aus der Mitte. Perspektiven einer Medienanthropologie. In: medien praktisch 25, 2001, Heft 1, S. 8–10.

4. Insgesamt betrachtet, zeigt sich im Videopodcasting ein welterbepädagogisches Aktionsfeld, in welchem medienpädagogische Grundlagenforschung vorangetrieben werden kann. Die Welterbepädagogik könnte dadurch eine Vorreiterrolle einnehmen. Die Chance für den Einbezug welterbepädagogischer Inhalte und Methoden könnte daher durch die Beschäftigung mit einer Entwicklung steigen, auf welche andere Bereiche der Pädagogik ihr Augenmerk noch nicht stärker gerichtet haben.

5. Eine auf persönlichen ästhetischen Ausdruck und informative Zwecke hin gedachte globale filmpädagogische Methode könnte zudem gerade die in diesem Bereich anzusiedelnden und in den vorherigen Kapiteln zum Ausdruck gekommenen welterbepädagogischen Ziele in besonderem Maße aufgreifen.

Diese Erkenntnisse können als Basis für eine weitere gezielte Beschäftigung mit der Frage der Einführung des Podcastings in den Unterricht und in die Welterbepädagogik fungieren.

Nachdem also die Möglichkeit gegeben scheint, eine Einführung in sinnvoller Weise vorzunehmen, entsteht nun die Frage des „Wie".

Für die Einführung von Welterbepädagogik in den Unterricht an der Schule sind die bildungspolitischen Veränderungen relevant, die sich zurzeit in Deutschland und Europa ergeben. Da sie unbedingt berücksichtigt werden müssen, um Welterbeinhalte zu implementieren, wird im folgenden Kapitel der Blick auf sie gerichtet.

Im Rahmen dieser Arbeit findet hierfür außerdem eine empirische Untersuchung in Form der Durchführung und Auswertung einer Unterrichtsreihe statt. Anhand von Konzeption und Durchführung sowie der Auswertung sollen Lernvorgänge analysiert und evaluiert werden, um die Frage zu beantworten, ob die gewählten Methoden als das „Wie" geeignet sein können, die filmische Methode als moderne Kulturtechnik auch für den Unterricht nutzbar zu machen.

Die praktische Untersuchung richtet sich auf die Durchführung eines dokumentarisch-künstlerischen Filmprojektes, um an diesem Beispiel technisch möglichst einfache, überschaubare, selbst zu bestimmende Techniken zu vermitteln und zu erproben. Durch den Einsatz des persönlichen Dokumentarfilms als Genre kann den Inhalten der Unesco-Weltkulturerbeidee besonders Rechnung getragen werden. Der persönliche Dokumentarfilm orientiert sich an den eigenen Vorstellungen über ein Thema und gleichzeitig an den Gegebenheiten des Objektes.

Theoretische Varianten sind der filmisch-abstrakte Ansatz oder der Spielfilm, der durchaus auch an der Schule machbar wäre. Diese Varianten sind denkbar und erscheinen mir in Zukunft wünschenswert. Als Pilotprojekt wurde jedoch aus Gründen der Überschaubarkeit in dieser Arbeit nicht auf diese Varianten zurückgegriffen.

Gerade wenn die an der Schule zur Verfügung stehende Zeit berücksichtigt und der Aufbau der Gestaltung den Schülern möglichst in allen Bereichen transparent gemacht werden soll, scheint die Variante der Dokumentation in einem ersten Schritt zur Einführung sinnvoller. Sie erscheint außerdem hinreichend interessant, um auch im Rahmen eines längeren Gestaltungsprozesses die Motivation aufrechtzuerhalten. Die zu erstellenden Dokumentationen sollen einem subjektiven Ansatz folgen. Sie sollen Stellung nehmen, Wahrnehmungen schildern und eine Dramaturgie enthalten.

Wenn sich die Erkenntnisse aus den genannten Studien global auch nur annähernd übertragen ließen, ergäbe sich eine neue Medienbildungssituation, die es bislang noch nicht gegeben hat. Als modernes globales Instrument steht Kindern und Jugendlichen die Technik zur Verfügung. Zudem trifft diese Situation die Bildungsinstitutionen, wie oben gezeigt, recht unvorbereitet, denn gültige Konzepte für Podcasting im Unterricht sind z. B. in den bisherigen Bildungsplänen nicht berücksichtigt.

4.2.1 Perspektiven des Kompetenzerwerbs durch Filmen in WHE und Kunstunterricht

In der Einbeziehung des Filmens als Methode für den Kunstunterricht bzw. der Welterbepädagogik (als Teil der Kunstpädagogik) liegt aus meiner Sicht eine neue Chance. Die geforderten Kompetenzen, Fähigkeiten und Fertigkeiten lassen nicht nur die Einbeziehung des Filmens in den Methodenkatalog zu, sondern begünstigen sie. Gerade die Kategorien 2, 3 und 4 erscheinen wie geschaffen für die Einbindung des Filmens. Dies ermöglicht dem Fach Kunst (und der verwandten Welterbepädagogik), das bislang schon in der Einführung digitaler Bildmedien an vorderster Stelle in den Schulen steht (vgl. hessische Lehrpläne), sich dieses Problems anzunehmen. Die „praktische Medienkompetenz" kann durch das Fach Kunstpädagogik bis hin zur „kompetenten Rezeption" (G. Tulodziecki) und aktiven Medienkompetenz in besonderem Maße gefördert werden.

Dass das Digitalfilmen ein wichtiger Teil der Neuen Medien ist, hat sich nicht erst seit den letzten beiden JIM-Studien (2006/07) gezeigt: „Die Medienforschung hat herausgearbeitet, [...] dass Kinder und Jugendliche heute in einer medialisierten Welt aufwachsen, die das Phänomen einer Mediensozialisation neben andere Sozialisationsinstanzen hat treten lassen."[153] Kirschenmann konstatiert, dass der bisherige Forschungsstand offenlässt, wie juvenile Subjektivierungen im Medienzeitalter verlaufen.[154]

Als Fach sollte also gerade Kunst das Phänomen der aktiven Podcastingproduktion aufgreifen und die interaktiven Chancen und gestalterischen Vorzüge nutzen. Film basiert auf Bildern. Die normalerweise nur rezeptiv wahrgenommenen Bilder aus dem Fernsehen können heute durch das eigene Filmen in einen anderen Kontext gestellt werden. Die Schüler treten aus ihrem Status als „erleidende" Objekte in jenen der handelnden Subjekte.

Die beste Möglichkeit, sich in der Bilderflut zurechtzufinden, ist, selbst solche Bilder zu gestalten, um aktiv Einblicke in deren Herstellung zu gewinnen. Genau dies hat Kirschenmann für die Kunstpädagogik erkannt, wenn er formuliert:

> „Um den Anforderungen der modernen Mediengesellschaft gerecht werden zu können, sollte es ein zentrales Anliegen von Bildungsinstitutionen sein, die Fähigkeit zu vermitteln, Bilder zu rezipieren, dechiffrieren und mit ihnen kommunizieren zu können. Neben dem Fernsehen werden zukünftig auch im Internet bewegte Bilder als wichtige Darstellungsform

---

[153] Vgl. Mikos, Lothar: Medienkompetenz im 21. Jahrhundert. In: Bergmann, Anne (Hrsg.): Schülerinnen und Schüler: Medienkompetenz. Modelle und Projekte. Bundeszentrale für politische Bildung, Bonn 2004, S. 26.

[154] Vgl. Kirschenmann, Johannes: Medienbildung in der Kunstpädagogik. Zu einer Didaktik der Komplementarität und Revalidierung, VDG Verl. und Datenbank für Geisteswissenschaften, Weimar 2003; siehe auch: Mikos 2004, a. a. O.

und als komplexes Transportmittel für Informationen mehr und mehr genutzt. Spätestens zu diesem Zeitpunkt wird die Fähigkeit, Bilder und Bildzusammenhänge einschätzen und nach dem Informationsgehalt filtern zu können, zu einem maßgeblichen Bestandteil praktischer Medienkompetenz."[155]

Nur vereinzelte Abiturthemen gibt es[156], die sich dem Film widmen, jedoch dann fast ausschließlich durch rezeptive Verfahren, die der von Braacke und Mikos (a.a.O.) geforderten „praktischen Medienkompetenz" nicht gerecht werden würden.[157] Röll geht davon aus, dass im kommunikativen gesellschaftlichen Diskurs die sozialästhetische Kompetenz im Umgang mit Bildern zu einer Ausgangsvoraussetzung werden wird, um sozial und politisch agieren zu können:

„Dies betrifft einerseits die Erarbeitung der Befähigung, Bild-Welten zu interpretieren und zu analysieren, andererseits die Kompetenz, operational, konzeptionell oder handlungsorientiert in den Diskurs der Bildkommunikation einzutreten."[158]

Die Bezeichnung Bild-Pädagogik müsste freilich – sofern wir darunter nicht auch die 24 Einzelbilder der Filmproduktionen verstehen wollen – für diesen Fall in Bildtonfolgen-Pädagogik umbenannt werden. So wäre gewährleistet, dass auch filmische und trickfilmische Verfahren gemeint sind. In Bezug auf die in dieser Dissertation vorgestellte Methode kann ebenfalls konstatiert werden, dass auch die geforderte Erkundungsaktivität des Wahrnehmenden und die ästhetische Orientierung in ihrem filmpädagogischen Konzept gewürdigt und genutzt werden.

Hier soll nicht alleine die Auswertung von Bilddaten gelernt, sondern auf deren reflektierende Erzeugung Wert gelegt werden. So soll eine aktive Medienhandlungskompetenz gefördert werden.

Röll und Doelker fordern die Fähigkeit zur Auswertung von Bildern und bildinhärenten Informationen als Bildungsziel. Diese Forderung gipfelt in der Begriffserklärung einer „Bild-Bildung" und in der Idee, dass eine sich danach richtende pädagogische Ausrichtung versuchen sollte, die Aktivitäten des Erkundens des wahrnehmenden Subjektes zu unterstützen.[159] An dieser Stelle könnte direkt an die Welterbepädagogik angedockt werden, da das erkundende, reflektierende, entdeckerische Aneignen von Realität mit den Prinzipien der Welterbepädagogik kongruent ist.

Gerade im Hinblick auf die Idee der filmischen Erkundung von besonders bildhaften Unesco-Weltkulturerbestätten wie dem Kölner Dom kann der Gedanke der Bildwissenschaft in filmischer Umsetzung von erheblichem Nutzen sein. Filmische Bilder werden reflektiert. Sie werden kritisch betrachtet entweder vor Ort im Bildsucher oder am „Schneidetisch". In diesem Spannungsfeld von Herstellung von Wirklichkeiten und dem Erfassen von Wahrheiten liegt eine der zentralen Bedürfnisse sinnvoller pädagogischer Befassung mit Filmischem.

---

[155] Ebd.

[156] Diese Aussage bezieht sich auf die aktuellen und vorhergehenden EPAs in Hessen, spricht aber dem Sinn nach wohl ebenfalls für sämtliche anderen Bundesländer.

[157] Siehe hessische EPAs.

[158] Röll, Franz Josef: Pädagogik der Navigation. Kopaed Verlag, München 2004.

[159] Vgl. Dölker, Christian: Ein Bild ist mehr als ein Bild. Visuelle Kompetenz in der Multimedia-Gesellschaft. Klett Cotta Verlag, Stuttgart 1999, 2. durchges. Aufl.; sowie Gefährt (= Curriculum) für Medienpädagogik ins 21. Jahrhundert. In: Kleber, Hubert (Hrsg.): Spannungsfeld Medien und Erziehung: Medienpädagogische Perspektiven. Kopaed Verlag, München 2000.

4.3 Einbezug von filmischer Welterbepädagogik in kunstpädagogische Praxis

Nach der geschilderten Sicht der Dinge kann Welterbepädagogik im Allgemeinen weiterhin und im Zusammenhang mit Podcastpädagogik im Speziellen zukünftig in die Kunstpädagogik eingebunden werden. Dies gilt besonders für die Anforderungen durch neue Bildungskonzepte, modernen outputorientieren Unterricht, curriculare Bedingungen und die Messlatte der modernen Erkenntnistheorie. Podcasting-gestützte Welterbepädagogik wäre damit als tragfähiges praxistaugliches Lehr-Lern-Konzept innerhalb derzeitiger und zukunftsorientierter Bildung denkbar und könnte eine gestaltende Rolle übernehmen. Dies betrifft u. a. besonders folgende Felder:

Kompetenzorientierung

Von der Welterbepädagogik aus könnten allem bisherigen Anschein nach Impulse für einen kompetenzorientierten Unterricht ausgehen. Hierzu ist erstens zu akzeptieren, dass die Kompetenzorientierung nun mal beschlossene Sache ist. In einem zweiten Schritt müsste versucht werden, die Kompetenzausgestaltung in die eigene Hand zu nehmen, darin ein gestalterisches Potential zu erkennen und aus Sicht der WHE zu verwenden.

Standardisierung

In der Welterbepädagogik liegen außerdem Chancen, Standards aufzugreifen und mit zu interpretieren. Anhand welterbepädagogischer Inhalte und Methoden, auch unter Einbeziehung der Neuen Medien (Filmen), erscheint es möglich, die Standards bedeutsam, einfühlsam, lebendig, anschaulich und effizient sinnvoll umzusetzen, statt sich ihnen nur auszusetzen.

Schulpädagogik

Der grundsätzlich schon eher gemäßigt konstruktivistische Charakter der Welterbepädagogik kann die Unterrichtswelt bereichern und sich auch in einer Welterbepädagogik mit Neuen Medien bzw. Podcasting wiederfinden.

Gesellschaftliche Prozesse

Die uns vorliegenden Informationen aus den entsprechenden Studien verweisen auf eine drastische Zunahme von Podcasting als praktischen juvenilen Kulturausdruck. Daneben ist zu erkennen, dass kulturelle Inhalte im Netz zurückgedrängt werden. Die Verbindung von Welterbe und Podcasting kann an den Schulen eine Brücke zwischen beiden Phänomenen bauen, um beide Entwicklungen im Zusammenhang gewinnbringend zu verbinden.

Digitale Technikentwicklung

Zeitgemäße Schulwirklichkeit kann sich daher heute den Neuen Medien nicht mehr entziehen, vielmehr gilt es, diese zu nutzen und gezielt und aktiv einzusetzen. Auf jeden Fall gehört hierzu Filmen bzw. Podcasting, welches ohne die neue Technik gar nicht denkbar ist.

An der Schule ist die Situation eingetreten, dass durch die Entwicklung der Technik Computer gleichzeitig zu Filmschnittplätzen geworden sind – dies war noch vor fünf Jahren nicht so und ermöglicht zum ersten Mal in der Geschichte die feste Einbindung des Filmens in den Schulalltag und den Regelunterricht.

Curricularis Umfeld

Die betrachteten Lehrpläne weisen noch nicht viele Stellen auf, an denen Filmen im Unterricht gefordert oder expressis verbis ermöglicht wird. Sie können in dieser Hinsicht als veraltet bzw. noch nicht aktualisiert bezeichnet werden. Umso wichtiger ist es, sie an dieser Stelle zu erweitern, weswegen Studien wie die vorliegende notwendig sind. Dies gilt auch für die Ausgestaltung der neuen Kompetenzen, die auf uns zukommen.

5. Kompetenz- und Medienkompetenzdiskussion in ihrer Bedeutung für den welterbedidaktischen Zusammenhang

5.1 Zur Problematik des Kompetenzbegriffes

Zur Annäherung an eine fundiertere Definition des Begriffes der Kompetenz können unterschiedliche Quellen genutzt werden. In seiner ursprünglichen etymologischen Bedeutung bezeichnet Kompetenz Zuständigkeit, Fähigkeit, Befugnis. Kompetenzen bezeichnen etwa die Regelungen über die Zuständigkeiten staatlicher Institutionen[160]. Schon hier deutet sich ein Problem in der Handhabung des Begriffes an, da dieser in der pädagogischen Diskussion nicht unproblematisch verwendet werden kann. Dort wird die Bezeichnung Kompetenz als Fähigkeit oder Fertigkeit im Sinne einer Leistungsvoraussetzung interpretiert beziehungsweise angewendet und bedarf einer genaueren Definition. Hierzu bieten sich verschiedene Quellen an.

Begriffsbestimmung durch die „Erfinder"

1. Die Kultusministerkonferenz hat im November 2003 vereinbart, dass flächendeckend Bildungsstandards zunächst in Haupt-, später auch in anderen Fächern eingeführt werden sollen.

Grund: Die traditionelle Input- oder Lernzielorientierung hatte sich in Vergleichsstudien, vor allem der PISA-Studie, als unzulänglich erwiesen. Danach reicht es nicht aus zu bestimmen, was Schüler lernen sollen. Vielmehr soll verbindlich festgelegt werden, was Schüler nach Abschluss der Schulausbildung können sollen. Dieses Können wird als Kompetenz beschrieben.

Die KMK stimmte 2004 folgender Definition zu:

„Die Bildungsstandards der Kultusministerkonferenz konkretisieren die in Bildungszielen formulierten Erwartungen, indem sie festlegen, über welche Kompetenzen Schülerinnen und Schüler bis zu einem bestimmten Zeitpunkt ihres Bildungsganges verfügen sollen. Kompetenzen beschreiben Dispositionen zur Bewältigung bestimmter Anforderungen. Solche Kompetenzen sind fach- bzw. lernbereichsspezifisch ausformuliert, da sie an bestimmten Inhalten erworben werden müssen."

Es ist zu betonen, dass die dort vorgelegten Kompetenzen nicht das gesamte Spektrum von Bildung und Erziehung vermessen können. Kompetenzen sind gedacht als erkennbare Fähigkeiten und Fertigkeiten. Laut der oben genannten Auffassung soll die Kompetenzorientierung bestimmte Folgen für den Unterricht aufweisen, wie etwa eine stärkere Outputorientierung beim Blick auf Lernergebnisse, Orientierung an problemlösendem Lernen statt Aufbau von vordefiniertem Wissen, welches vielleicht gar nicht gebraucht wird, schließlich ein Verständnis von Lernen als Kumulationsprozess.[161]

Schülerinnen und Schüler haben fachliche Kompetenzen dann ausgebildet, wenn sie:

- „zur Bewältigung einer Situation vorhandene Fähigkeiten nutzen,

---

[160] Vgl. Brockhaus, 2009.

[161] Sekretariat der Ständigen Konferenz der Kultusminister der Länder in der Bundesrepublik Deutschland (Hrsg.): Veröffentlichungen der Kultusministerkonferenz Bildungsstandards der Kultusministerkonferenz Seite 16: „10. Was meint der Begriff ‚Kompetenz'?"

- dabei auf vorhandenes Wissen zurückgreifen und sich benötigtes Wissen beschaffen,
- die zentralen Zusammenhänge eines Lerngebietes verstanden haben,
- angemessene Lösungswege wählen,
- bei ihren Handlungen auf verfügbare Fertigkeiten zurückgreifen,
- ihre bisher gesammelten Erfahrungen in ihre Handlungen mit einbeziehen"[162].

Auch in Hessen wird seit einigen Jahren an der Formulierung von Bildungsstandards gearbeitet. Diesen wird im Wesentlichen die Definition von Franz E. Weinert zugrunde gelegt:

„Dabei versteht man unter Kompetenzen die bei Individuen verfügbaren oder durch sie erlernbaren kognitiven Fähigkeiten und Fertigkeiten, um bestimmte Probleme zu lösen, sowie die damit verbundenen motivationalen, volitionalen und sozialen Bereitschaften und Fähigkeiten, um die Problemlösung in variablen Situationen erfolgreich und verantwortungsvoll nutzen zu können."[163]

Um diese Kompetenzorientierung ist eine breite Diskussion entbrannt, die meiner Meinung nach in der Veröffentlichung „Die Bildungsstandards und ihre Kritiker"[164] des Instituts für Qualitätsentwicklung recht gut wiedergegeben wird. Darin wird herausgearbeitet, dass der ursprüngliche Sinn der Outputorientierung nicht in von Kritikern gefürchteten kleinteilig angelegten und nichtssagenden Kompetenzbeschreibungen liegt, sondern in dem Bemühen, relevante Kompetenzen zu vermitteln, die dann auch bei den Schülern festgestellt werden können.

Da an den Schulen aufgrund des KMK-Beschlusses über kurz oder lang Bildungsstandards eingeführt werden, erübrigt sich allerdings die Frage nach dem Ob.

Wichtig erscheint mir aber immer noch die Frage, wie Kompetenzen in sinnvoller Weise aufgefasst und gefördert werden. Welche Kompetenzen passen zu WHE, welche können aus der Kunstpädagogik oder der WHE heraus formuliert werden?

In diesem Zusammenhang hat der BDK 2008 einen Beschluss gefasst zu „Bildungsstandards im Fach Kunst für den mittleren Schulabschluss". Hier finden sich Kompetenzbeschreibungen, die das fachtypische sinnbezogene Können aus meiner Sicht sinnvoll herleiten und darstellen. Auf der Basis dieser Kompetenzbeschreibungen lassen sich auch multidimensionale Föderansätze wie die des Unesco-Filmvorhabens aufzeigen.

Kompetenzen sind schwerer nachzuweisen als das Vorhandensein erlernten Sachwissens zu bestimmten Themenkomplexen. Sie sind aus dieser Sicht einer direkten Beobachtung unzugänglich. Für die Pädagogik, insbesondere für den Unterricht, stellt sich daher die Frage, inwieweit sich Kompetenzen als bewertbare, „zensierbare", kontrollierbare „Eigenschaften" für den Schulunterricht eignen.

Der Begriff der Kompetenz steht also im Spannungsfeld zwischen zeitgemäßen pädagogischen Ansprüchen wie: Ablösung von purer Inhaltsvermittlung und Lernstandsmessung zugunsten der

---

[162] Ebd.
[163] Weinert, F. E. (Hrsg.): Leistungsmessungen in Schulen. Weinheim, Basel 2001, S. 27 f.
[164] Uhl, Siegfried: Die Bildungsstandards, die Outputsteuerung und ihre Kritiker. Hrsgg. v. Institut für Qualitätsentwicklung, Wiesbaden 2006.

Förderung und Feststellung bestimmter Fähigkeiten und Fertigkeiten, Vermittlung von Methodenkompetenz, Selbststeuerung und anderseits die Gefahr einer pädagogischen Opazität[165].

Ein Problem der WHE und der Medienpädagogik besteht daher in der Postulierung von Kompetenzen für den Unterricht bzw. darin, Methoden objektiver Kompetenzfeststellung zu entwerfen.

Hierfür wird u. a. in der vorliegenden Arbeit ein Lösungsansatz erprobt. Sozialempirische Methoden sollen als psychometrische Evaluationshilfen den auf „Medienkompetenz" hin organisierten Unterrichtsprozess und die Evaluation dort entstehender Leistungsnachweise optimieren[166].

Die Kompetenzorientierung bedeutet für den Kunstunterricht nach Meinung von Autoren und Autorinnen von kunstpädagogischen Fachzeitschriften, „dass – neben der Vermittlung von Bildwissen und bildnerischen Fertigkeiten, neben den Fachinhalten und Fachmethoden – grundlegende methodische Kompetenzen einen höheren Stellenwert bekommen"[167].

Hier werden im Kunstunterricht neben fachlichen, methodischen Kompetenzen auch „Subjektkompetenzen und soziale Kompetenzen"[168] als Beschäftigungsfelder genannt.

Zur Frage der fachlichen Kompetenzen äußern sich ebenfalls Kunstpädagogen und Kunstwissenschaftler.[169]

Der Begriff der Basiskompetenzen soll grundlegende Fähigkeiten beschreiben, ohne welche Kunstpädagogik nicht arbeiten kann, wie: Betrachten, Beobachten, Anwendung der Fachsprache, Bildkompetenzen bzw. Anwenden von Analysemethoden sowie das fachgerechte Anwendenkönnen von Kunstwissen[170].

Seydel stellt dar, dass „harte und weiche" Kompetenzen unterschiedlich abprüfbar seien. Weiche Kompetenzen dagegen kämen in Haltungen zum Ausdruck, die sich mit gewöhnlichen Testverfahren nicht überprüfen lassen. Dies habe zur Folge, dass Basiskompetenzen besonders konkret beschrieben würden[171]. Ich stimme ihm auch zu, wenn er die Gefahr erkennt, dass bei Kompetenzformulierungen einerseits vage Begriffshüllen entstehen könnten, andererseits es zu einer Verkürzung des Kompetenzbegriffes kommen könne[172]. Blohm schließlich fragt, inwieweit

---

[165] Durchaus auch wörtlich als „Undurchsichtigkeit" gemeint.

[166] Anstelle von quantitativen Erhebungen wurden hier qualitative Erhebungen initiiert.

[167] Seydel, F. (2007): Kompetenzfach Kunst. BDK-Mitteilungen, 2/2007 , S. 6–10.

[168] Seydel, F. (2007): Kompetenzfach Kunst. BDK-Mitteilungen, 2/2007 , S. 6–10.

[169] Grünewald/Sowa 2006, Glas/Sowa 2006; Niehoff 2006, Glas 2006, Seumel 2006, in: Kirschenmann, Johannes, Frank Schulz und Hubert Sowa (Hrsg.): Kunstpädagogik im Projekt der allgemeinen Bildung. Kopaed, München 2006. Als vielschichtig angelegter Sammelband zur Tagung „MenschKunst Bildung" in Leipzig.

[170] Grünewald, Dietrich und Hubert Sowa: Künstlerische Basiskompetenzen und ästhetisches Surplus. Zum Problem der Standardisierung von künstlerisch-ästhetischer Bildung. In: Kirschenmann, Johannes: Kunstpädagogik im Projekt der Allgemeinen Bildung. Kopaed, München 2006, S. 302 f.

[171] Seydel, a. a. O.

[172] Aus kollegialen Gründen erspare ich mir die Nennung von (unzähligen), im Internet kursierenden „Haus-curricula" mit Falschanwendungsbeispielen für Kompetenzen, wo beispielsweise ständig Inhalte mit Kompetenzen verwechselt werden.

überhaupt die Kunstpädagogik: „standardisiert werden sollte"[173]. So steht auch der Versuch der Formulierung von Kompetenzen für eine Unterrichtsreihe in diesem Problemfeld.

Es erscheint mir daher notwendig, für den spezielleren Bereich der Medienkompetenzen Beispiele differenzierter darzustellen, welche aus Sicht von Fachleuten bislang existieren.

Medienkompetenzen als Beispielfall

Eines der Ziele der vorliegenden Arbeit liegt darin, elementare Bausteine zur Förderung von Medienkompetenz durch „digitales Filmen" für die Welterbepädagogik und aus ihr heraus für die Schule zu erstellen. Entsprechend werden nach der folgenden Annäherung an den Begriff Medienkompetenz in der fachwissenschaftlichen Diskussion (am Beispiel des anvisierten unterrichtspraktischen Vorhabens) Kernfragen der Medienkompetenz bestimmt, die als allgemeine Bausteine fungieren können.

Da die Medien eine immer wichtigere Rolle spielen und sich in immer rasanterem Tempo verändern, gibt es auch immer neue Versuche zur Bestimmung des Begriffes Medienkompetenz. Entsprechend existieren unterschiedliche Definitionen von Medienkompetenz. Dieter Baacke gliederte den Begriff in grundsätzliche Kategorien: Medienkritik, Medienkunde, Mediennutzung und Mediengestaltung. Moderne Ausbildungsmodule für Medienpädagogik im Bereich Film sollten diesem aktuellen Stand Rechnung tragen und durch folgende Eigenschaften ausgezeichnet sein:[174]

- Handlungsorientierte Medienpädagogik
- Vermittlung von „Medienhandlungskompetenz"
- Aktiver Umgang mit Medien
- Fähigkeit zur aktiven Kommunikation
- Kompetente Rezeption

Handlungsorientierte Medienpädagogik[175]

Deren Definition lautet: „[...] diese Handlungskompetenz beinhaltet, dass handelnde Subjekte sich ihres Umganges mit Medien bewusst sind und diese Medien in ihre alltäglichen Handlungen entsprechend ihren Wünschen und Bedürfnissen integrieren."[176]

---

[173] http://www.moz.ac.at/user/billm/seminare/2010/blohm_bildkompetenzen.pdf, Stand 2.5.2010

[174] Baacke, Dieter: Medienkompetenz. Niemeyer Verlag, Tübingen 1997; vgl. auch Kolle, Christian und Maria Zens: Generation Online: Medienkompetenz und Mediennutzung von Kindern und Jugendlichen. Bonn, April 2008, S. 37.

[175] Mikos, Lothar: Film- und Fernsehkompetenz zwischen Anspruch und Realität. In: Rein, Antja von (Hrsg.): Medienkompetenz als Schlüsselbegriff. Klinkhardt Verlag, Bad Heilbrunn 1996, S. 70–83, S. 70 ff.

[176] Mikos, Lothar: Film- und Fernsehkompetenz zwischen Anspruch und Realität. In: Rein, Antja von (Hrsg.): Medienkompetenz als Schlüsselbegriff. Klinkhardt, Bad Heilbrunn 1996, S. 70–83.

Vermittlung von „Medienhandlungskompetenz"[177]

Sie wird wie folgt definiert: „Medienhandlungskompetenz ist die Fähigkeit des sachgemäßen und angemessenen Medienumgangs, um die damit verbundenen, wie auch immer vermittelten Bedürfnisse zu stillen."[178]

Aktiver Umgang mit Medien als Fähigkeit

Die Definition dazu lautet: „Die Fähigkeit, kulturell-ästhetisch zu gestalten, im aktiven Umgang mit Medien aller Art und deren Einsatz in realen Situationen und lebensweltlichen Kontexten, ist ein Bestandteil der Handlungsfähigkeit."[179]

Für Schorb bedeutet dies mehr als nur die technische Kompetenz zur praktischen Umsetzung etwa von Medienprojekten: „Die Er- und Bearbeitung[180] von Gegenstandsbereichen sozialer Realität mit Hilfe von Medien."[181] So wird der Mensch quasi selbst zum Medium oder dessen aktiv und subjektiv geprägtes Zentralorgan. Es kommt Schorb darauf an, dass ein selbsttätiger Umgang mit Medien angestrebt werden muss.[182]

Nach Zacharias bedeutet dies: „Das immer engere Ineinandergreifen von Alltag und Medien macht es notwendig, mit Medienkompetenz zugleich die Kompetenz zu erwerben, die Zweckbestimmung von Kommunikation zu erwerben, die Zweckbestimmung von Kommunikation als symbolisches Austauschhandeln zwischen Menschen zum Zwecke der Gestaltung menschlicher Gemeinschaft als Prämisse zu erkennen und mediales Handeln danach auszurichten."[183]

Gerhard Tulodziecki und Dieter Baacke definieren den Begriff „Praktische Medienkompetenz".[184]

Im technischen Bereich muss die Kenntnis der technischen und organisatorischen Bedingungen sowie die Gewandtheit im Umgang mit technischen (Kamera, Ton, Licht, Schnitt, Nachvertonung, Ausstrahlung von Beiträgen) und organisatorischen Bedingungen (von der schriftlichen Fixierung bis zur Öffentlichkeitsarbeit) vorausgesetzt werden.

---

[177] Ebd, S. 78.
[178] Ebd, S. 78.
[179] Bornemann, Gerold: TV-Produktion in Schule und Hochschule, Schriftenreihe der LPR Hessen, Bd. 19. Kassel, Juli 2004, S. 31.
[180] Wobei natürlich besser „die Fähigkeit zur ..." formuliert werden müsste.
[181] Schorb, Bernd: Stichwort Medienpädagogik. In: Zeitschrift für Erziehungswissenschaften. 1/1998. Leske+Budrich Verlag, Leverkusen, S. 7–10.
[182] Bornemann, Gerold, a. a. O., S. 31.
[183] Schorb, Bernd: Stichwort Medienpädagogik. In: Zeitschrift für Erziehungswissenschaften. 1/1998. Leverkusen: Leske+Budrich Verlag, Leverkusen 1998, S. 21. Weitere Grundlagen für das Verständnis von Medienkompetenz in der Schule finden wir auf den Seiten 34–36; vgl. auch Tulodziecky 1997, S. 43.
[184] Bornemann, Gerold: TV-Produktion in Schule und Hochschule. Schriftenreihe der LPR Hessen, Bd. 19, Kassel, Juli 2004, S. 32.

5.2 Grundlagen für medienpädagogische Kompetenzen in WHE

Da die zu entwickelnden Bausteine zur Förderung von Medienkompetenz im Rahmen eines Unterrichts greifen sollen, der welterbepädagogischen Maßstäben folgt, also auch weitgehend dem Prinzip des gemäßigten Konstruktivismus, müssen hinsichtlich Planung und Durchführung der Unterrichtsorganisation entsprechende Rahmenbedingungen gewährleistet werden.

- Förderliche Lernumgebungen (einladend, motivierend, unterstützend, animierend)
- Einfache Verfahren (unkompliziert, fördernd)
- Unterstützungssysteme (strukturell, Initiative fördernd)

Ein modernes Modell für das Arbeiten mit Neuen Medien (allgemein) stellen Stefan Aufenanger u. a. vor.[185] Das Projekt „Medienpädagogische Kompetenz bei Lehramtstudierenden und LehrerInnen" (MeKoLLI) ging von 2003 bis 2005 und hatte sich zum Ziel gesetzt, beim Erwerb medienpädagogischer Kompetenz in der Lehrerausbildung mitzuwirken. Unterstützt wurde dieses Projekt vom E-Learning Consortium Hamburg (ELCH), welches angegliedert ist an „Projektförderung E-Learning und Multimedia".

Ausschlaggebende Faktoren bei projektorientiertem Unterricht mit Neuen Medien sind laut Aufenanger:

- Veränderung der Computernutzung im Vergleich
- Potenziale und Erwartungen an das neue Medium, neue Strukturen
- Veränderung der Lehr-Lern-Situation
- Neue Lernphilosophie und konstruktivistisches Unterrichtsverständnis
- Problemorientiertes Lernen, Selbststeuerung, Instruktion, Konstruktion, unterstützendes Lernen (Aufenanger nach Mandl)
- Von der Lernsoftware zur Lernumgebung
- Kriterien, Veränderung der Lehrerrolle
- Lernmethoden in Lernumgebungen
- Metakognitive Kompetenzen im Unterricht
- Kognitive Tools[186]

---

[185] Es besteht eine Zusammenarbeit von MeKoLLI mit Sigrid Blömeke, Humboldt Universität Berlin, Landesinstitut für Lehrerbildung und Schulentwicklung in Hamburg und der Behörde für Weiterbildung und Schule. Das Projekt befindet sich unter der Leitung von Stefan Aufenanger. Diese wie andere Inhalte sind geradezu vorbildlich und übersichtlich gegliedert auf der Homepage www.aufenanger.de einzusehen. Unter der Rubrik Vorträge gibt es zum Herunterladen viele Informationen auf dem neuesten Stand. Unter anderem der Vortrag „Medieneinsatz in Schulen", in dem hier Folien mit folgenden Themenbereichen vorgestellt werden. Vgl. Aufenanger, Stefan, nach www.aufenanger.de, Stand 06.06.2008. Die Anmerkung, dass die ganze Seite lesenswert ist, sei mir an dieser Stelle erlaubt.

[186] Ebd. erläutert als kognitive Werkzeuge: Externalisierung kognitiver Prozesse am Bildschirm (nach Kurt Reusser). Als Beispiel wird in der Präsentation von Aufenanger angegeben: Watgraf, www.watgraf.ch, Stand 06.08.2008.

5.3 Überlegungen zu einem „Kompetenzkatalog" für die welterbepädagogische Praxis

Als Beispiel dient hier die Unesco-Welterbestätte Kölner Dom.

In den anhand unseres Unterrichtsthemas zu fördernden Kompetenzen konzentriert sich ein zentrales Anliegen des Unterrichtsvorhabens. Im Folgenden soll eine Sammlung von Kompetenzen dargestellt werden, die im Rahmen des Vorhabens gefördert werden sollen. Diese Kompetenzen sollen als Annäherungen zwischen Kompetenzorientierung und WHE verstanden werden, denn die WHE war bislang expressis verbis noch nicht an einem Kompetenzkatalog orientiert. Mögliche Beispiele für Welterbekompetenzen im Bereich Medienreflexion, die für den WHE-Unterricht nach bisherigen Vorstellungen förderlich sein könnten, sind:

- Fähigkeit zum Erkennen der Notwendigkeit eines distanzierten reflektierenden Umgangs mit Medien im Kontakt zu Welterbestätten
- Fähigkeit der Wahrnehmung und des kritischen Beurteilens von medialen Botschaften bezüglich Welterbestätten
- Anwendenkönnen von Gelerntem und selbstständiges Erwerben von technischen Kenntnissen in Auseinandersetzung mit Welterbestätten
- Medien aktiv, aufmerksam und zielgerichtet im Sinne der WHE nutzen können

Mit dem kritischen Betrachten und praktischen Auseinandersetzen mit Medienprodukten soll erreicht werden, dass Schülerinnen und Schüler eigene und fremde Medienerzeugnisse von einer Metaebene her distanziert und selbstkritisch bzw. kritisch betrachten können. Sie sollen in der Praxis selbst erfahren, wie die Technik aktiv genutzt werden kann und welche technischen Kenntnisse erforderlich sind, um sie als Ausdrucksmittel benutzen zu können.

5.3.1 Mögliche Welterbekompetenzen/inhaltliche Kompetenzen

Die Schülerinnen und Schüler lernen, Welterbe als vielschichtig betrachtbares Motiv zu verstehen. Sie sollen das Welterbebeispiel einer differenzierten Betrachtung unterziehen und darin kompetent werden, ihre differenzierten Erkenntnisse und Betrachtungsweisen auszudrücken.

- Multiperspektivkompetenz = Erbe aus verschiedenen Blickwinkeln wahrnehmen
- Differenzierungskompetenz = Erbe differenziert betrachten können
- Pars-pro-Toto-Kompetenz = Aussagekräftige Ausschnitte beleuchten können
- Aktualisierungskompetenz = Erbeinhalte auf die Jetztzeit beziehen können
- Theorie-Praxis-Kompetenz = Wissen und Anschauung am Objekt in Bezug zueinander setzen können

5.3.1.1 Welterbekompetenzen in Verbindung mit Onlinejournalismuskompetenzen

- Informationskompetenz: Möglichkeiten der Recherche hinsichtlich WHE nutzen können
- Improvisationskompetenz: auf Bedingungen vor Ort reagieren können, Reaktion/Interaktion

- Effizienzkompetenz: Dinge auf den Punkt bringen können
- Produktionskompetenz: Dinge termingerecht fertigstellen können
- Dramaturgische Kompetenz: stringente „Stories" mit Spannungsbogen aufbauen können
- Kommunikabilitätskompetenz: Adressatenbestimmung, bewusst Wirkung erzeugen können

Recherchefähigkeiten und Techniken sollen die Schülerinnen und Schüler selbst erfahren und ausbauen. Sie sollen sich die Fähigkeit aneignen, zu improvisieren statt aufzugeben, und sollen dabei üben, ihrem Team ein verlässlicher Partner zu sein. Den Schülerinnen und Schülern soll die Fähigkeit selbstverständlich werden, dass Stories aufgebaut werden müssen und sich immer an jemanden richten. Sie sollen etwas darstellen können für jemanden.

5.3.1.2 Welterbekompetenzen/gruppendynamische Kompetenzen

- Gruppendynamische Kompetenz: Prozesse mitgestalten, Rollen definieren können
- Arbeitsstrukturkompetenz: Ziele setzen und mit anderen formulieren können
- Minimalziele bestimmen können
- Planungskompetenz: Vorausdenken und Management betreiben können (Zeit, Manpower, technische Mittel)
- Fähigkeit zu helfen: andere unterstützen, für andere verlässliche Partner sein können
- Selbstreflexionskompetenz: z. B. Zwischenpräsentationen des Status quo der eigenen Arbeit erstellen können

Die Schülerinnen und Schüler sollen insgesamt also die Fähigkeiten erlernen, mit anderen in Projekten zusammenzuarbeiten, mit ihnen gemeinsam Ziele zu formulieren, sich auf Zielvorstellungen zu einigen. Dabei sollen sie befähigt werden, sich selbst in ihrer Rolle im Team zu reflektieren und zurechtzufinden.

5.3.1.3 Welterbekompetenzen/Gestaltungskompetenzen

- Dramatische Kompetenz: „im Drehbuch denken können", „in Schnitten denken können"
- Bildauswahlkompetenz: Verdichtung von Informationen und ästhetischen Bezügen im Bild
- Dokumentationskompetenz: Erfordernisse des Bildtextbezuges bei der Gestaltung beachten

Die Schülerinnen und Schüler lernen zu begreifen, dass eine Videoproduktion einem Konzept oder Plan folgen kann, der zur Verdichtung von Informationen führt. Sie erwerben die Fähigkeit, ästhetische Inbeziehungsetzungen in ihrem geplanten oder spontanen Sinn zu erkennen.

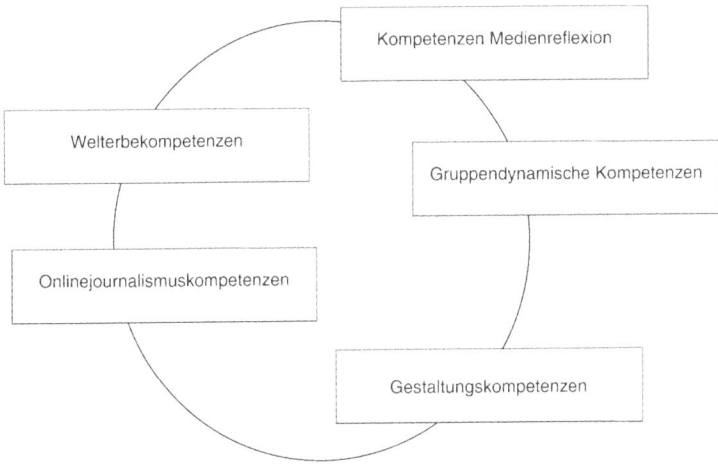

Abb. 10: Schema: Wichtige Elemente des Kompetenzsystems für WHE mit Podcastproduktion (erstellt vom Verfasser)

Die Schülerinnen und Schüler sollen Kenntnisse über den Einsatz verschiedener Mittel erwerben, mit welchen ein Film bewusst gestaltet werden kann. Dabei spielen Kenntnisse über den Einsatz von bild-ton-technischen Gerätschaften, die Filmenden zur Verfügung stehen können, im Vordergrund.

5.3.2 Technisches Wissen „am Set"

- Tonaufnahmen/Nutzung
- Musik
- Schnitt
- Lichtsetzen (bei diesem Beispiel nicht)
- Kamera: Ausschnittwahl
- Sinn und Zweck von Kamerabewegungen
- Einstellungen: Schärfe, Blende, Effekte

5.3.3 Schnitt und Postproduktion[187]

- Sinn und Zweck des Schnitts erfahren
- Filmschneiden am Computer erfahren
- Wirkungen erzeugen durch Programmfunktionen: Überblendungen, Effekte, Filter
- Capturing, Einfügen von Archivmaterial und Bildern

---

[187] Die Arbeit am Schnitt erfordert ein gewisses Umdenken und unterscheidet sich von der Arbeit am „Set", weswegen hier eine eigene Rubrik dafür erstellt wurde. Der Schnitt stellt gewissermaßen die Fermentierung der vorherigen Arbeit dar.

- Dateimanagement
- Texte erstellen
- Typografieanpassung
- Erzeugung von Bewegung: Anspann, Abspann, Einblendung
- Ausspielen, Vorteile des Codifizierungsverfahrens (Filme codieren)

5.3.4 Editieren

- Aufführen, kommentieren, präsentieren, anbieten
- Internetpodcastproduktion
- DVD-Authoring

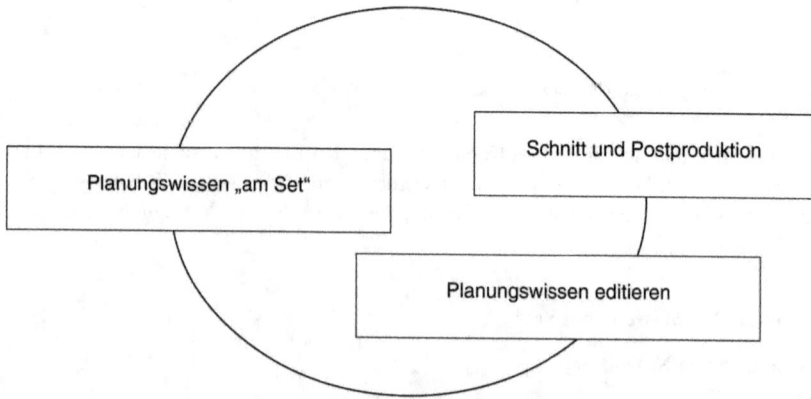

Abb. 11: Schema: Wichtige Elemente des technischen Planungswissens (erstellt vom Verfasser)

6. Methodische Aspekte von WHE/ konstruktivistische Leitlinien und Podcasting

6.1 Diskussion des pädagogischen Konstruktivismus für WHE mit Podcastproduktion

Um den Versuch einer welterbepädagogischen „Podcastdidaktik" auf eine fundierte Basis zu stellen, sollen die Leitlinien aus der bisherigen Welterbepädagogik und aktuelle Positionen der Pädagogik miteinander verwoben werden.

Welterbepädagogische Ansätze und Konstruktivismustheorie sind, wie bereits aufgezeigt, verwandt. Innerhalb des Konstruktivismus existieren mehrere Varianten und zahlreiche Aussagen zu einem schülerzentrierten Unterricht. Für einen komplexen Unterricht mit neuen und traditionellen Medien sollte eine differenzierte Methode gewählt werden, die gemäß denen der Welterbepädagogik erscheint.

Aus diesem Grund werden in diesem Kapitel die Grundlagen für die anzulegende Beispielunterrichtsreihe vom Konstruktivismus aus gelegt.

Konstruktivistische Didaktiker definieren das Lernen als selbstorganisierten Vorgang der Wissensaneignung. Er beruht auf der Annahme, dass sich die Wirklichkeitsaneignung aufgrund einer Wirklichkeitskonstruktion erst im Subjekt vollzieht. Dadurch bedingt sind die Vorgänge beim Lernprozess und bei der Wirklichkeitskonstruktion an das jeweilige Individuum eng gekoppelt. Lernergebnisse sind aus dieser Sicht nicht detailliert vorhersehbar und vorauszusagen, was zu einer speziellen konstruktivistischen Sicht auf das Didaktische führt.

Kersten Reich[188] entwirft innerhalb seiner Lerntheorie u. a. einen unterrichtsmethodischen Pool im Sinne der konstruktivistischen Didaktik. Wichtig für das in der vorliegenden Arbeit geschilderte Verfahren ist, dass sich auch und gerade Lernsituationen im E-Learning-Bereich nach gemäßigt konstruktivistischen Prinzipien realisieren lassen.[189]

Konstruktivismus taucht außerdem im E-Learning-Kontext auf, oftmals dazu verwendet, den Lernenden die Möglichkeit zu geben, unterschiedliche Informationsquellen zu erforschen sowie Probleme unter Verwendung unterschiedlicher Mittel zu bewältigen.[190]

Eine Lehrkraft soll danach „ reichhaltige, spannende, anregende, vielfältige und kommunikationsorientierte Lernumgebungen schaffen", die auf den subjektiven Erfahrungsbereichen der Schülerinnen und Schüler basieren und diese kreativ, interaktiv und pragmatisch anregen und ansprechen.[191]

Innerhalb des Konstruktivismus erscheint der glaserfeldsche Ansatz als für die pädagogische Arbeit zweckmäßig, da hier expressis verbis Thesen für Lehr-Lern-Prozesse formuliert wer-

---

[188] Reich, Kersten: Konstruktivistische Didaktik. Ein Lehr- und Studienbuch inklusive Methodenpool auf CD. Beltz-Verlag, Weinheim u. a. 2006, 320 Seiten und CD.
[189] Außerdem ist hier die Tatsache interessant, dass Reich auch aus dem Kunstfach stammt.
[190] Hauswirth, Claudia: E-Learning aus hochschuldidaktischer Sicht. Dortmund 2005, S. 88 ff.
[191] Ebd. S. 14, 93 ff.

den.[192] Die fabrizierte Wirklichkeit wird demzufolge statt bloßer Abbildung der Außenwelt zur lebendigen Konstruktion, „die von anderen Menschen geteilt wird". Diese Ansätze sind sicher nicht alle gänzlich neu, aber aktuell. Das „handelnde Subjekt", das schon Schiller in seinem Konzept der ästhetischen Erziehung fordert[193], taucht hier in einem anderen Zusammenhang als „aktiv Lernender" wieder auf. Auch Humboldt hatte schon in seinem „Königsberger Schulplan" ein „Lernen zu Lernen" gefordert[194]. Ein Blick in die Reformpädagogik zeigt ebenfalls, dass „konstruktivistische" Aspekte keine völlig neue Erfindung darstellen.[195] Der Vermittlungsprozess von Wissen soll vom Lernenden ausgehen. Er soll dabei animiert und befähigt werden, eigene Weltbilder aufzubauen. Es ist nach dieser Auffassung nur der aktive Schüler, der tatsächlich nachhaltig lernt.

Derzeit koexisistieren zahlreiche interaktionistische und mehr oder weniger konstruktivistische Theorien über das Lernen, die in praktischen Experimenten überprüft wurden. Neben vielen Beispielen aus dem englischsprachigen Raum gibt es im deutschsprachigen Europa solche lerntheoretischen Konzepte in der Schule, der Erwachsenenbildung und Weiterbildung. Übersichtliche Einführungen finden sich bei Kersten Reich, Rolf Arnold, Horst Siebert und Heinz Mandl.

Auch im speziell medienpädagogischen und kunstpädagogischen Bereich existieren viele Verfahren, die sich an konstruktivistische Vorstellungen und Modelle anlehnen.[196] Peterszen hat eine umfassende Sichtung konstruktivistischer Didaktiken durchgeführt, wie z. B diejenigen von Heinz Mandl, Edmund Kösel, Kersten Reich u. a., und mit angelsächsischen Ansätzen verglichen[197]. Als eines der Ergebnisse hat er Leitlinien einer konstruktivistischen Unterrichtsgestaltung aufgestellt, die ich hier beispielhaft nenne:

a) situiert und anhand authentischer Probleme lernen
b) in multiplen Kontexten lernen
c) unter multiplen Perspektiven lernen
d) in einem sozialen Kontext lernen

---

[192] Insgesamt kann man vier grundlegende radikale Konstruktivismen erkennen: eine neurologische (Maturana Varela), eine kybernetische (von Foerster), eine systemtheoretische (Luhmann) und eine psychologische Variante, vgl. Hauswirth, S. 62.

[193] Schiller, Friedrich: Über die ästhetische Erziehung des Menschen, Reclam Verlag, Stuttgart 1975, bes. Brief 23 ff. Dort wird auch der Ausspruch getätigt, der Mensch sei nur ganz Mensch, wenn er „spielt".

[194] Wilhelm von Humboldt: Königsberger und Litauischer Schulplan von 1809. Humboldt hatte den *Königsberger Schulplan* im Zusammenhang mit dem *Litauischen Schulplan* 1809 als „Sektionsleiter für Kultus und Unterricht" im preußischen Innenministerium ausgearbeitet. Verwandte Vorstellungen finden sich auch schon u. a. bei Platon, Erasmus von Rotterdam, Jean-Jacques Rousseau, Johann Heinrich Pestalozzi.

[195] Wie etwa durch den Einfluss der reformpädagogischen Bewegung der frühen 1920er Jahre, u.a. Gaudig, Hugo, Kerschensteiner, Georg, Peter-Petersen, die sich prinzipiell gegen den Autoritarismus vorhergehender Konzepte wenden. Vgl. Gaudig, H.: Schulreform?: Gedanken zur Reform des Reformierens. Quelle & Meyer. Leipzig 1920. Oder: Gaudig, H.: Die Idee der Persönlichkeit und ihre Bedeutung für die Pädagogik. Reprograf. Nachdr. d. Ausg. Leipzig 1923. Quelle & Meyer, Heidelberg 1965.

[196] Wie etwa bei Tulodziecki, Bornemann, Gerold, Bachmair, a. a. O.

[197] Peterszen, Wilhelm H.: Konstruktivistische Didaktik 2000. In: ders.: Lehrbuch der Allgemeinen Didaktik. München 2001, 6., völlig veränderte, aktualisierte und erweiterte Auflage, S. 95–135.

Zu den einzelnen Leitlinien werden jeweils minimale und maximale Umsetzungen formuliert:

Zu a)

- Minimal: Bei der systematischen Darbietung neuer Inhalte an aktuelle Probleme, authentische Fälle oder persönliche Erfahrungen anknüpfen.
- Maximale Umsetzung: Die Lernenden in eine authentische Problemsituation versetzen, die reales Handeln erfordert.

Zu b)

- Minimal: Bei der systematischen Darbietung neuer Inhalte auf mehrere unterschiedliche Anwendungssituationen verweisen.
- Maximale Umsetzung: Die Lernenden dazu anregen, das Gelernte in unterschiedlichen Problemstellungen konkret anzuwenden.

Zu c)

- Minimale Umsetzung: Bei der systematischen Darbietung neuer Inhalte mehrere verschiedene Sichtweisen deutlich machen.
- Maximale Umsetzung: Die Lernenden dazu anregen, das Gelernte in unterschiedlichen Problemstellungen konkret anzuwenden.

Zu d)

- Minimale Umsetzung: Bei der systematischen Darbietung neuer Inhalte Phasen mit Gruppenarbeit einbauen.
- Maximale Umsetzung: Die Lernenden erwerben ihre Kenntnisse, Fertigkeiten (Kompetenzen – Anm. d. Verf.) dadurch, dass sie in einer Expertengemeinschaft lernen und arbeiten.[198]

6.2 Gegenbeispiele: Instruktionalismus und Kognitivismus

Instruktionalismus

Ein dem Konzept des Konstruktivismus widersprechender Ansatz ist derjenige des Instruktionalismus. Er wird hier kurz aufgezeigt, um die Zweckmäßigkeit der konstruktivistischen Methode zu unterstreichen. Hierbei handelt es sich um eine Lerntheorie, wonach Lernende instruiert werden, Handlungen auszuführen. Wissen wird dadurch auf eher passive Art und Weise vermittelt bzw. aufgenommen. Das zu vermittelnde Wissen soll durch Übungen vertieft werden. Hierfür wurde zum Beispiel das Modell der vier Stufen entwickelt:[199]

---

[198] Die Cognition and Technoloy Group at Vanderbilt University hat hierzu ein Konzept entwickelt, das auch mehrere filmische Beispiele umfasst, siehe: http://vikar.ira.uka.de/teilprojekte/tp31/Konstruktivismus/le_beck.htm (02-01-23), Stand 01.06.2008.

[199] Wie sie in der Berufsausbildung und betrieblichen Praxis vorkommt. Bsp.: http://www.anleiten.de/anleiten/4stufenmethode.html, Stand 10.10.2008.

1. Auszubildende werden durch den Ausbilder vorbereitet. Er versucht, das Interesse der Auszubildenden zu wecken, indem er die Bedeutung des Berufes und der Handlungen demonstriert. Dabei stellt er das Material zur Verfügung und erforscht die Kenntnisse der Schülerinnen und Schüler.
2. Durch Erklären und Vorführen versucht der Ausbilder die Tätigkeit zu analysieren und erläutert dabei, welche Schritte er wann und warum tut. Die Kernpunkte hervorzuheben, kann dabei durch das Verfahren der Wiederholung gelingen. Sodann findet eine Vorführung statt, in der der Arbeitsvorgang dargestellt wird und die Schülerinnen und Schüler zum Nachahmen ermutigt werden sollen.
3. Unter Anleitung sollen dann die Schülerinnen und Schüler den Vorgang nachahmen. Sie sollen dabei das Was, Wie, Warum verbalisieren und dadurch zu einem höheren Verständnis gelangen. Fehler und Erfolge sollen gleich behoben bzw. gelobt werden.
4. Im letzten Schritt sollen die Schülerinnen und Schüler selbstständig üben, bis sie gefestigt sind und die Lehrkraft bei Beherrschung des Gelernten lobende Worte findet.

Zugrunde liegt diesem Ansatz das Modell des Behaviorismus, der grundsätzlich davon ausgeht, dass auf einen bestimmten Reiz eine Reaktion antrainiert werden kann.

Der Vorteil, den die Verfechter dieses Lernmodells erkennen, wird in der Annahme gesehen, dass der Lernprozess sehr einfach gestaltet werden kann und die Schülerinnen und Schüler nur wenig Eigenverantwortlichkeit besitzen müssen, da der Lernweg vorgegeben ist. Außerdem gilt der Erfolg des Lernvorgangs als sicher kontrollierbar, weil Lernziele vorbestimmt werden können. Wissen, das auf diese Weise vermittelt wird, ist daher kollaborativ.

Im Vergleich zum konstruktivistischen Ansatz ist hier ein Nachteil darin zu sehen, dass das Subjekt des Lernindividuums vernachlässigt wird. Vorwissen, Erfahrungen, Stärken einzelner Lerner werden in diesem Konzept für einen Lernerfolg nicht mit einbezogen. Kritisiert werden kann außerdem, dass darüber hinaus dieses erlernte Wissen schlecht beim Lernenden gespeichert wird.

Aus welterbepädagogischer Sicht ist diese Methode zu wenig flexibel, um in einem ganzheitlichen Sinne auf die komplexen Anforderungen an einen modernen Erbe-Unterricht eingehen zu können, wie es z. B. für Kompetenzorientierung, Durchsetzen einer demokratischeren Lernkultur, Selbstständigkeit, Schülerzentriertheit und Problemorientierung erforderlich ist.

Das im vorliegenden Unterrichtsprojekt zugrunde gelegte Interesse an der Vermittlung von substantiellen, unterschiedlichen und vielfältigen wie zahlreichen Kompetenzen und Lerninhalten anhand der Problemstellungen lässt sich mit dieser Methode aufgrund der Komplexität nicht vernünftig realisieren.

Kognitivismus

Der aus der Psychologie stammende Kognitivismus ist in Abgrenzung zum Behaviorismus Mitte des 20. Jahrhunderts entwickelt worden. Kognition meint hierbei Abläufe der Wahrnehmung, der Erkenntnis, des Begreifens, des Beurteilens und Schlussfolgerns. Die Frage lautet: Wie strukturieren Menschen eigene Erfahrungen, welchen Stellenwert bekommt eine Erfahrung und welche Beziehungen zu vorangegangenen Erfahrungen können erzeugt werden?

Nach dieser Theorie wird Lernen von Prozessen und Zuständen zwischen Reiz und Reaktion bestimmt. Die endogenen psychischen Prozesse können hiernach als Verarbeitungsprozesse von Information betrachtet werden, mit denen sich Vorgänge wie Meinungsbildungen, Erfahrungen, Konzeptionieren und Entscheidungen begreifen lassen.

Menschen sind hier als Wesen verstanden, die sich selbst steuern, die durch kognitive Denk- und Verstehensprozesse lernen und die über die Sinnesorgane wahrgenommenen Reize selbstständig und aktiv verarbeiten.

Die Erklärung von Lernvorgängen als Reiz-Reaktions-Verknüpfungen akzeptiert die Kognitionspsychologie nicht. Als aktiver Prozess wird sogar die Konditionierung betrachtet, bei welchem über die Relation von Ereignissen gelernt wird. Automatische Reizverbindungsprägungen existieren nicht

Neue Informationen werden von außen aufgenommen und im Inneren mit vorhandenem Wissen vernetzt.

Zwei Austauschprozesse des Lernens werden hier unterschieden: Assimilation und Akkomodation, wobei bei der ersten Variante ein bestehendes Schema auf äußere Einflüsse angewendet wird, während bei letzterer ein bestehendes Schema der Umwelt angepasst wird.

Charakteristikum des Kognitivismus ist im Gegensatz zum konstruktivistischen Ansatz, dass sich die Welt im Sinne eines Objektivismus ohne das Subjekt konstruieren lässt. Eine konstruierte Wahrheit des Individuums gibt es nach dieser Auffassung nicht.

Schon der letzte Punkt stellt aus Sicht des Welterbegedankens und des Unterrichtsvorhabens wieder ein Manko dar, geht es doch gerade um eine Art des Lernens, die das Innen und Außen gleichermaßen entdecken soll und die das Filmen sowie das Befassen mit Welterbe als Selbstverwirklichung sieht.

Für die Konzeption von welterbepädagogischen Lernumgebungen sowie der Planung von komplexen podcastpädagogischen Lernsituationen erscheinen die entsprechenden konstruktivistischen Lösungsansätze von Heinz Mandl und Kersten Reich aus den oben angeführten Gründen für unser Unterrichtsvorhaben besonders einleuchtend.

Einerseits orientieren sich diese Ansätze am Idealbild des selbstverantwortlichen Lerners, andererseits antizipieren sie die Elemente der Lernsituation in Schule und anderen sozialen Kontexten, die bei der konkreten Förderung von Lernprozessen pragmatisch berücksichtigt werden müssen. Aus diesem Ansatz heraus entsteht ein Verfahren, bei dem Lernumgebungen gestiftet und punktuelle Instruktionen vorgesehen werden, die Lerner aber überwiegend in eigener Verantwortung und aus eigenem Antrieb agieren.

Diese Orientierung wird in der vorliegenden Arbeit zur Grundlage für die Unterrichtsorganisation.

- Schule versteht sich demnach als Lernumgebung.
- Unterricht hat die Funktion des Anregens und Anleitens zum selbstständigen Lernen.
- Die Rolle der Lehrkräfte wandelt sich. Sie sind Berater, Organisatoren, Coaches, Unterstützer, Evaluationshelfer.

Lernprozess und Selbststeuerung, lebenslanges Lernen und Nachhaltigkeit im welterbepädagogischen Unterrichsvorhaben

In den oben geschilderten Überlegungen handelt es sich um die Basis der methodischen Planung der Unterrichtsreihe, die als beispielhaft für welterbepädagogisches Handeln angesehen werden soll. Die praktische Umsetzung im Unterricht setzt ebenfalls hier an, weil folgerichtig auch das Lernen mit den Inhalten Unesco-Welterbe, Filmtechnik, Organisation, Recherche insgesamt konstruktivistisch-spielerisch und auf freie Selbsttätigkeit im effizienten Lernprozess hin angelegt ist.

6.3 Lernprozess und Selbststeuerung

In Bezug auf die hier geplante Unterrichtsreihe mit Filmdokumentationen über Unesco-Weltkulturerbe bedeutet dies, dass die Aufgabe der Lehrkraft darin besteht, Angebote an die Schülerinnen und Schüler heranzutragen, damit diese sich „dort abholen können, wo sie sind". Sie soll damit den Lernvorgang initiieren und den Schülerinnen und Schülern ermöglichen, selbsttätig, selbstdenkend und auf Eigeninitiative hin aktiv zu werden.

Kernziel der im Rahmen dieser Arbeit konzipierten Unterrichtsreihe ist die Analyse und Bereitstellung einer modellhaften Lernziel- und Methodenstruktur eines Methodenkompetenzkataloges und eines Unterrichtsaufbaues, der sich für die Modularisierung von dokumentarfilmerischem Welterbeunterricht eignet.

Es kommt in dem hier vorgestellten Unterrichtsmodell darauf an, dass innerhalb der vielfältigen welterbepädagogischen Lernaktivitäten und Beschäftigungsfelder oder auch um sie herum Entwicklungsmöglichkeiten für selbstgesteuertes Lernen gegeben sind. So ist zum Beispiel das reaktive Verhältnis zum geplanten Vorgehen nach dem konzipierten Drehbuch in der Unterrichtsreihe dazu geeignet, dass Schülerinnen und Schüler gleichzeitig ein Bewusstsein für die Notwendigkeit der Planung eines Films wie auch für deren spontane Neuorientierung erkennen. Genauso sollen sie in der Lage sein, sich eigenständig auf neue Bedingungen „am Set" einzustellen und abstimmen zu können. Hier sind Unterrichtsszenarien mit Bedarf an spontanen Problemlösungsstrategien anzulegen.

Bei dem geplanten Unterrichtsmodell soll auf die Aspekte vorangegangener Kapitel schon insofern eingegangen werden, dass eine Lernumgebung als eine Art Spielsituation auf einem hohen Niveau erschaffen wird. So entscheiden die Schülerinnen und Schüler im Wesentlichen eigenständig, wie sie ihnen gestellte Aufgaben/Probleme lösen wollen.

Die Spannweite der Problemstellung in unserem Unterrichtsmodell wird durch die Aufgabenvariante erweitert, bei welcher die Schülerinnen und Schüler nicht nur eine Art kunsthistorische Dokumentation drehen sollen, sondern eine freie Reportage mit persönlichem Duktus und wechselnden Schwerpunkten („Der Kölner Dom in einem ganz anderen Zusammenhang, als zu erwarten ist"). Die konkrete Umwelt (Weltkulturerbestätte) wird zur Lernumgebung, in der das eigene (geplante/spontane) Lernen herausgefordert wird.

Aus der Nähe gesehen, wird hierbei auch das Risiko der Überforderung der Lernenden erkennbar, das bei der Planung berücksichtigt werden muss: „Praktisch wird das selbstgesteuerte Lernen als ein relativ selbstgesteuertes Lernen zu verstehen sein, welches sich flexibel zwischen den Polen Selbststeuerung und Angeleitetwerden bewegt. Da das selbstgesteuerte Lernen ein hohes Maß an Selbstständigkeit von den Lernenden erfordert, kann diese Form als höchste Form des menschlichen Lernens angesehen werden."[200]

Diese Form des Lernens erfordert jedoch ein gewisses Fingerspitzengefühl und ein genaues Beobachten.

Diesbezügliche Gefahren sind etwa:

- Falsche Einschätzung der Lerngruppe seitens der Lehrkraft
- Mangelnde Selbstständigkeit von in Gruppenarbeit unerfahrenen Schülerinnen und Schülern
- Unüberschaubarkeit der Prozesse
- Mangelndes Gruppengefüge
- Häufiges Eingreifenmüssen aufgrund unübersichtlicher Planung

In der Unterrichtsreihe wird versucht, diesen und anderen Schwierigkeiten durch die genauere Planung und Konstituierung der Lernumgebungen entgegenzuwirken.

Erst die Vorstellung von in ihrer Selbstständigkeit geübten Lernindividuen bzw. Gruppen führt in letzter Konsequenz zum selbstständigen lebenslangen Lernen[201]. Es gilt, Schülerinnen und Schüler, die nicht so selbstständig sind wie andere, nicht zu benachteiligen und darauf zu achten, dass sie durch die Selbstständigkeit am Anfang nicht überfordert sind.[202]

Innerhalb von unterrichtlichen Vorgängen nach diesen Prinzipien ist es unabdingbar, auf die einzelnen Zugänge von Welt, die einzelnen Sichtweisen und Blickwinkel, die Positionen der unterschiedlichen Schülerinnen und Schüler einzugehen und sie sensibel und mit Fingerspit-

---

[200] Barthel, http://www.htwm.de/hbarthel/home/lebensl.htm ‚Stand 8.8.2008.

[201] Der deutsche Begriff „lebenslanges Lernen" ist die Übersetzung von „lifelong learning". Es spielt durch die Aktivitäten von Edgar Faure für die Unesco eine herausragende Rolle. Entscheidende Merkmale sind:
- Die Bedeutung des selbstgesteuerten und des selbstorganisierten Lernens
- Die Entwicklung einer „Lifelong-Learning-Gesellschaft"
- Die Auswirkungen auf das bestehende Bildungswesen
- Die Entwicklung einer neuen bildungspolitischen Gesamtkonzeption und Umsetzungsstrategie

Von der Faure-Kommission hierzu geäußerte Ziele:
1. Hauptziel der Bildung ist die Entwicklung menschlicher Kompetenzen, um ein verantwortliches, bewusstes, demokratisches Partizipieren zu ermöglichen.
2. Die meisten Bildungsinstitutionen haben nicht die Möglichkeit, die noch nicht kultivierten humanen Begabungspotentiale zu entwickeln. Da sie den oben formulierten Absichten widersprechen, lohnt sich deren Förderung nicht.
3. Situatives Lernen möglichst aller Menschen in ihren täglichen Lebens- und Arbeitszusammenhängen soll stattdessen stärker in den Fokus gelangen, um den gesamtgesellschaftlichen Lernprozess zu fördern.
4. Es sollte eine Rückbesinnung auf den ursprünglichen Lernsinn stattfinden, der in einer Kompetenzentwicklung in Hinblick auf die Lebensaufgaben zu sehen ist.

Vgl. Faure, Edgar u. a.: Wie wir leben lernen – Der UNESCO-Bericht über Ziele und Zukunft unserer Erziehungsprogramme. Rowohlt, Reinbek 1973, S. 1 ff.

[202] Vgl. Unesco-Institut für Pädagogik: Auf dem Weg zu einer lernenden Welt: 50 Jahre Unesco-Institut für Pädagogik. Unesco-Institut für Pädagogik, Hamburg 2002. http://www.bmbf.de/de/411.php, Stand 7.7.2008

zengefühl zu berücksichtigen. Barthel nennt dies „differenzierte Hilfe und Unterstützung". Wir dürfen hier also ein Plädoyer für die Art von Projektunterricht erkennen, der im Rahmen dieser Arbeit in der Unterrichtsreihe Filmen zugrunde gelegt wurde und der zur Wirklichkeitsaneignung geeignet ist.

Situationen sollen geschaffen werden, in denen zum Hinterfragen angeregt und Interesse am Material erzeugt wird. Der Lernprozess entwickelt sich dann quasi von selbst. Dazu muss ein Problembewusstsein erzeugt werden.

Es muss berücksichtigt werden, dass Schülerinnen und Schüler das Angebot im Lernvorgang unterschiedlich realisieren und reflektieren. Daher ist die Lehrkraft auf Vermutungen und Beobachtungen angewiesen, die den Unterricht begleiten. Phasen der Selbstvergewisserung und die Präsentation von Zwischenergebnissen bilden bei dieser Art des Unterrichtens eine wichtige Einschätzungsbasis für den Stand, das Reflexionsniveau, die Talente, Lernleistung und individuellen Eigenarten.

Schülerinnen und Schüler wie auch die Lehrkräfte sollen sich über den qualitativen und quantitativen Fortschritt ihrer Unterrichtsproduktion sowie über ihre Lernsituation möglichst nachhaltig bewusst werden. In diesem Sinne sollen die Schülerinnen und Schüler sich selbst sowie ihr Verhältnis zur Produktion und zum „Lerngegenstand" (Film über den Dom als Welterbe) evaluieren lernen.[203]

Auf die nachhaltige Welterbeerziehung „vor Ort" bezogen, sind folgende Aussagen besonders aussageträchtig:

„Die moderne Gedächtnisforschung zeigt, dass bei jedem Inhalt, der als solcher gelernt wird, auch mitgelernt wird, wer diesen Inhalt vermittelt (Quellengedächtnis) und wann und wo das Lernen (Orts- und Zeitgedächtnis) stattfindet. Dieser Kontext ist mitentscheidend für den Lernerfolg und wird zusammen mit dem Wissensinhalt abgespeichert. Entsprechend kann schon der Lernkontext (Person, Zeit, Ort) förderlich oder hinderlich für das Abrufen eines Wissensinhaltes sein. Lerninhalte, die in schäbigen Klassenzimmern, in einer konfliktträchtigen und furchteinflößenden Umgebung von lustlosen Lehrern vermittelt werden, haben deshalb eine geringe Chance, dauerhaft im Gedächtnis verankert zu werden."[204]

Für die Gruppenarbeit im Unterricht in der hier angelegten Form spricht folgende Aussage:

Der Selbstbestimmungstheorie der Motivation von Deck und Ryan zufolge wird intrinsische Lernmotivation durch wahrgenommene soziale Eingebundenheit, Autonomieerleben und wahrgenommene Kompetenzunterstützung gefördert[205] Und weiter heißt es im gleichen Text zur all-

---

[203] Primäres Ziel des Unterrichts nach Barthel ist es, „das autopoietische System zu perturbieren. Indem der Lerner sich mit den Stimuli der Außenwelt, die ihn bedrohen, weil sie sein System in Unordnung bringen, auseinandersetzt, wird die Anzahl der Aktivitäten der internen Zustände gesteigert und die semantische Relationsstruktur bereichert. Der Lerner versucht, seinen strukturdeterminierten Organismus wieder auf der Grundlage seiner Lebenserfahrungen neu zu equilibrieren." Für den Fall dass dies nicht gelingt, konstatiert er, dass der Kognitionsprozess nicht stattfindet und sich die Unterrichtsinhalte „im Nichts" verlören. Vgl. http://www.htwm.de/hbarthel/home/lebensl.htm (gekürzt, W.S.; 06-12-12).

[204] Roth 2002, http://foerderung.bildung-rp.de/integrierte-foerdermassnahmen/grundlagen.html., Stand 9.3.2009

[205] (Mandl und Krause, „Lernkompetenz für die Wissensgesellschaft", S. 20, Vortrag 2002).

gemeinen Unterrichtsanlage: „Lernende erhalten so viel Anleitung, Erklärung und Hilfe durch den Lehrenden, wie sie für ein erfolgreiches und dabei weitgehend selbstgesteuertes Lernen brauchen. Es findet hierbei ein situativ bedingter Wechsel statt zwischen einer stärker aktiven und stärker rezeptiven Position des Lehrenden bzw. einer aktiven oder reaktiven Rolle des Lehrenden bzw. einer aktiven und reaktiven Rolle des Lehrenden."[206] Das von Barthel treffend dargestellte Phänomen kann besonders für eine relativ komplexe Lernumgebung wie der unsrigen gelten, da wir bei allen Erwartungen an die Selbsttätigkeit der Lernenden an deren Motivation gebunden sind. So muss im Sinne der hier von einem Konstruktivisten aufgestellten Forderung nach intrinsischer Motivation[207] besondere Aufmerksamkeit entgegengebracht werden.

Als Unterrichtsform wurde daher der handlungsorientierte Projektunterricht in Gruppen zugrunde gelegt, der, wie bereits erwähnt, in gemäßigt konstruktivistischer schüleraktivierender Weise gestaltet wird, so dass die vereinbarten Handlungsprodukte den Unterricht durch den Grad ihrer Qualitäten im Abgleich mit den vorab bestimmten Zielen[208] bestimmen. Dieses Verfahren wird in mehreren zusammenhängenden Stunden in Reihenfolge angewendet, in welchen die Schülerinnen und Schüler eigenverantwortlich entwickeln, strukturieren, konzipieren etc.[209]

Nach Birgit Frank[210] sind Merkmalssummierungen von projektorientiertem Unterricht etwa:

- Schülerwirklichkeitsorientierung
- Zielgerichtete Projektplanung unter Einbeziehung der Schülerinnen und Schüler
- Selbstorganisation und Selbstverantwortung
- Einbeziehung vieler Sinne und soziales Lernen
- Produkt- und Prozessorientierung

Die Frage ist, wie sich diese Qualitäten im Unterricht mit Filmen einbeziehen, verwirklichen und berücksichtigen lassen. Außerdem wird die Frage aufgeworfen, ob und wie ein gegliedertes Verfahren entwickelt werden kann, durch welches Schüler in der Schule in die Lage versetzt werden, sich mit unterschiedlichen filmischen Mitteln auszudrücken.

6.4 Ein problemorientiertes Projektverfahren als Teil welterbepädagogischen Lernens

Die Darstellung der vorausgehenden lerntheoretischen Auffassungen ist Voraussetzung für das Nachvollziehen der didaktisch-methodischen Planung und Struktur des welterbepädagogischen Podcastingunterrichts.

---

[206] (Ebd., S. 16)

[207] Zum Begriff der intrinsischen Motivation: Heckhausen, H.: Entwurf einer Psychologie des Spielens. In: Psychologische Forschung (Zeitschr.) Heft 27, Berlin 1964, S. 225–243.

[208] Vgl. Gudjons, Herbert: Handlungsorientiert lehren und lernen Schüleraktivierung – Selbsttätigkeit – Projektarbeit. Klinkhardt, Bad Heilbrunn 2008, 7., durchgesehene Auflage, S. 36 ff.

[209] Ebd., S. 69.

[210] Frank, Birgit: Projektorientiertes Lernen mit einer achten Klasse zum Hauptbahnhof im Rahmen des „denkmal aktiv"-Projekts, II. Staatsexamensarbeit, Studienseminar für das Lehramt an Gymnasien, Frankfurt 2004, S. 12 ff.

Beim Lernen im konstruktivistisch geprägten Unterricht, wie er in Welterbezusammenhängen förderlich erscheint, werden besonders bestimmte Eigenschaften der Lernenden gezielt evoziert und gefordert. „Neugierverhalten wecken", „Entdecken lernen", „Selbsttätigkeit an den Tag legen", „Problemorientierung verstehen", „schülerzentriertes Unterrichten", „Selbstständigsein" können als positive konstruktivistische Aspekte im welterbepädagogischen Ansatz erkannt werden.

Dies lässt sich durch die Erläuterung von Begriffen untermauern, die die Basis des Unterrichtsansatzes in der hier vorgestellten Form bilden: Problemorientierung ist eine der tragenden Säulen des hier vorgestellten didaktischen Konzeptes für die Unterrichtsreihe[211] und bezeichnet eine Art Anregung zu forschendem Lernen. Die Schülerinnen und Schüler sollen nach dieser Konzeption durch Konfrontation mit einem Problem selbstgesteuert und selbstständig agieren und dabei entdeckend lernen.

Im Sinne dieser Konzeption werden auch bei der hier vorgelegten Unterrichtsreihe die Schülerinnen und Schüler mit einem echten und komplexen Problem, welches Fragen aufwirft, schon am Anfang konfrontiert. Wichtige Bestandteile sind das Erfassen des Problems, das Suchen, Entdecken, Selbstplanen und Ausprobieren.

Selbststeuerung wird durch Anleitung zum Projektmanagement angestrebt, mittels welchem sie sich in die Lage versetzen, eigentätig und eigengelenkt Lernvorgänge zu strukturieren und sogar im Team zu erarbeiten. Auch dies entspricht dem gemäßigt konstruktivistischen Ansatz.

Lernumgebungen werden innerhalb des Unterrichtsvorhabens als Spielraum vorbereitet. Die Lernumgebung soll die Schülerinnen und Schüler zum Selbstlernen, zum Sammeln eigener Erfahrungen und zum eigenen Strukturieren ihres Lernvorganges anregen[212].

Innerhalb von Gruppenarbeiten[213] sollen Schülerinnen und Schüler Wege der Evaluation und kritischen Selbstevaluation erfahren und entwickeln. Im dichten Austausch miteinander sollen sie im Team gemeinsame Lösungsstrategien selbst entwickeln und transparent erläutern können.

Konstruktiv-spielerisch sollen die Lernenden auch in unserem Unterrichtsvorhaben erste Erfahrungen mit den Gerätschaften machen. Spielerischen Charakter besitzt das filmische Schaffen bei der Kameraarbeit genauso wie am Schnittplatz, wo Spannungen, Rhythmik der Bildfolgen, Ausschnittwahlen etc. ästhetisch-spielerische und künstlerisch-spielerische Erfahrungen (Lernen) als Kernbestandteile anzusehen sind[214].

---

[211] Vgl. Wagenschein, Martin: Verstehen lehren. Weinheim 1999, S. 27.

[212] Solchermaßen bekommen die Schülerinnen und Schüler Lernhilfen in Form von Internet, Computern, Schnittsoftware, Recherchehilfen in Form von Texten, Apparaturen wie Videokameras, Beamer, Filmklappen, Stative usw., mit denen sie sich dem Problem annähern, in es vorstoßen können, um es genau kennen zu lernen.

[213] Durch die Möglichkeit, in Gruppenarbeitsverfahren miteinander bei Planung, Durchführung und Reflexion systematisch zu kooperieren, können die Schülerinnen und Schüler Projektmanagementverfahren kennen lernen und sich ausdenken, die ihnen helfen, diese komplexe Tätigkeit auszuführen. Dabei kommt es darauf an, dass die Schülerinnen und Schüler sich selbst über ihr Zeitmanagement bewusst werden, ihre Arbeitsplanungen aufeinander abstimmen und Aufgaben verlässlich untereinander aufteilen.

[214] Aebli, Hans: Denken, das Ordnen des Tuns. Band I: Kognitive Aspekte der Handlungstheorie. Stuttgart 1980. Es können nach Aebli mehrere Grundproblemtypen differenziert werden als: Lücken, Widersprüche, Kompliziertheiten. Zu Lücken kommt es, wenn in unserer Wirklichkeit und unseren Handlungs-

Solange Akteure dabei immer neue Probleme nur erleben, kommt es zu einer „Schwierigkeit". Werden sie sich der Schwierigkeit hingegen bewusst und reflektieren sie, dann entsteht ein Problem.[215] Dies gilt gerade dann, wenn durch ein Empfinden des Ungenügens die Motivation entsteht, die Schwierigkeit zu bearbeiten.

Problemlösungen bestehen aus dieser Perspektive darin, die Lücke zu überwinden, den Widerspruch zu beseitigen oder wenigstens zu reduzieren, die Kompliziertheit zu vereinfachen. Die Problemtypen und Konflikte lassen sich als didaktisch-lerntheoretisches Konzept auf Lernumgebungen wie der unsrigen im vorliegenden Falle des Filmens von Welterbe hin anwenden, die für das Anregen der Schülerinnen und Schüler gestaltet wurden.[216]

Bei dem in dieser Arbeit gesammelten, festgestellten und ergänzten Verfahren von Eigenschaften der Welterbepädagogik ist zu erwarten, dass sich unweigerlich spielerische Handlungen ergeben, denn konstituierende Eigenschaften des Spiels sind z. B.:

- „Neugier" als forschende Haltung
- „Spannung" als Aktivierungspotential intrinsischer Motivationsvorgänge
- „Bewegung"
- „Spaß" als Gefühl von Freiheit
- offene Zeitperspektive
- „Überraschung" als zusätzlicher Aktivierungsimpuls
- Aktivierungszirkel, bei denen immer wieder Aktionen in Gang gesetzt werden
- spielerische Sublimierungsfunktionen
- Verwickeltheiten als Problematisierungen
- Entstehung von Situationen mit Quasirealitätscharakter[217]

---

plänen fehlende Verbindungen auftauchen. Widersprüche ergeben sich, wenn unsere Aussagen über die Wirklichkeit sich widersprechen. Kompliziertheit entsteht, wenn unser Bild von Wirklichkeit oder unsere Handlungspläne unnötig kompliziert sind. Aebli, Hans: Denken: das Ordnen des Tuns, Band 1. Stuttgart 2001, S. 279 ff.

[215] Ebd., S. 14, S. 19 ff.

[216] Rosenbach, M.: Problemorientierter Unterricht, RS 0195-7, unveröffentlichtes Seminarpapier des 1. SPS Berlin-Zehlendorf.
Grundsätzlich können nach Rosenbach aus der Präsentation „Problemorientierter Unterricht" (s. Anm. 220) folgende didaktisch nutzbare Arten kognitiver Konflikte unterschieden werden:
Zweifel: Konflikt zwischen der Tendenz zu glauben und nicht zu glauben.
Ungewissheit: Mehrere einander ausschließende Möglichkeiten sind gleichermaßen wahrscheinlich.
Überraschung: Ein beobachtetes Phänomen widerspricht den bisherigen Kenntnissen und Erwartungen.
Inkongruenz: Zwei bisher als sicher geltende Überzeugungen werden so zueinander in Beziehung gesetzt, dass sie sich einander gegenseitig ausschließen.
Irrelevanz: Konfrontation mit kognitiven Einheiten, die scheinbar nicht zu den übrigen der gesamten Sequenz gehören.
Widerspruch: Schließen zwei Behauptungen einander aus, so können sie nicht gleichzeitig wahr sein.
Mehrdeutigkeit: Ein einzelnes Element kann mit gleicher Wahrscheinlichkeit in verschiedener Form gedeutet werden.

[217] Marcuse, Herbert: Die Permanenz der Kunst – wider eine bestimmte marxistische Ästhetik. Ein Essay. München 1977, S. 18 ff.

7. Lerngruppenanalysemodell und triangulative sozialempirische Studie

7.1 Mehrschichtstruktur der Erhebung

Durch die mehrschichtige Betrachtung des Unterrichtsvorhabens hinsichtlich der Vermittelbarkeit von Grundtechniken und Ausdrucksformen aus den Bereichen Filmen und Podcasting als Kulturformen können Erkenntnisse gewonnen werden, die auf die komplexe, tiefgehende Beschäftigung von Schülerinnen und Schülern mit welterbepädagogischen Themen hin angewendet werden könnten, um Lehrkräften zur Ermutigung und Erleichterung für die Praxis möglichst „treffsichere" Methoden in die Hand zu geben. Auch hierzu wird die Unterrichtsreihe u.a. auf Basis von Befragungen ausgewertet.

Dies könnte neben Aussagen für die zukünftige Unterrichtsplanung letztlich der Ermittlung von Hinweisen für die Erstellung von Bausteinen oder Lernmodulen für die Lehrerausbildung diesbezüglich dienen. Methodisch sollen die Befragungen wie gesagt triangulativ und in Verknüpfung mit den Werkanalysen[218] erstellt und ausgewertet[219] werden, um die Lerngruppen genauer zu erfassen. Zu verschiedenen Zeitpunkten werden unterschiedliche Arten von Interviews geführt, qualitative Umfragen gestartet und verglichen. Die übertragbare Aussagekraft dieses Teils ist naturgemäß[220] begrenzt. In den beiden wichtigeren ersten Befragungen geht es vorwiegend um die Vorbereitung des Unterrichts. Hier wird zu beobachten sein, inwieweit sich dieses Mittel als hilfreich erweisen konnte. In den beiden letzten Umfragen ging es um die Erfahrungen der Schülerinnen und Schüler während und nach der Unterrichtsreihe. Wichtigstes qualitatives Beurteilungssystem ist die Filmanalyse. Es wird sich zeigen, inwieweit die Befragungen auch die Aussagen der Filmanalyse stützen können oder infrage stellen.

Um die welterbepädagogische Projektarbeit sachgemäß und zielgruppengerecht durchführen zu können, wird eine Lerngruppenanalyse durchgeführt. Neben der Lerngruppenanalyse[221] wurde hier aufgrund der komplexeren Anforderungen an die Lerngruppen entschieden, eine sozialempirische Studie durchzuführen, um genauere Kenntnisse über den „Lernstand" bzw. das Vorhandensein von „Kompetenzen" zu erlangen[222], die später auch in die abschließende Evaluation einbezogen werden konnten.

---

[218] Im Sinne von Diagnoseversuchen.
[219] Mayring, Philipp: Qualitative Sozialforschung, a. a. O., 1989, 1993.
[220] Siehe Kapitel 7.2 dieser Arbeit.
[221] Wie sie etwa in hessischen Studienseminaren üblich ist und auf Einschätzungen der Lehrkraft und bisherigen Unterrichtserfahrungen mit Lerngruppen oder allgemeinen entwicklungspsychologischen Analysen basiert.
[222] Näher als bei der quantitativen Analyse kommt der Persönlichkeit der Lernenden die qualitative sozialempirische Studie. Mayring, Philipp: Qualitative Sozialforschung, a. a. O., 1989, 1993, S. 327 f.

7.2 Zur Problematik sozialempirischer Forschung

Ein Problem besteht darin, festzustellen, inwieweit qualitative Erhebungen überhaupt Gültigkeit[223] besitzen können. Insbesondere wird die Frage aufgeworfen, welche Auswirkungen die Perspektivgebundenheit von Befragenden hat. Um dieses Problem zu lösen, tauchen verschiedene Lösungsstrategien in der Fachdiskussion auf, wie etwa die Begründung durch die Verfahren oder die Begründung im Zusammenhang mit dem wissenschaftlichen Diskurs[224].

Innerhalb des verfahrenstechnischen Begründungszusammenhanges bildet neben anderen[225] die Triangulation eine probate Methode, um gewisse „Annäherungswerte" zu erlangen.

Demgegenüber basiert die „Phänomenologische Reduktion" als alternative Methode auf der Annahme, dass sich durch die Verwendung dieser Methode eine „Sache" selbst herausfiltern lässt ohne störende Einflüsse durch subjektive Weltsicht. Allerdings liegt die Schwäche dieser Methode in der mangelnden Erfüllbarkeit dieser Forderung, da es aus konstruktivistischer und aufklärungsphilosophischer Sicht fraglich ist, ob es überhaupt möglich ist, die Perspektivität im Sinne einer methodischen „Unschärferelation"[226] tatsächlich zu verlieren, oder ob dies nur auf einer Selbsttäuschung beruht.

Ich habe den Studien in dieser Arbeit das triangulative Verfahren zugrunde gelegt.

Durch die Triangulation wird versucht, bestehende Perspektiven zu verbinden, um zu einer Art parallelperspektivischen Sicht zu gelangen, bei welcher sich dann der Erkenntnisgewinn aus dem Überblick über die Parallelen ergibt. Dabei können Feldstudien, Befragungen, Experimente und deren Auswertungen miteinander in Beziehung gesetzt werden, um eine höhere Validität zu erreichen.

Trotz dieser Mehrperspektivität ist mir dabei bewusst, dass die Erkenntnisse auch hier von begrenzt übertragbarem Wert sind. Gerade bei der vorgelegten Studie ist dies zu beachten, da der Autor notgedrungen in einer Doppelrolle als Beobachter und Designer eines Projektes agiert[227]. Andererseits sind die Ergebnisse der Befragungen insbesondere im Vergleich und in Bezug auf die Filmanalysen eben auch nicht ohne Wert. Daraus ergibt sich ein Objektivierungsproblem, das innerhalb einer solchen sozialempirischen qualitativen Studie nur annäherungsweise gelöst werden kann.

---

[223] „Qualitative Forschungsmethoden gelten aufgrund ihres offenen Charakters als subjektiv, sodass Validitäts- und Reliabilitätsüberprüfungen nach dem üblichen Muster der empirischen Sozialforschung als eher schwierig oder gar unmöglich eingeschätzt werden". Vgl. Stangl-Taller, Werner, nach: http://arbeitsblaetter.stangl-taller.at/Forschungsmethoden/Guetekr/t*rien.shtml; Stand 12/ 2009.

[224] Ebd.

[225] Z. B. die datengestützte Perspektivenkonstruktion oder die phänomenologische Reduktion, vgl. Stangl-Taller, a. a. O.

[226] In freier Übertragung des Begriffes bei Heisenberg, Werner: Der Teil und das Ganze. München 1969. Die Unschärferelation ist dort keineswegs Folge von Fehlern einer Messung, sondern prinzipieller Natur. Sie wurde 1927 von Werner Heisenberg aus der Quantenmechanik heraus entwickelt. Nicht eingehen möchte ich hier auf den Begriff der Superposition, der aber ähnlich interessant ist, um die Rolle der Position des Betrachters zu beleuchten. Ebenso: Quantenwelt und Superposition, http://www.youtube.com/user/Numero242, Stand 2010.

[227] Leider war ein Kollege ausgefallen, der Daten erheben sollte.

Die Inbeziehungsetzung der Befragungen zur Filmanalyse kann letztere infrage stellen oder unterstützen. Sie kann etwa im konkreten Fall dazu dienen, die durch die Analyse vermutlich nachgewiesenen Medienkompetenzen annähernd zu bestätigen. Nicht genau kann sie „Medienkompetenzunahme" zutage fördern oder die subjektive Projektion exakt objektivieren.

Die Befragungen werden im hier vorliegenden Fall außerdem primär erhoben, um eine Möglichkeit für die weitwinkligere Lernstandsmessung vor der Durchführung des Unterrichtsvorhabens erzeugen. Sie dienen auch als Ergänzung zu einer kurzen mündlichen Befragung im frontalunterrichtlichen Zusammenhang, wie dies meiner Kenntnis nach sonst im Unterricht üblich ist.

Bei den qualitativen sozialempirischen Forschungen ist jedoch stets zu beachten, inwieweit die genannten und auch die hier ausgewählten Verfahren ‚wirklich' in der Lage sind, die Grenzen dieser Perspektivität zu beseitigen. Keines dieser Verfahren kann einen „reinen", nichtsubjektiven Zugang zur Wirklichkeit, der noch dazu direkt objektivierbar kommunizierbar zu machen wäre, bieten. Wenn jedoch auf die Eindeutigkeit zugunsten von Annäherungswerten verzichtet werden kann, lassen sich mit dieser Methode komplexe Szenarien beobachten und die Ergebnisse als zusätzliche Erkenntnisperspektive bei einer Auswertung mit ins Spiel bringen. Da die Studie ein Mehr an Planungssicherheit bringen sollte, habe ich versucht, Fragen zu entwerfen, die mir nicht allzu spekulativ erschienen, sondern sich auf den Unterricht direkt und auf konkrete Erfahrungen der Schülerinnen und Schüler beziehen. Außerdem habe ich nicht den auf dieser Basis unsachlichen Versuch unternommen, einzelne Schülerinnen oder Schüler zu typisieren.

Die Validität der Befragungen wird hier nicht mit einem Außenkriterium im Sinne anderer Beobachtender gewährleistet. Dennoch wird ein „zweites Moment" mit eingebracht. Dies geschieht durch die Analyse der Filme, die insofern nicht nur eine formale Analyse, sondern eine Art Diagnose darstellen. Durch die Synopse, d. h. den Abgleich der Daten aus den Filmprodukten mit denjenigen der Befragungen, soll ein gewisses Maß an Konstruktvalidität bzw. prädikativer Validität in Bezug auf die kognitiv-gestalterischen Prozesse erreicht werden[228].

So stehen am Ende der unterrichtlichen Studie die Aussagen der Schülerinnen und Schüler und deren im Unterricht entstandene Werke und lassen nicht vollständig objektivierbare Aussagen, aber begründete Einschätzungen mit einem gewissen Wert zu.

Dies ist z. B. der Fall, wenn zu Anfang gesagt wird, dass die Schülerinnen und Schüler am Anfang keine Erfahrungen mit Schnittsystemen hatten, sich am Ende jedoch in der Lage sahen, ein Schnittsystem zu verwenden bzw. unter Verwendung desselben auf ihren Film bezogen „sinnvolle" Schnittfolgen zu gestalten. Auf dieser Basis ließe sich einschätzen, dass die Schülerinnen und Schüler an „Medienkompetenz" hinzugewonnen haben und dass der Unterrichtsprozess in dieser Hinsicht gewirkt haben könnte.

Das Beispiel des vorbereitenden Leitfrageninterviews soll in ähnlicher Weise dazu dienen, die Voreinschätzung der Lerngruppe durch Gespräche, Erfahrungen mit vergleichbaren Lerngruppen etc. im Sinne einer Einschätzungshilfe zu ergänzen.

Die Einbeziehung empirischer Forschung in die Kunstpädagogik zur Untersuchung von Unterrichtsvorgängen und Beobachtungen nimmt bislang keinen sehr großen Stellenwert ein, wird

---

[228] Wenngleich der Wert durch die Tatsache abgeschwächt wird, dass Befragung und Analyse durch eine Person erfolgen.

jedoch zunehmend gefördert und zu Recht gefordert. „Ausgehend von den Bedürfnissen der Praxis des Kunstunterrichts nimmt empirische Bildungsforschung in der Kunstpädagogik als Praxisforschung in den letzten Jahren einen zunehmend wichtigeren Stellenwert ein."[229] Dabei werden – wie auch hier – überwiegend Prozesse und Produktionen betrachtet und bewertet sowie Evaluationen modellorientierter Vorhaben vorgenommen[230]. Im Sinne einer weiteren Diskussion werden neue inhaltliche und methodische Aspekte publiziert und in der Auseinandersetzung mit anderen Argumenten innerhalb der wissenschaftlichen Diskussion optimiert.

Auch „die sich verändernden Lebenswelten von Heranwachsenden sollten hinsichtlich ästhetischen Verhaltens und ästhetischer Einstellungen wissenschaftlich erkundet werden"[231].

Nach Peez ermittelt „kunstpädagogische Praxisforschung keine direkt und unmittelbar auf die pädagogische Praxis im Kunstunterricht zu übertragende Handlungsanweisungen. Empirische Forschung hat allenfalls insofern Einfluss auf Unterricht, als kunstpädagogisch Tätige anhand eigener empirischer Studien oder nach der Rezeption empirischer Forschungsergebnisse ‚anders' bzw. innovativer ihre Unterrichtspraxis betrachten und weiterentwickeln."[232]

Weiter folgert er: „Ob die neue Praxis der alten Praxis zu bevorzugen ist, ist kontext-, situations- und bewertungsabhängig und kann Frage weiterführender Forschung sein."[233]

Die folgende Untersuchung wurde in diesem Sinne angelegt. Die Konzeption der Studie zum Unterrichtsmodellprojekt Kölner-Dom-Dokumentation basiert auf mehreren Fragestellungen:

- Die Studie soll erste Aufschlüsse über den „Lernstand" und die „Kompetenzen" der Lerngruppe vor der Planung der Unterrichtsreihe geben.
- Insbesondere sollen Erkenntnisse über die Erfahrungen mit Medien gewonnen werden.
- Erfahrungsqualitäten mit medialen Produkten sollen gesammelt und gesichtet werden.
- Erkenntnisse über das medienspezifische Reflexionsniveau sollen gewonnen werden.
- Erfahrungen der Lerngruppe mit projektspezifischen technischen Fertigkeiten sollen einschätzbar werden.
- Die Schülerinnen und Schüler sollen bei einigen Fragen ihre Erfahrungen mit Welterbe äußern.
- Kenntnisse hinsichtlich des Welterbekomplexes der Unesco sollen in Erfahrung gebracht werden.

Die Beantwortung der Fragen wird hier nicht als abschließendes und komplettes Bild verstanden. Dazu wären weit mehr Fragen und ein weitreichender (für die Schularbeit unpraktikabler) Umfang der Studie notwendig, wie er im unterrichtlichen Zusammenhang schon aus zeitlichen Gründen nicht geleistet werden kann. Der Zweck der ersten beiden Befragungen (Leitfrageninterview und erste schriftliche Befragung) liegt in einer besseren Einschätzungsmöglichkeit

---

[229] http://www.georgpeez.de/texte/praxisfor.htm, Version: 1/2009.
[230] Vgl. ebd.
[231] Ebd.
[232] http://www.georgpeez.de/texte/praxisfor.htm, Stand 6.6. 2010
[233] Ebd.

der spezifischen Lerngruppe als Ergänzung zu bisherigen Verfahren. Dies soll durch die hier vorliegende Studie erreicht werden.

Die schriftlichen Befragungen der einzelnen Schülerinnen und Schüler der Gruppe gliedern sich in diesem Konzept in zwei Etappen. Vor den beiden schriftlichen Befragungen wurden mit fünf Schülerinnen und Schülern jeweils Leitfrageninterviews[234] mit gezielten und in Reihenfolge aufgebauten Fragen durchgeführt.

7.3 Iterativ-zyklische Aspekte der Erhebung

Die sich während der Durchführung der Studie ergebenden Daten rekrutieren sich u.a. aus Befragungen, angefertigten Produkten (Filmen), den Gesprächen und meinen unterrichtlichen Erfahrungen in der Rolle eines „Teilnehmers als Beobachter".[235]

Auch Bogdan und Taylor machen in diesem Kontext zu Recht auf die Gefahr aufmerksam, dass der Forscher von Seiten der Beteiligten (hier Schülerinnen und Schüler) zu stark etwa in bestimmte Vorgehensweisen hineingedrängt werden kann[236]. Dieser Gefahr soll wie gezeigt durch den triangulativen Charakter der Untersuchung entgegengewirkt werden.

Darüber hinaus verstehe ich das Forschungsvorhaben im Sinne eines „iterativ-zyklischen Prozesses"[237], welcher die Forschung nicht statisch, sondern dynamisch begreift und in welchem entstehende Interpretationsergebnisse in weitere methodische Entscheidungen einfließen können. Ebenso ist mir bewusst, dass das Projekt in die gegebenen raumzeitlichen Bedingungen eingebettet ist. Aus diesem Grunde wird im Rahmen dieser Arbeit in den Fällen der Verallgemeinerung versucht, „explizit" zu prüfen und „argumentativ zu begründen", ob und welche konkreten Ergebnisse mit Blick auf Übertragbarkeit überhaupt generalisiert werden können.[238]

Die Umfragen und die fertigen Filmproduktionen sind maßgeblich in der hier dargestellten Auswertung zur Bewertung des Projektes herangezogen worden, da sie als Erfolgskriterien der Reihe im Sinne der Hauptaufgabe der vorliegenden Arbeit[239] gelten dürfen. Alle anderen Daten möchte ich hier unter dem Punkt persönliche Erfahrungen subsumieren, da sie in ihrer Vielschichtigkeit nicht im Einzelnen dokumentiert werden können.

---

[234] Verwendung des Begriffes Leitfrageninterview nach Bortz, Jürgen und Nicola Döring: Forschungsmethoden und Evaluation: für Human- und Sozialwissenschaftler. Springer, Berlin, Heidelberg 2005, 3. Aufl., S. 295–335.

[235] Vgl. dazu auch: Lamnek, Siegfried: Qualitative Sozialforschung. Bd. 2, Methoden und Techniken, Beltz, Weinheim Basel 1995, 3. Aufl., S. 267.

[236] „Researchers would be wise to control how subjects define them and to resist being forced into relationship modes of dress, and pattern of behaviour that are not conductive to carrying out research." Bogdan, R. und St. J. Taylor: Introduction to Quolitativ Research Methods. A Phenomenological Approach to the sozial Sciences. New York 1975, zitiert nach Lamnek, 1995., S. 295

[237] Seipel, Christian und Peter Rieker: Integrative Sozialforschung, Konzepte und Methoden der qualitativen und quantitativen empirischen Forschung. Juventa Verlag, Weinheim, München 2003, S. 103.

[238] Vgl. Mayring, Philipp: Einführung in die qualitative Sozialforschung, Beltz Verlag, Weinheim und Basel 2002, 5. Aufl., S. 35.

[239] Siehe Kapitel „Ziele der Arbeit" in dieser Arbeit.

7.3.1 Zielsetzung und Leitfadenformulierung

Der Aufbau der vorliegenden empirischen Erhebung orientiert sich an einer Methodik, die sich an zentrale Erfordernisse sozialempirischer Analytik anlehnt, nach denen im Kern die drei Kriterien „Objektivität", „Reliabilität" und „Validität qualitativer Messungen" zu beachten sind.

Das Kriterium der Reliabilität zielt hier darauf, dass nicht verstärkt die einzelnen Befragungen und Fragen herangezogen werden, da diese nach Alter, Herkunft, Geschlecht, Schulform und Sozialisation nicht übertragbar sind, sondern: „Insgesamt ist festzuhalten, dass Zuverlässigkeit auch in der qualitativen Sozialforschung angestrebt wird, dass aber Methoden der Zuverlässigkeitsprüfung nicht entwickelt wurden. Denn wegen der besonderen Berücksichtigung des Objektbereiches der Situationen und der Situationsbedeutungen in Erhebung und Auswertung verbietet sich geradezu die oberflächliche und nur scheinbare Vergleichbarkeit von Instrumenten, wie sie durch die abgelehnte Standardisierung in der quantitativen Sozialforschung hergestellt wird."[240]

Die „Philosophie" der Fragebögen als Einschätzungshilfe soll durch Erstellen von Leitfragenkategorien folgende Prinzipien berücksichtigen:

a) Formulierung von Fragen zu Hauptthemen
b) Formulierung von flankierenden Fragen
c) Formulierung von Fragebögen aufgrund von vorhergehenden Leitfrageninterviews

Diese Befragung soll zur Unterstützung bei der Charakterisierung der Aussagen (Glaubhaftigkeit und Gültigkeit) insgesamt beitragen[241].

Für die beabsichtigte erste Befragung eignet sich ein Leitfadeninterview[242] in Strukturierung durch Hauptfragen, die freiere Antworten zulassen, und Detaillierungsfragen, die nachhakend und deutend sein sollen. Es handelt sich in den vorliegenden Fällen eher um eine Mischform mit narrativen und „fokussierten" Interviewanteilen[243]. Die Frage der Validität des Interviews ist an die Qualität der „Authentizität und Ehrlichkeit"[244] gekoppelt. Um diese möglichst zu gewähr-

---

[240] Mayring, Qualitative Sozialforschung, a. a. O., 1989, 1993, S. 327 f.

[241] Hier denke ich vielleicht im Zweifelsfalle eher als Praktiker denn als Theoretiker, da an dieser Stelle vielleicht weniger objektivierbare, nützliche Informationen einen höheren Stellenwert als objektivierbare, aber unnützliche Informationen einnehmen.

[242] Vgl. Mayring, Philipp: Qualitative Inhaltsanalyse. In: Böhm, A., A. Mengel und T. Muhr (Hrsg.): Texte verstehen: Konzepte, Methoden, Werkzeuge. Konstanz 1994a, S. 159–176.

[243] Die fokussierten Anteile haben einen großen Stellenwert bekommen, da in diesem Fall der Interviewer eine gründliche Analyse des Untersuchungsobjektes durchgeführt hat. Dies gilt allgemein als Voraussetzung für die Zusammenstellung eines Leitfadeninterviews: „Wichtig ist, dass der Interviewer bereits vor der Befragung eine gründliche Analyse des Untersuchungsobjektes durchführt und zu Hypothesen über Bedeutung und Wirkung einzelner Aspekte dieser Situation gelangt (beispielsweise Hypothesen über die Wirkung einzelner Filmausschnitte). Auf der Basis dieser Hypothesen wird ein Interviewleitfaden zusammengestellt, so dass bereits während des Interviews geprüft werden kann, ob die Äußerungen des Befragten die Hypothesen eher bestätigen oder widerlegen und welche neuen Erklärungsbeiträge der Proband liefert." Vgl. Merton, R. K. und P. L. Kendall: Das fokussierte Interview. In: Hopf, C. und E. Weingarten (Hrsg.): Qualitative Sozialforschung. Stuttgart 1997, S. 171–203.

[244] Ebd., S. 308 ff.

leisten, sind die Stimmung, die Interaktion und das Vertrauen von Interviewer und Befragten bedeutsam. Sie wurden daher bei der praktischen Umsetzung bedacht.[245]

Die inhaltliche Vorbereitung richtet sich nach den bereits genannten Anforderungen, die sich aus dem Forschungsprojekt in der vorgelegten Dissertation ergeben. Die Hauptfrage lautet: Inwieweit sind die Schülerinnen und Schüler in der Lage, im welterbepädagogischen Sinne selbstständig filmisch zu arbeiten und zu denken? Inwieweit spielen dabei Vorerfahrungen mit Welterbe und Medienkonsum bzw. aktive Medienerfahrung eine Rolle? Dadurch soll abschließend bewertet werden, ob es sich bei der hier vorgestellten Konzeption um ein tragfähiges Konzept handelt, das sich zur Modularisierung für die Lehrerausbildung und den welterbeschulischen Unterricht eignet.

Allgemeine Hinweise für die Durchführung von Leitfadeninterviews

In der hier vorliegenden Befragungssituation herrscht zwischen Befragten und Befragendem ein langjähriges, „gutes" Vertrauensverhältnis, wenngleich ein Abhängigkeitsverhältnis (Lehrende – Lernende) nicht verleugnet werden darf. Der Gesprächsbeginn war in unserem Falle im Sinne einer „Aufwärmfrage" etwas freier und beinhaltete Fragen zu bisherigen Erfahrungen mit Welterbestätten, zum allgemeinen Medienkonsum und nur eine Frage zur Medienpraxis.

Die Fragen wurden mit fortschreitender Dauer des Interviews vertieft.[246] Die jeweiligen Fragen der einzelnen Leitfragenvideointerviews sind im Rahmen der Transkriptionen komprimiert dargestellt worden.[247]

Das Leitfrageninterview wird in dieser Untersuchung eingesetzt, um die allgemeinen Einstellungen und Erwartungen bzw. damit in Zusammenhang stehende geäußerte Erfahrungen zu sammeln[248], um die Lerngruppe hinsichtlich ihrer Kenntnisse und Sensibilität gegenüber Welterbe und Medienkompetenz besser einschätzen zu können.

---

[245] Beispielsweise wurde vor den Interviews bekanntgegeben, dass die Teilnahme am Interview freiwillig ist und dieses nicht benotet oder in eine Bewertung der Schülerleistung einbezogen wird. Die Schritte des Leitfadeninterviews von Konzept bis Archivierung lauten: Methodische Vorbereitung/Interviewgattung – Inhaltliche Vorbereitung – Organisatorische Vorbereitung – Gesprächsbeginn – Durchführung und Aufzeichnung des Interviews – Gesprächsende – Verabschiedung – Gesprächsnotizen – Dokumentation der Befragung – Transkription – Archivierung des Materials Datenschutz. Ebd., S. 308 ff.

[246] Dies begann mit Fragen zum Konsum von Dokumentationen und lenkt über zum Thema Kölner Dom und Unesco-Weltkulturerbestätten. Es erstreckt sich dann auch auf gezielte Fragen zur technischen Erfahrung und zur Medienkompetenz. Schließlich folgen die besonders wichtigen Fragen zu Selbsteinschätzungen und Problemsichtigkeit.

[247] An dieser Stelle sind daher nicht einzelne Fragen und die Antworten der Befragten aufgelistet worden, sondern Leitfäden und Kategorien zum besseren Verständnis des Videointerviews genannt. Die genauen Fragen und Antworten nehmen viel Seitenplatz ein und sind im Appendix dieser Arbeit extra aufgeführt.

[248] Diese Untersuchung verlangt als qualitative Studie eine „streng methodisch kontrollierte" Analyse. Mayring, nach dessen Überlegungen hier prinzipiell vorgegangen wurde, stellt ein geeignetes Modell zur Inhaltsanalyse a. a. O. vor.
1. Zusammenfassende Analyse
2. Explizierende Inhaltsanalyse
3. Strukturierende Inhaltsanalyse

Die Unterschiedlichkeit der zu analysierenden Unterlagen bedingt eine etwas unterschiedliche, differenzierte Herangehensweise. Diese ist bei den Interviews schon gekennzeichnet durch die Transkriptionen, die bei den textlichen Befragungen entfallen, bei den Filmen durch die filmanalytischen Ei-

Mit Blick auf das Unterrichtsprojekt und die Analyse der entstehenden filmdokumentarischen Projekte konnten verschiedene Hauptfragen sowie Detaillierungsfragen narrativ und fokussiert entwickelt werden, deren Kategorisierung wie folgt aussieht[249]:

7.3.2 Videoleitfrageninterview Leitthemenstruktur (Basis 1)

Die Formulierungen der Einzelfragen werden von den Leitfragen abgeleitet und differieren im Einzelfall. Als Leitfragen wurden die unten aufgeführten und im Schaubild veranschaulichten Fragen formuliert:

1. Einschätzungen zu aktiver Medienkompetenz
2. Qualität und Ausmaß des Medienkonsums (v. a. TV)
3. Vertiefende Nebenfragen zu aktiver Medienkompetenzeinschätzung
4. Erfahrungen mit Medienkonsum aktiv
5. Erfahrungen mit Medienkonsum passiv
6. Erfahrungen mit Dokumentationen aktiv
7. Erfahrungen mit Dokumentationen passiv
8. Erfahrungen und Einschätzungen hinsichtlich Methodenkompetenz
9. Erfahrungen mit Wissen zum Themenbereich Kölner Dom
10. Erfahrungen mit Wissen zum Themenbereich Unesco-Welterbestätten
11. Zwischenfragen zur Vorstellungsbildung hinsichtlich der zukünftigen Projektarbeit

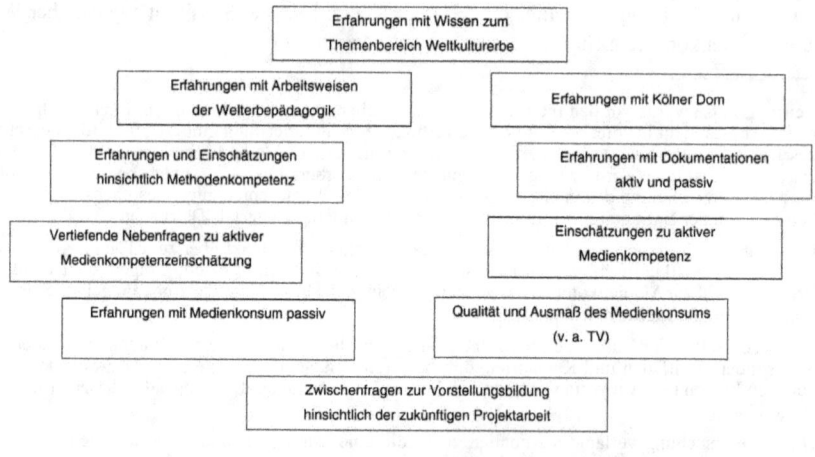

Abb. 12: Leitfragenstruktur (erstellt vom Verfasser)

---

genheiten, die Aussagen der Schülerinnen und Schüler in Form von vertonten Bildfolgen analysieren. Insofern steckt in der zusammenfassenden Sicht auf die unterschiedlichen Arten von Befragungen und dem anschließenden Resümee die Hauptaussagekraft.

[249] Siehe außerdem: Anhang, Erläuterung der Videoleitfragen im Einzelnen in dieser Arbeit.

Die erste schriftliche Befragung wird aus den Fragen innerhalb der Video-Leitfadeninterviews generiert und auf eine schriftliche Befragung hin modifiziert[250]. Sie hat die Funktion, die Informationen, die aus dem Video-Leitfadeninterview gewonnen werden können, abzusichern, besser interpretierbar zu machen und mit den Antworten der gesamten Gruppe vergleichen zu können. Insofern hat sie unmittelbaren Einfluss auf das Unterrichtsgeschehen.[251] Durch deren Vergleich untereinander soll ein höherer Erkenntnisgrad gewonnen werden. Die Erkenntnisse des qualitativen Leitfadeninterviews sollen mit anderen Befragungen und der schließlich noch erfolgenden filmdiagnostischen Auswertung vernetzt werden. Dies geschieht zugunsten einer abschließenden Gesamtevaluation des Projektes auf ein höheres Niveau und damit einer optimierten Auswertungsmöglichkeit[252].

Die zweite schriftliche Befragung hat den Hauptzweck, direkt nach den Dreharbeiten noch in Köln möglichst zeitnahe unwiederbringliche Reaktionen der Schülerinnen und Schüler zu sichern, da diese in gewisser Hinsicht als unverfälschter als spätere gelten können. Hier sollen spontane Äußerungen zu konkreten nicht weit zurückliegenden Erfahrungen getätigt werden. Es handelt sich um Fragen nach Einschätzungen zum gerade erlebten Entstehungsprozess des Filmens. Fragen zum Wert der Aktivitäten für die zukünftige Arbeit im Schnitt und bezüglich der Planungen sind gestellt worden, um einen Einblick in die Reflexion des Getanen hinsichtlich des noch Zutuenden und des Projektierten zu erlangen. Dies berührt nicht zuletzt auch die Frage, ob die Schülerinnen und Schüler mit der technischen Ausrüstung zurechtgekommen sind – ohne viel Einarbeitungszeit bekommen zu haben. Inwieweit die Daten auswertbar sind, wird sich nach der Synopse am Ende der Unterrichtsreihe zeigen.

7.3.3 Fragebogenerhebung nach den Dreharbeiten (Basis 3)

Die Fragen hier thematisieren mögliche Schwierigkeiten mit Technischem, wie ästhetischen Vorstellungen. Ausserdem geht es um persönlich empfundene Zufriedenheit im Projekt und dem Verhältnis zur Arbeit wie auch zur Einschätzung der Anwendung der Gruppenarbeit in dem eigenen Projekt.

Schon kurze Zeit nach den Dreharbeiten stellt sich zumindest annäherungsweise heraus, ob der zentrale, unwiederholbare Vorgang des Kameradrehs als ein Erfolg empfunden wurde oder nicht. Was später innerhalb der Analyse der Endprodukte sichtbar wird, kann hier ganz spontan als Selbsteinschätzung mit Hilfe von qualitativen Fragestellungen ermessen und ergänzt werden. Durch die Vernetzung der unterschiedlichen Evaluationsmethoden soll die Qualität der Aussagekraft der Datenerhebung/Analyse optimiert werden.

---

[250] Vgl. Bortz, Döring: a. a. O., S. 253, Kapitel: „Fragebogenkonstruktion".
[251] D. h. anders als in der Liste zur „ästhetischen Praxisforschung" am Anfang dieses Kapitels.
[252] Die Erhebung wurde in diesem konkreten Fall direkt vor der ersten Unterrichtsstunde des Projektes durchgeführt. Alle anwesenden Schülerinnen und Schüler nahmen daran teil. Die gesammelten Umfragebögen liegen dem Autor vor und sind ebenfalls im Archiv Wirth gelistet. Dieser Dissertation liegen Transkriptionen beider schriftlicher Befragungen im Appendix bei. In dem konkreten Fall haben sich allerdings keine Diskrepanzen zwischen Leitfaden Interview und schriftlicher Befragung ergeben.

Handout: Schriftliche Umfrage auf der Rückfahrt im Zug direkt nach dem Dreh in Köln (13.11.2007) (im Original mit Zwischenfeldern zum Ausfüllen):

Frage 1: Wie haben Sie sich auf dem Dreh gefühlt?

Frage 2: Haben Sie schöne Aufnahmen gemacht? (Welche fanden Sie am schönsten?)

Frage 3a: Fühlten Sie sich gut vorbereitet?

Frage 3b: Hatten Sie sich gut vorbereitet?

Frage 4: Mussten Sie improvisieren? (Klar, aber wann, wo, wie?)

Frage 5: Kam es zu schwierigen Situationen? (Wann, welche?)

Frage 6: Hat sich die Form der Gruppenarbeit als richtig erwiesen? (Wann, wieso, wie?)

Frage 7: Hatten Sie Probleme in der Gruppe? (Wann, wieso, wie?)

Frage 8: Hätten Sie sich etwas anderes gewünscht? (Was, warum?)

Frage 9: Haben Sie das Gefühl, aus den Aufnahmen einen schönen Film herstellen zu können?

Frage 10: Sind Sie vom Drehbuch abgewichen? (Wann, warum, wo, wie etc.?)

Frage 11: Sind Sie der Meinung, dass so etwas an der Schule zur Standardausbildung der Schülerinnen und Schüler gehören sollte? (Warum?)

Frage 12: Sind Sie zufrieden mit Ihrer Arbeit? (Wann, warum, wo, wie etc.?)

Frage 13: Würden Sie gerne noch einmal so ein Projekt durchführen? (Warum, wo, wie?)

Frage 14: Hatten Sie Problem mit der Kamera, mit dem Ton, mit dem Mikrofon? (Oder anderem?)

Frage 15: Hatten Sie „Angst" vor der Technik?

Frage 16: Hätten Sie jetzt „Angst" vor der Technik?

7.3.4 Analyse der Filme

Der Sinn der Analyse der ausgewählten Dokumentarfilmproduktionen besteht darin, zu ermitteln, inwieweit es im vorliegenden welterbepädagogischen Unterrichtsbeispiel praktisch gelungen ist, ein zielgerichtetes, qualitätvolles filmisches Vorhaben zu realisieren, welches sich in Übereinstimmung mit welterbepädagogischen Maßstäben in Einklang bringen lässt. Hintergrund ist die Beurteilung der Frage, ob die Durchführung eines solchen Vorhabens aus Sicht der Welterbepädagogik sinnvoll erscheint und ob derartige Projekte logistisch, technisch, institutionell im schulischen Rahmen durchführbar bzw. ob derartige Filmprojekte in den Regelunterricht mit einzubeziehen sind. Schließlich ob es möglich und geboten erscheint, den Lehrplan in dieser Hinsicht zu ergänzen. Insbesondere die Fragen zu Beginn der Arbeit (Kap. „Ziele der Arbeit") gilt es zu beantworten.

Die filmische Analyse richtet ihren Blick auf zwei gezielt ausgewählte Exempel, die von Gruppen mit unterschiedlich hohem Kenntnisstand produziert wurden. Auf diese Weise soll die Spannbreite zwischen Leistungen von Gruppen mit Schülerinnen und Schülern mit größerer und geringerer Erfahrung mit Neuen Medien bzw. Filmdokumentationen genauer beleuchtet werden.

Mittels der abschließenden Filmanalyse[253] werden in dieser Arbeit zwei ausgewählte Beispiele von Filmproduktionen aus dem Unterrichtsprozess beschrieben und synergetisch mit den Erkenntnissen aus den Befragungen verbunden, um eine umfassendere Sicht auf die Ergebnisse des Lernprozesses zu erhalten[254].

Die im Unterricht erworbenen bzw. zur Anwendung gekommenen Kompetenzen lassen sich an den jeweiligen Filmbeispielanalysen als pädagogisches Instrument der Begutachtung von unterrichtlichen Dokumentarfilmergebnissen feststellen. Hier bedarf es eines für die Schule geeigneten Kataloges von Kategorien oder Indikatoren der Auswertung. Sie orientieren sich an der Sachlogik der Dokumentarfilmproduktion[255] bzw. an welterbepädagogisch relevanten Faktoren.

Hierzu werden die Aussagen über Dokumentarfilmproduktion von Thomas Schadt verwendet. Sie bauen auf einem breiten Datenfundament auf, das Praxis und Theorie gleichermaßen berücksichtigt und daher als besonders geeignet für diesen Teil der Analyse erscheint. Er ist zudem als Spezialist für die Definition der Dokumentation an der Filmakademie Ludwigsburg bekannt, da er sich zugleich als ausgesprochener Dokumentarfilmer und Autor (seit 2000 Professor an der Filmakademie Baden-Württemberg im Studienfach Regie/Dokumentarfilm) in besonderer Weise um die Definition des Begriffes der Dokumentation bemüht hat.

Die der Analyse zugrunde gelegten Indikatoren und Kompetenzen werden im Folgenden verdeutlicht. Hierzu wurde zunächst die Tätigkeit in Bereiche aufgespalten, innerhalb derer die Indikatoren, Operatoren und Kompetenzen sich zeigen können.

Entwurf von Indikatorenkategorien dokumentarfilmischer Äußerung („sachlogisch")

1.	Beobachtungen zu Kameraeinstellungen
2.	Beobachtungen zu Schnitttechnik/Rhythmus
3.	Beobachtungen zum Ton-/Geräusch-/Musikeinsatz
4.	Beobachtungen zur Drehbuchentwicklung
5.	Beobachtungen zur Dramaturgie
6.	Beobachtungen zur Aussagestringenz
7.	Beobachtungen zur Relation von Planung und improvisierten Maßnahmen
8.	Beobachtungen zur Originalität
9.	Beobachtungen zum Differenziertheitsgrad bei der Auseinandersetzung mit dem Thema (Inhalt)

Innerhalb der einzelnen Analysebereiche lassen sich Indikatoren für Unterricht mit Videodokumentationen definieren. Darüber hinaus könnte in weiteren Studien ein geeigneter Operatorenkatalog zur Beurteilung und für die Unterrichtsplanung abgeleitet werden. Schließlich können mit Blick auf welterbepädagogische Schlüsselkompetenzen filmische Kompetenzen für den Unterricht formuliert werden.

---

[253] In der Lehrerausbildung wird auch von „Filmdiagnose" gesprochen.

[254] Die entstandenen Produktionsbeispiele werden bei YouTube unter dem Usernamen Myunesco veröffentlicht bzw. später unter www.myunesco.com und liegen dieser Arbeit bei.

[255] Schadt, Thomas: Das Gefühl des Augenblicks. Lübbe, Bergisch Gladbach 2002, S. 17 ff.

Als Ausgangspunkt eigens für die Untersuchung konzipierter dokumentarfilmischer Kriterien wurden Aspekte berücksichtigt, die der Journalist und Dokumentarfilmspezialist Thomas Schadt benennt[256].

Es ging ihm außerdem, wie in unserem Unterrichtsbeispiel, darum, „den Dokumentarfilm, der in seiner Interpretation von Wirklichkeit in erster Linie ohne Zuhilfenahme fiktionaler Inszenierung auf reale Authentizität setzt und diese mit filmischen Mitteln und einer filmischen Dramaturgie so gestaltet, dass sowohl Thema, Motive und Protagonisten als auch Handschrift und Haltung des Autors darin ihren eigenen Ausdruck finden"[257].

---

[256] Schadt, Thomas: Das Gefühl des Augenblicks. Lübbe, Bergisch Gladbach 2002, S. 17 f. Hier bezieht der Autor beispielsweise Aussagen von erfahrenen Redakteuren und Regisseuren mit ein wie G. Tuchtenhagen, P. Danquart, A. Veiel, P. Nestler, H. D. Grabe, C. Kuby, H. Stadtler, C. Hübner zur Frage: Was ist ein Dokumentarfilm?

[257] Schadt, Thomas: Das Gefühl des Augenblicks. Lübbe, Bergisch Gladbach 2002, S. 22.

Indikatoren dokumentarfilmischer welterbepädagogischer Äußerung

1. Beobachtungen bei Kameraeinstellungen, insbesondere

- Effektivität der Ausschnittwahl in Bezug auf die Verbindung mit der inhaltlichen Aussagekraft, Verhältnis zwischen Detailreichtum und Überblicksgewinnung
- Abwechselungsgehalt/Variationsvielfalt der verwendeten Einstellungen zur Aufrechterhaltung der Aufmerksamkeit der Zuschauenden

Sinnbezug der Einstellung zum Hergang

2. Beobachtungen zu Schnitttechnik/Rhythmus

- Nutzung der Aussagequalitäten auch bei der Aufeinanderfolge von Bildern, Auswahl bestimmter „Snippets" aus dem gestalteten Schnittmaterial
- Zweckmäßige Nutzung von Überblendungen zum Erhalt der Flusses und eines Spannungsbogens, Tempo, Rhythmuswechsel, „Dichte" der Darstellung des Geschehens
- Einbezug der Atmosphäre/Stimmung auf eine beabsichtigte oder zu spürende Gesamtaussage

3. Beobachtungen zum Ton-/Geräusch-/Musikeinsatz

- Berücksichtigen der Kongruenz und Kontrastwirkung zum Bild
- Beurteilung des Informationsquantums von Ton, „Atmo" und Musik
- „Text-Bild-Schere"-Sensibilität

4. Beobachtungen zum Form-Inhalt-Bezug

- Bedeutung der Variabilität der geplanten Handlungsabläufe und des Bild- Ton-Geschehens für die Aussage hinsichtlich der Angemessenheit einer bestimmten Welterbestätte
- Auftauchen von Charakteristika
- Spielen mit der Ausgefallenheit
- Ausprobieren neuer Ansätze/Interpretationen
- Neue Aspekte einer Stätte

Problemsichtigkeit im Vorfeld in Bezug auf Bedingungen an einer Erbestätte

5. Beobachtungen zur Aussagestringenz

- roter Faden, Brüche, ungewollte oder gewollte Widersprüche, Fehler, Störendes

6. Beobachtungen zur Relation von Planung und improvisierender Handlungskompetenz

- Drehbuchbewusstsein „am Set"
- Spontane Chancennutzung
- Improvisationstalent/Umsetzung

7. Beobachtungen zu Originalität und Typischem

8. Beobachtungen zum Differenziertheitsgrad bei der filmischen Auseinandersetzung mit dem Thema (Inhalt) zwischen inhaltlicher Reichhaltigkeit und inhaltlicher Konzentration

Aufbauschemaanalyse

Basis 1:	Analyse Videoleitfrageninterview Beispiel Schülerinnen und Schüler, vor Stunde I der Reihe
Basis 2:	Analyse der schriftlichen Befragung I Teilnehmende des Kurses, Hälfte 1 der Doppelstunde der Reihe
Basis 3:	Analyse der schriftliche Befragung II Nach dem Dreh in Köln (13.11.2007)
Basis 4:	Produktionsanalysen von Videopodcastproduktionen
Begleitende Faktoren	Sonstige Beobachtungen
Synopse	Zusammenfassungen/Auswertungen

Um im Systemmodell zu veranschaulichen, wie im Idealfall bei Planung und Durchführung bzw. Bewertung entstehender filmisch dokumentarischer Produktionen im Unterricht vorgegangen werden kann, habe ich eine Grafik entworfen. Dieses Modell eignet sich u. U. für die Übertragung auf unterschiedliche Praxisfälle wie unterschiedliche Schulformen und Klassenstufen.

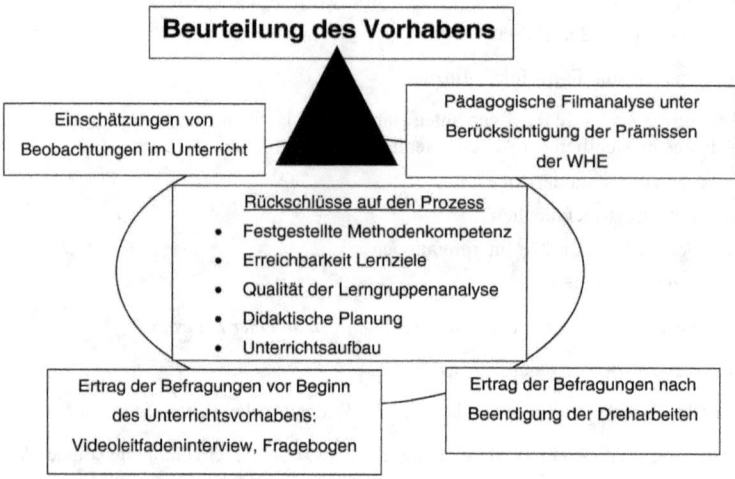

Abb. 13: Schemaentwurf zur Evaluation der WHE-Unterrichtsreihe Film

Die Filmbeispiele werden im Folgenden zunächst einzeln und dann gemeinsam auf ihre Aussageträchtigkeit hin analysiert und bewertet. Darauf folgt die Einbindung von Ergebnissen der verschiedenen Befragungen.

8. Unterrichtsprojekt „Unesco-Welterbestätte Kölner Dom"

Methodische und inhaltliche Schwerpunkte, die schon in den vorherigen Kapiteln genannt wurden, werden in diesem Teil aus Gründen der Lesbarkeit nicht wiederholt. Dies betrifft insbesondere die didaktische Herleitung des Themas und der Methodik.[258]

8.1 Analyse der Lerngruppe

Das zu planende Unterrichtsvorhaben soll also als WHE-Unterrichtsreihe im Sinne einer schülerorientierten gemäßigt konstruktivistischen Lernumgebung konzipiert werden. Thema ist die Darstellung der Welterbestätte Kölner Dom in einem selbst anzufertigenden Film. Um einen möglichst hohen Grad an Eigenaktivität der Schülerinnen und Schüler im Unterricht zu ermöglichen, ist zunächst eine aussagekräftige Analyse der Lerngruppe notwendig. Sie gewährleistet einen Überblick über Möglichkeiten, Bedürfnisse, Lernstand, Kompetenzausstattung, Vorlieben bezüglich des Themas der Schülerinnen und Schüler einer Lerngruppe und bildet somit die Basis für die spätere Planung von Unterrichtsabläufen und Lernsituationen, in denen die Schülerinnen und Schüler outputorientiert agieren können.

Aus diesem Grund wurde hier – wie beschrieben – eine Datenerhebung konzipiert. An ihrem Anfang steht ein Videoleitfrageninterview. Um dessen Ergebnisse zu präzisieren und zu ergänzen, wurde eine schriftliche Umfrage bei Schülerinnen und Schülern des Kurses mittels Erhebungsbögen durchgeführt, deren Einzelfragen aus den Leitfadeninterviews abgeleitet wurden. So sollte das Profil der Lerngruppe in Bezug auf die Unterrichtsreihe in angemessener Weise und im Rahmen der Unterrichtszeit machbar ermittelt werden.

In dieser Modellreihe wurde also ein bekanntes Verfahren der Lerngruppenanalyse – wie es in Studienseminaren[259] und an den mir bekannten Schulen üblich ist – durch eine zielgerichtete sozialempirische Studie ergänzt. Die übergreifende Auswertung von Einschätzungen aufgrund des Leitfrageninterviews und des Fragebogens wurde angelegt, um empirisch zu ermitteln, ob die Lerngruppe das für die Durchführung des Vorhabens erforderliche Anforderungsprofil zeigt.

Neben den spezifischen Befragungsergebnissen zum direkten Thema waren allgemeine Kenntnisse und Einschätzungen über den psychologischen Entwicklungsstand und die Besonderheiten der Schule ebenfalls zu betrachten.

Die Unterrichtsreihe wurde mit 16 Schülerinnen und Schülern (acht Jungen, acht Mädchen) eines Grundkurses der Jahrgangsstufe 13 im Winterschulhalbjahr 2007 im Kunstunterricht an der Wöhlerschule (Gymnasium) in Frankfurt am Main durchgeführt und umfasste insgesamt neun Unterrichtsstunden in vier Wochen und eine Exkursionsfahrt nach Köln am 22. November 2007. Die Gruppe bestand seit circa einem halben Jahr. Die Schülerinnen und Schüler der Oberstufenklasse hatten sich bislang in der Unterrichtsarbeit als recht selbstständig erwiesen und waren an unterschiedliche Unterrichtsverfahren gewöhnt.

---

[258] Zum Verlauf der Unterrichtsreihe findet sich Material im Anhang.
[259] Z. B. im Amt für Lehrerausbildung, Frankfurt am Main, Darmstadt oder im Hochtaunuskreis.

Nicht zuletzt durch den Unterricht mit Neuen Medien in Jahrgangsstufe 11 und 12/1 durfte vorausgesetzt werden, dass die Schülerinnen und Schüler im Umgang mit Computern und Neuen Medien (digitale Bildbearbeitung/Internetrecherche/Präsentation) gewisse Erfahrungen hatten. Die Erfahrung der Lerngruppe mit Filmproduktion und Welterbestätten ließ sich nicht sicher einschätzen. Daher erschien es notwendig, verlässliche Daten durch Befragungen zu gewinnen.

Zur genaueren Lernstandsüberprüfung und Kompetenzfeststellung wurde zunächst ein Videoleitfadeninterview mit fünf Schülerinnen und Schülern geführt, um erste Einblicke in die inhaltlich-methodischen Voraussetzungen der Schülerinnen und Schüler zu gewinnen, und dann eine schriftliche Umfrage durchgeführt.

Die Ergebnisse aus den Leitfadeninterviews und der schriftlichen Befragung wurden der Lerngruppeneinschätzung zugrunde gelegt.[260]

Insgesamt handelt es sich bei den Videobefragungen um fünf Einzelinterviews mit drei Schülerinnen und zwei Schülern des Grundkurses Kunst, Jahrgangsstufe 13 einer Unescoschule/Gymnasium in Frankfurt am Main. Anhand der Leitfragen sollte ein erster Überblick zum Verhältnis eines Teils der Lerngruppe zum Thema gewährleistet werden. Während des Leitfadeninterviews sind dem offenen Charakter entsprechend Fragen entstanden und gestrichen worden. Ein Resultat der Videointerviews besteht auch in dem Entwurf der Fragebögen für den gesamten Kurs (Basis 2).

Aus der Auswertung des Videoleitfrageninterviews und der ersten schriftlichen Umfrage ergab sich vor der Durchführung der eigentlichen Unterrichtsreihe folgendes Bild:

MEDIENERFAHRUNG Kurs: GRUPPE 13 KU GK 07 WR	nach: Leitfrageninterview (Basis 1) und erster schriftlicher Umfrage (Basis 2).
Erfahrung mit Filmproduktion	Die meisten Schülerinnen und Schüler produzierten bislang noch keinen eigenen Film und waren noch nicht an einer Filmproduktion beteiligt.
Erfahrung mit Computern	Die Schülerinnen und Schüler verfügten über sehr unterschiedliche Erfahrungen mit Computern.
Erfahrung mit Kameraarbeit	Einige Schülerinnen und Schüler hatten schon einmal mit einem Camcorder gefilmt, sehr wenige hatten einen eigenen Camcorder zur Verfügung.
Erfahrung mit Schnittprogrammen	Nur zwei Schülerinnen und Schüler hatten Erfahrungen mit Schnittprogrammen.
Einschätzungen der Erfahrung mit der Rezeption von Dokumentationen	Viele Schülerinnen und Schüler schauten im Fernsehen Dokuformate, stellten aber selbst noch keine her.
Einschätzungen von Erfahrung mit Medien im Allgemeinen	Die Schülerinnen und Schüler verwendeten häufig Bücher und sehr häufig das Internet, um für den Unterricht zu recherchieren. Sie schauten ganz unterschiedliche Beiträge im Fernsehen.
Erfahrungen mit Gruppenarbeit	Die Schülerinnen und Schüler verfügten über jahrelange Erfahrungen mit Gruppenarbeit und standen dieser positiv gegenüber.

---

[260] Siehe Anhang: Leitfadeninterviews und erste schriftliche Umfrage.

8.2 Didaktische Planung/Analyse

8.2.1 Unesco-Weltkulturerbestätte Kölner Dom aus didaktischer Sicht

Als Beispielfall wurde hier eine Unterrichtsreihe: „Filmdokumentation Weltkulturerbestätte Kölner Dom" entworfen. Dieses Beispiel wurde aus unterschiedlichen Gründen ausgewählt:

1. Als Gegenstand der Erprobung diverser lern- und unterrichtsmethodischer Herangehensweisen innerhalb der Weltkulturerbepädagogik ermöglicht der Kölner Dom als Lerngegenstand Vergleiche und bietet vielfältige Anregungen, insbesondere weil die Unescopädagogik ihrerseits bereits konstruktivistischen und ästhetisch-spielerischen Orientierungen folgt, die auch in der vorliegenden Unterrichtsreihe aufgegriffen werden.

Als welterbepädagogisches Thema ist der Kölner Dom ein geeignetes Beispiel, um zu zeigen, dass Menschen direkt im Umfeld einer Erbestätte leben, mit ihr leben, um sie herum leben und sich mit ihr auseinandersetzen. Wie von der vorbildlichen Initiative „Denkmal aktiv" der Deutschen Stiftung Denkmalschutz gefordert, spiegeln Denkmale wie der Kölner Dom die Erfahrungen von Menschen „oftmals auf so selbstverständliche Weise, dass wir uns darüber erst bewusst werden, wenn plötzlich etwas verändert oder sogar entfernt wird"[261]. Dies gilt beim Kölner Dom zum Beispiel für das von Gerhard Richter entworfene Kirchenfenster oder den Disput über die weitere städtebauliche Planung Kölns unter Einbezug von Hochhäusern in der Nähe des Doms und die damit verbundenen Unescoauflagen. „Wer die Vergangenheit versteht, kann die Zukunft besser gestalten."

2. Weil der Kölner Dom durch seine Größe und Komplexität Gelegenheit bietet zur systematischen filmischen Auseinandersetzung mit Wirklichkeit und Wirklichkeiten im Sinne einer Inszenierung von Gelerntem und Spontanem (filmische Auseinandersetzung hier auch verstanden als Methode des Erschließens kulturhistorischer Phänomene).

Der Kölner Dom ist einer der zentralen Bauten der Architekturgeschichte. Statt an dieser Stelle den „Inhalt Kölner Dom" zu erläutern, sei auf das Lernmaterial der Schülerinnen und Schüler im entsprechenden Teil der Arbeit verwiesen. Dort werden die Besonderheiten, die Geschichte, die kunsthistorische Bedeutung und der Charakter des Unesco-Weltkulturerbes im Einzelnen genau beschrieben. Dennoch sei gesagt, dass der Kölner Dom ein besonders anschauliches und lebendiges Zeugnis der Kunst- und Kulturgeschichte darstellt, das noch heute im Zentrum einer Millionenstadt existiert.

3. Weil der Kölner Dom verschiedene Formen der Inszenierung und Dramatisierung im Sinne einer Herausarbeitung seiner Bedeutung zulässt. Schülerinnen und Schüler können ihn „begehen", „begreifen", in ihn dringen, durch ihn hindurchgehen.

4. Weil der Weltkulturerbecharakter und die Geschichte des Kölner Doms sich mit filmischen Mitteln im Sinne der Weltkulturerbepädagogik besonders gut erschließen lassen und viele Motive von sich aus dazu geeignet sind, junge Filmer anzuregen.

5. Weil der Kölner Dom als Ort und Raum sowohl eine künstlerische als auch eine dokumentarische Filmproduktion in verschiedenen Differenzierungsgraden ermöglicht (Ausdruck, Reflexion, Deutung, Phantasieentfaltung, Dramaturgie, Präsentation, Schauspiel).

---

[261] Kiesow, Gottfried: Vorwort. In: Denkmal aktiv. Deutsche Stiftung Denkmalschutz, Bonn 2002, S. 2.

6. Weil der Kölner Dom als Weltkulturerbestätte gut untersucht ist und ein großer Fundus an Sekundärinformationen verfügbar ist, der sich zur selbsttätigen Recherche eignet.

7. Weil Weltkulturerbestätten wie der Kölner Dom neben kunsthistorischen Merkmalen wie seiner architektonischen Struktur beim Betrachten und Erkunden auch eigene subjektive Empfindungen und Wahrnehmungsqualitäten wie Raum-, Licht-, Schatten- und Farberlebnisse, Düfte, Klänge und Geräusche sowie vielfältige Assoziationen wachrufen.

Der Kölner Dom gibt den Schülerinnen und Schülern Einblicke in das Leben und Denken der Menschen früher und heute. Durch die Auseinandersetzung mit dem Kulturerbe können die Schülerinnen und Schüler sich selbst mit der greifbaren Vergangenheit auseinandersetzen und den abstrakten Begriff der Gotik oder der Architektur sinnlich erfahren und erkunden. „Jugendliche mit diesem Kulturerbe vertraut zu machen, ist eine Herausforderung für den Schulunterricht und darüber hinaus. Geschichte wird vor Ort lebendig, wenn Schülerinnen und Schüler ihre nähere Umgebung erkunden, die Bedeutung und Besonderheiten von Denkmalen erforschen und mit den Menschen reden, die sie schützen, pflegen oder nutzen."[262]

8. In diesem Sinne eignet sich der Kölner Dom als Gegenstand der subjektiven, intersubjektiven und dokumentarischen Erschließung einer Weltkulturerbestätte und vergleichbaren Inhalten in besonderer Weise.

9. Weil der Kölner Dom in erreichbarer Entfernung von der Schule liegt, mit deren Schülern der Versuch durchgeführt wird.

10. Am Beispiel des Kölner Doms lassen sich konkret geforderte Lehrplaninhalte vermitteln und probate Unterrichtsmethoden anwenden (Oberstufe Grundkurs, hess. Lehrplan Kunst). Die filmische Erschließung des Kölner Doms ist ein Unterrichtsgegenstand, der den Anforderungen des hessischen Lehrplans in Jahrgangsstufe 13 entspricht. Er ist ein Zeugnis von über 500 Jahren Baugeschichte. Das im aktuellen hessischen Lehrplan für diese Phase geforderte Thema Architektur erfährt entsprechend an dem Beispiel des Kölner Doms die erforderliche Würdigung. Die Unterrichtsreihe ist ein Bestandteil des Halbjahreslehrplanes Architektur und deckt mindestens die Behandlung der Gotik und Romanik ab, bietet aber auch Anlässe zur Behandlung früherer und späterer Epochen sowie diverser künstlerischer Genres.

„Die Begegnung mit Denkmalen vor Ort im In- und Ausland und als Welterbe kann jungen Menschen helfen, ihre Lebenswirklichkeit zu verstehen und ihnen eigene Gestaltungsspielräume öffnen. Denn alle Anstrengungen für den Erhalt unserer gewachsenen historischen Umwelt müssen Makulatur bleiben, wenn unsere Kinder sie nicht morgen fortsetzen."[263] Womit sie auch die Fähigkeiten verlieren würden, die Zukunft gestalten zu lernen.

---

[262] Kiesow, Gottfried: Deutsche Stiftung Denkmalschutz, a. a. O., letzte, nicht nummerierte Seite (Rückseite Buchdeckel).

[263] Ebd.

8.2.2 Projekt Kölner Dom: Formulierung von Welterbekompetenzen in Verbindung mit Filmproduktion als Unterrichtsinhalt

Gibt es spezifische WHE-gebundene Fähigkeiten und Fertigkeiten, die im Rahmen des WHE-Unterrichtes hier besonders noch berücksichtigt werden können?

Im Prinzip sehe ich keine zwingend neu zu entwickelnden Kompetenzen. WHE und Kunstpädagogik bieten hier im Prinzip, wie gesehen, ein ausreichendes Angebot. In den vorigen Kapiteln wurden ausreichend Beispiele genannt. Genauer zu definieren ist allerdings der Katalog von Kompetenzen und Lernzielen, die sich aus der Zusammenführung von WHE und Videopodcastproduktion im Unterricht ergeben.

Neben der Aufzählung der Medienkompetenzen einerseits und der oben schon beschriebenen „Welterbekompetenzen" andererseits in einem gemeinsamen Katalog könnte eine Reihe von Kompetenzen in einer didaktischen Analyse bei Projekten wie dem unseren meiner Meinung nach ergänzt werden. Bei näherer Betrachtung sind besondere Schnittstellen erkennbar, die sich in der Konzeption und praktischen Arbeit zwangsläufig ergeben. Stichpunkte, die zu berücksichtigen sind und gesondert genannt werden können, sind beispielsweise:

Die spezielle filmische Arbeit an besonderen Orten. Welche Verhaltensregeln sind zu beachten, wie kann ungestört gearbeitet werden, ohne zu stören. Wird eine besondere Sensibilität erforderlich durch das filmische Arbeiten an Erbestätten? Gibt es Regeln und Vorkehrungen, die zu beachten sind? So gelte es, im Sinne einer Kompetenzorientierung hier eine besondere Sensibilität und besondere Sorgfalt bei den Vorbereitungen an den Tag zu legen.

Der mediale Transport von kulturellen Botschaften der Erbestätten, die optisch vielleicht nicht sichtbar sind, verlangt u. U. die Fähigkeit, gleichzeitig das Erspüren von Besonderheiten, das Wissen um den Sinn einer Stätte und die Vorstellung von Vermittlungswegen im Bewusstsein zu halten.

Die Ausschnittswahl beim Filmen von Welterbestätten könnte besondere Fähigkeiten erfordern, aus der großen Fülle dasjenige herauszufiltern, das besonders aussagekräftig erscheint.

Spielt die Fähigkeit zur Zusammenarbeit eine besondere Rolle bei der Filmarbeit, wo die Akteure eng aufeinander angewiesen sind?

Worin könnten sich diese Fähigkeiten zeigen, wie evaluieren lassen?

Letztlich ist das Vorhandensein dieser Fähigkeiten in den entstehenden Produktionen zu entschlüsseln. Durch die Anwendung von Indikatoren und Einschätzungen unterstützt durch Befragungen können wir uns in der späteren Analyse der Filme zu orientieren versuchen, wie dies in dieser Arbeit vorgeschlagen wird.

Andere Aspekte WHE-typischer Fähigkeiten könnten nach der Analyse hinzukommen.

Ansonsten werden als Begutachtungshilfen für die Produktionen in diesem Projekt die bislang schon in den anderen Kapiteln genannten Medienspezifischen und WHE-spezifischen Fähigkeiten und Fertigkeiten verwendet.

Um grundlegende Evaluationskategorien im unterrichtlichen Prozess zu erfassen, können hier unterschiedliche Fähigkeiten formuliert werden, die als Kompetenzen verstanden werden können:

Beispiele für besondere welterbepädagogische Fähigkeiten in Welterbe-Filmprojekten

- Wahrnehmenkönnen von Besonderheiten eines Ortes (z. B. Atmosphäre, Mystik, Befremdlichkeit) – sensibel sein für Handlungen in anderen Kulturräumen und Kulturzeiten (Sitten, Gebräuche, künstlerische Aktivitäten).

- Erforschenkönnen solcher Charakteristika eines Ortes – Interesse an Hintergründen selbsttätig verfolgen können (nachfragen, recherchieren, Feldforschung, Spurensuche).

- Soziale Kompetenz sinnvoll in ein Projekt einbringen können.

- Angemessenes Verhalten vor Ort an den Tag legen (z. B. einfühlsamen Respekt oder Begeisterung gegenüber Personen und Orten zeigen) – Kulturverständnis aufbringen können (z. B. Kenntnisse der eigenen Kultur und deren Ursprung in Bezug zu anderem setzen, interkulturelle Bezüge herstellen, aufdecken).

- Verstehen und Reflektieren der Qualitäten eines Ortes in übergeordneten Kontexten bzw. Einbetten von Welterbeerfahrungen und Wissen in einen bestimmten Kontext im Sinne regionalen Handelns und globalen Denkens.

- Eigenes förderliches Mitgestalten von Lernsituationen erzeugen können.

- Mediale Ausdruckswege entdecken können, formulieren, präsentieren, vorführen, inszenieren von Erfahrenem/Gelerntem.

- Kunsthistorische, kulturelle Merkmale, dahinter liegendes Verständnis identifizieren können – in der Lage sein, solche Inhalte/Erfahrungen effizient einzusortieren, für sich bewerten und effizient verwenden zu können, um sie dann induktiv/deduktiv[264] medial vermitteln zu können.

8.3 Projekt Kölner Dom: methodische Planung

8.3.1 Gruppenarbeit in einer Lernumgebung als differenziert fördernde Methode für unterrichtliche Welterbefilmprojekte am vorliegenden Beispiel

Einig sind sich die bei der positiven Bewertung des Begriffes der Methodenkompetenz genannten Autoren[265] in der Beurteilung von Gruppenarbeit und Projektarbeit hinsichtlich ihrer Eignung als Methoden zur unterrichtlichen Vermittlung der Aneignung von „Medienkompetenz". Dies gilt auch für Filmprojekte.[266]

---

[264] Gemeint ist hier die Fähigkeit, am speziellen Fall das Allgemeine im Sinne eines Pars pro Toto aufleuchten zu lassen bzw. der umgekehrte Fall, in welchem von einem allgemeinen Fall aus etwas Besonderes betrachtet wird.

[265] Z. B. Schorb, Tulodzieki, Balz, Bachmair, a. a. O. bzw. im Kapitel über Medienkompetenz dieser Arbeit.

[266] Weiteres s. o. im Kapitel über Medienkompetenz im Grundlagenkapitel dieser Arbeit.

So wird auch für die hier vorgestellte Unterrichtsreihe die Gruppenarbeit als Sozialform[267] gewählt. Auch den Schülerinnen und Schülern schien dies nach allen Erhebungen im Zusammenhang mit dieser Unterrichtsreihe wichtig zu sein. Dennoch wurde in der späteren Evaluation zumindest auch kritisch überprüft, ob im subjektiven Empfinden der Probanden die Gruppenarbeit ebenfalls als das „Mittel der Wahl" standhält.

Die Gruppenarbeit bietet sich schon wegen der inhärenten Gruppendynamik im filmischen Prozess an, die im schulischen Zusammenhang die Zusammenarbeit und Koordination mehrerer Akteure erfordert. Das gruppendynamische Potential spiegelt sich in der Filmbranche wider, wo eine Vielzahl von Berufsbildern, wie z. B. Cutter/in, Regisseur/in, Produzent/in, Spezial-Effects-team, Kameraleute etc. eng miteinander kooperieren.

Das Arbeiten in Gruppen bietet also beim Filmen im Besonderen die Vorteile, die Kooperationen im Allgemeinen besitzen, wie gegenseitiges Unterstützen, Ergänzen, Helfen, füreinander Einspringen, Differenzieren, Diskutieren. Diese Stichworte tauchen außerdem bereits in oben formulierten Kompetenzen und „Lernzielen" auf. Der Vorteil der Methode liegt außerdem in der höheren Aktivität der Schülerinnen und Schüler[268].

Darüber hinaus besteht eine pädagogische Eigenschaft der Gruppenarbeit darin, dass sie den Schülerinnen und Schülern die Möglichkeit der individuellen Ausprägung ihrer Fähigkeiten innerhalb der Gruppen erlaubt. Jedes Mitglied eines Teams besitzt theoretisch die Möglichkeit, eigenes Wissen und eigene Fähigkeiten mit einzubringen und dadurch bestimmte Leistungen für die Gruppe nutzbar zu machen.[269] Im Idealfall könnte hier eine Kooperation entstehen, bei der jeder die Vorteile, die er für das Team mitbringt, in optimaler Weise einzubringen versteht. Daraus sollte folgen, dass sich die Schülerinnen und Schüler ergänzen, sich gewürdigt fühlen, ihr Selbstbewusstsein stärken und auch die Leistungen anderer zu würdigen und einzuordnen im Stande sind. Schwierigkeiten würden entstehen, wenn sich eine Art hierarchische Gruppenarbeit herauschälte, bei der einige Gruppenmitglieder nicht zum Zuge kommen, da Einzelne die Gruppe zu stark anführen wollen.

Bei der Bewertung der gemeinsamen Gruppenleistung ist zu beachten, dass es jeweils Individuen sind, die als Träger der Kreativität die Basis einer Gruppe bilden. Also müssen Bildungskonzepte der qualifizierten Arbeit in Gruppen nicht nur kontinuierliche Kompetenzentwicklungen für die Gruppe beinhalten, sondern individuelle Entwicklungsmöglichkeiten ebenfalls mit aufnehmen. Die Arbeit in selbsttätigen Gruppen bedingt eine dazu geeignete Lernumgebung.

---

[267] Gruppenarbeit hier als Teil des Gruppenunterrichts. Mit Phasen: Arbeitsauftrag mit Verständnissicherung – Gruppenarbeit – Auswertung. Vgl. Meyer, Hilbert: Unterrichtsmethoden. Theorie- und Praxisband. Scriptor Verlag, Frankfurt am Main 1987, S. 242 ff., S. 256 ff.

[268] Gruppenarbeit hier als Teil des Gruppenunterrichts. Mit Phasen: Arbeitsauftrag mit Verständnissicherung – Gruppenarbeit – Auswertung. Vgl. Meyer, Hilbert: Unterrichtsmethoden. Theorie- und Praxisband. Scriptor Verlag, Frankfurt am Main 1987, S. 242 ff., S. 256 ff.

[269] Ebd.

8.4 Beschreibung von Lernumgebung und Materialpool

Den Schülern steht von Anfang an eine Lernumgebung zur Verfügung, die sie anregen soll, möglichst selbstständig zu planen und zu handeln. Sie setzt sich aus mehreren Elementen zusammen.

8.4.1 Räumliche Bedingungen

Die Ausstattung des Computerraumes umfasst 17 Arbeitsplätze mit Rechnern mit Prozessoren nicht unter der Qualität von Pentium 4 und mit mindestens 512 MB Arbeitsspeicher (DDRII Ram), Monitore, einen Beamer, Lautsprecher, Mikrofon. Die Rechner sind über einen Server miteinander vernetzt. Sie sind in U-Form an den Wänden und in der Mitte als Block verteilt. Im vorderen Bereich ist ein Lehrer PC installiert. Die PCs sind standardmäßig mit PC-Wächterkarten versehen.

Die Rechner verfügen über Windows XP und über das Schnittprogramm „Windows Movie Maker". Weitere Schnittprogramme auf den Rechnern sind Magix Video de luxe 2007 Schulversion und Premiere LE in der Version von 2006. Der für das Filmprojekt freie Speicher betrug zu Anfang 150 GB.

Dieser Kunstcomputerraum ist daher zum Filmschnitt technisch geeignet. Außerdem hat der Raum eine angenehme, helle Atmosphäre, große Fenster mit viel Vegetation – man könnte ihn als gemütlich bezeichnen. Es befinden sich in diesem Raum circa 30 Stühle.

8.4.2 Offlinerecherchepool

Der vorgefertigte Recherchepool auf neun Din-A4-Seiten stellt das Resultat einer Vorabsuche im Internet durch die Lehrkraft dar. Aufgefunden wurden Seiten und Texte mit Bildern, die sich für die Recherchetätigkeit eignen und zum Inhalt die Unesco und den Kölner Dom haben. Durch den Recherchepool sollten unterschiedliche Wirkungen erzielt werden:

Zeitersparnis bei der eigenen Recherche der Schülerinnen und Schüler, Ermöglichung einer ersten Orientierung über das Thema, Absicherung der Stunde, in welcher eigene Internetrecherchen vorgesehen sind (die sonst alleine von dem manchmal defekten Internetserver abhängig wären) und Hausaufgaben zur Recherche, falls ein Internetzugang zwischenzeitlich z. B. durch Netzwerkausfall o. Ä. nicht erreichbar sein sollte.

8.4.3 Onlinerecherchepool

Ein speziell gestalteter Onlinemedienpool auf www.kunstundcomputer.de[270] soll den Schülerinnen und Schülern die Möglichkeit geben, auch zu Hause oder wenn ihnen die Projektthemen und Recherchepool-Papiere vielleicht einmal nicht zur Verfügung stehen, auf die Projektthemen sowie Recherche- und sonstigen Materialien zurückzugreifen[271]. Er besteht hauptsächlich aus

---

[270] Eine im Rahmen des Telekomprojektes an der in unserem Beispiel relevanten Unescoprojektschule hergestellte Plattform für Schüler und Lehrkräfte. Die Unterrichtsmaterialien sind im Appendix zu finden.

[271] Dies stand während des Unterrichtsvorhabens online und ist identisch mit den gedruckten Materialien, die den Schülern als Handout ausgegeben wurden (siehe Anhang).

von mir als Ergebnis einer vorbereitenden Internetrecherche zusammengestellten Texten zu den Inhalten:

- Aspekte des Welterbes
- Geschichte des Kölner Doms
- Besonderheiten des Kölner Doms
- Selbstverständnis der Unesco
- dazu Texte und Bilder

Auf die Einbindung interaktiver Anwendungen des Internets musste mangels Zeit (Aufwand) verzichtet werden, jedoch ist hier ein zusätzliches Feld denkbar und wünschenswert, bei dem die Schülerinnen und Schüler zum Beispiel direkt rückmelden, mitplanen, Stellung nehmen und weitere Vorschläge äußern können. Umfragen, Blogs, Chatrooms, schließlich Videoblogs (Vlogs) ließen sich in Zukunft online erstellen.

8.4.4 Handout („Theoretischer Handwerkspool")

Der Handwerkspool wird mit dem gedruckten Handout ebenfalls ausgeteilt und gleichzeitig online gestellt. Er unterscheidet sich dadurch, dass er keine inhaltlichen Themen berührt, sondern sich als Teil der Lernumgebung auf das praktische Tun[272] konzentriert. So soll den Schülerinnen und Schülern die Möglichkeit gegeben werden, wann immer sie wollen schon erste Schritte in Richtung Verständnis für filmische Prinzipien zu machen und die ersten praktischen Tipps zu verinnerlichen. Später dienen diese Pools zur Absicherung und Erinnerung.

Auch die Projektaufträge werden auf die eben beschriebene Verbreitungsart zur Verfügung gestellt und können ständig eingesehen werden. Sie sind formuliert und begründet.

Die Systematik der Gruppenarbeit und deren „freiwillige Selbstkontrolle der Gruppen" sind gleichermaßen für die Mitglieder der Gruppen veröffentlicht.

Die technischen Geräte und die technische Lernumgebung sind ebenfalls dargestellt, um auch hier den Schülerinnen und Schülern die Möglichkeit der Vorbereitung „nach ihrer Fasson" zu ermöglichen.

Allgemein sind alle Materialien in den „Pools" so aufgebaut, dass die Schülerinnen und Schüler vollkommen selbstständig arbeiten können sollten. Dennoch wird nicht ernsthaft damit gerechnet, dass nicht auch einige Rückfragen kommen und die Unsicherheit der Schülerinnen und Schüler auch bei Fragen, die ganz genau im Onlinepool beschrieben sind, auftauchen wird.

So ist zu erwarten, dass die Schülerinnen und Schüler aufgrund der Aufgabenstellungen Vorstellungen bilden werden, die sie, um sich abzusichern, bestimmt abgleichen wollen (mit den „Vorstellungen" des Lehrers).

---

[272] Also das filmische Umsetzen.

8.4.5 Projekt Kölner Dom: Zielorientierung in Gruppenarbeit

Sowohl in Lehrer-Schüler-Gesprächen wie in Gruppenarbeit[273], individuellem Einzelgespräch und Präsentation werden während der Unterrichtsreihendurchführung zur Klärung und Präzisierung von Vorstellungen spontane reaktive und initiierende Gespräche geführt.

Auch gruppenübergreifende Gespräche zwischen einzelnen Gruppen sind vorgesehen, um als Etappen eine Orientierung auf dem Weg zum Ziel zu ermöglichen.

Fixierung von Zwischenergebnissen

Zwischenstände der Arbeit werden immer wieder von einzelnen Gruppen sowie Schülerinnen und Schülern vorgestellt und miteinander ausgetauscht.

Realisieren des jeweiligen Status quo der eigenen und fremden Vorhaben

Im Rahmen dieses Austausches sollen sich die Schülerinnen und Schüler ihrer Vorhaben bewusst werden und sich mit den Vorstellungen der anderen befassen. Die Lernsituation wird gruppenübergreifend kooperativ angelegt.

Im Sinne einer Selbstvergewisserung sollen die Schülerinnen und Schüler Gespräche in der Gruppe und im ganzen Kurs führen. Ganz am Anfang sollen allerdings die Schülerinnen und Schüler zunächst nur in ihrer Gruppe arbeiten, um gleich zu Beginn auf unterschiedliche Ideen zu kommen, damit sie im späteren zusammenfassenden Gespräch ein großes Spektrum an Möglichkeiten bieten können und nicht einer vom anderen einfach „abschaut".

Medieneinsatz

- Tafelanschrieb für das spontane Festhalten gemeinsamer Gesprächsergebnisse
- Beamereinsatz zur Verfügbarmachung optischer Daten und deren Besprechung sowie zur Präsentation von Ergebnissen und Teilergebnissen, zum Zeigen von Suchergebnissen (Internet, Google Earth etc.)
- Ausdrucke, Skizzenblätter, Texte, Zeichnungen
- Ordnererstellung zur besseren Übersicht und Sammlung von Zwischendaten
- Drehbuchpräsentationen zur übersichtlichen Darstellung von Zwischenergebnissen bei den Drehbüchern
- Computerarbeitsplatzarbeit zur Erstellung von Produktionen wie: Präsentationen, geschnittenen Filmen, Kameraeinsatz und Vorführung, Podcastanalyse

8.4.6 Praktischer Handwerkspool[274]

Im praktischen Handwerkspool befinden sich ein Motivsucher, eine Filmregieklappe, Kopfhörer, einige Mikrophone, Camcorder, Stative, DV-Bänder sowie Koffer für Filmutensilien.

---

[273] Überwiegend in Gruppenarbeit.
[274] Siehe Appendix.

8.4.7 Projektaufträge

Die Schülerinnen und Schüler erhalten neben der mündlichen Vorstellung und Erörterung am Anfang des Projektes mit den Materialien im Handout auch in schriftlicher Form die Projektaufträge, in welchen das Thema vorgestellt wird (Anhang).

9. Ergebnisse des Unterrichtsprozesses

9.1 Analyse unterschiedlicher Filmbeispiele
9.1.1 Projekt Kölner Dom: Bebilderte Transkription/Deskription: Filmbeispiel 1

Als spezifische Evaluationsmaßnahme wurde in dieser Arbeit neben den Befragungen von Personen auch die „Befragung" der entstandenen Produktionen durchgeführt. Zunächst wurden dazu die einzelnen Produktionen mit Hilfe von Indikatoren untersucht. Die Handlungselemente der Produktionen wurden hier wie folgt transkribiert:

Zu Anfang des Films sehen wir eine Aufnahme des Kölner Doms vom Ausgang Bahnhof gefilmt (Horizontalschwenk aus Unterperspektive).
Dem Bild wird das Logo der Unesco durch eine weiche Überblendung hinzugefügt. Zusätzlich wurde im Schriftgenerator „spezial" hinzugefügt:
Musik: untermalendes romantisches Klavier

Als nächstes Bild sehen wir einen einzelnen Wasserspeier in Großaufnahme mit der folgenden Einblendung „Der Kölner Dom" in „antik" anmutender Schrift.
Musik: untermalendes Klavier

Das nächste Bild zeigt einen Aufzieher vom Dom auf den Reporter, der die Anmoderation durchführt.
O-Ton Reporter: „Guten Tag meine Damen und Herren, willkommen bei Unesco Spezial, der Sendung über die Kulturschätze unserer Erde ..."
„... Unser Thema heute ist der Kölner Dom und seine Bedeutung für die Menschen."

Aus einer Schwarzblende heraus folgt ein weiterer Aufzieher von der Stelle des Himmels, welche sich aus Sicht der Kamera zwischen den beiden Domtürmen befindet. Wir sehen als Endbild die beiden Haupttürme in den oberen zwei Dritteln aus der Untersichtsperspektive.
Musikwechsel Orgelmusik (Buxtehude)
Offsprecher: „Der Kölner Dom"

Sodann folgt eine weiche Blende auf eine Aufnahme der Eisenbahnbrücke mit dahinter liegender Stadt am Fluss, die sich am Horizont in leichtem Dunst aufzulösen scheint. Im Vordergrund befindet sich das Goldene Kreuz hinter dem Vierungsturm, von welchem aus diese Aufnahme gemacht worden ist. Es folgt ein Zoom auf das goldene Kreuz, dann eine Überblendung auf eine Fiale in Nahaufnahme mit der anderen Seite der Stadt Köln im Hintergrund. „... Wahrzeichen der Stadt und populärste Sehenswürdigkeit Deutschlands ..."

Ein weiterer Schnitt zeigt als Nächstes das Bild eines Kölner Hochhauses, der Horizont ist angeschrägt (dynamisch), und einer der Domtürme ist auf der linken Seite am Rand des Bildes zu etwa einem Drittel erkennbar. Es folgt ein Schwenk auf den Domturm nach links. „Er prägt das Stadtbild Kölns wie kein anderes Gebäude ..."

Dann eine weiche Blende auf den Dom wieder von unten, von der Bahnhofsseite aus gesehen in einer Art Halbnahaufnahme mit anschließendem Schwenk nach oben auf die durch die Nähe sehr mächtig wirkenden Türme des Doms, die sich schwarz vor dem sehr hellen Himmel abheben. Hinter dem Turm wehen die Wolken vorbei. „... und ist mit seinen 157 Metern die dritthöchste Kathedrale der Welt."

Ein Schnitt führt uns in den Kölner Dom. Wir bekommen in einer Kamerafahrt (Kameralauf) das Mosaik auf dem Boden des Innendoms zu sehen.
Darauf folgt ein Schnitt und wir sehen das Hauptschiff in voller Länge. Unten sind die oberen Enden der Bänke zu sehen und im oberen Teil bis zu den Diensten und den oberen Fenstern des Chores der Dominnenraum.
Noch Musik (Orgel)

Touristen und Gläubige laufen durch das Bild.
Ein Schwenk nach oben (vertikal) schließt sich an und zeigt uns als Endbild das Kreuzrippengewölbe mit Teilen der Orgel. „Nach über 600 Jahren Bauzeit wurde er 1880 fertig gestellt."

Wieder folgt ein vertikaler Außenschwenk, der die hohen Türme und ein Gerüst thematisiert.

Danach geht es wieder in den Dom hinein und wir sehen den Schrein mit den Gebeinen der Heiligen Drei Könige im Dom im Bildschwerpunkt golden leuchten.
„Als herausragend gilt der größte Reliquienschrein des Abendlandes …"

Es schließt sich eine halbnahe Aufnahme vom Schrein an, auf welcher deutlich Einzelheiten des Schreins zu sehen sind. „… welcher die Gebeine der Heiligen Drei Könige birgt."

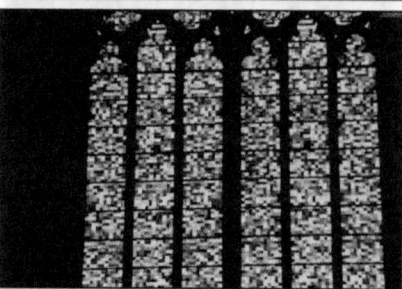

Nach einem weiteren Schnitt erkennen wir das Kirchenfenster, das Gerhard Richter in dem Dom installiert hat. Es wird uns als Aufzieher präsentiert. „Am 25. August 2007 wurde das von dem Maler Gerhard Richter entworfene Fenster im Südquerhaus eingeweiht."

Danach setzt sich die Bewegung des Aufziehers in einem weiteren fort, der eine Außen-Nahaufnahme von Strebebögen, Fialen, Gesprenge und dahinter liegendem Himmel zeigt. „Als Meisterwerk gotischer Baukunst wurde der Dom 1996 von der Unesco zum Weltkulturerbe erklärt."

Der Aufzieher steigert seine Geschwindigkeit leicht und zeigt als Endbild den Chor des Dombaus von außen. Das Bild ist linkslastig, diagonal aufgebaut und oben rechts sehr hell, während der Chor schräg links liegend sehr dunkel erscheint.
Bevor die Aufnahme nach links ausgeschwenkt wird, steht die Aufnahme zwei Sekunden. Dann folgt eine Schwarzblende.

TEIL II (a) DER KÖLNER DOM UND DIE MENSCHEN
Hauptportal des Doms. Es wird vertikal von oben herunter geschwenkt und als Endbild bleibt die obere Hälfte des Domportals fast stehen. Bevor die Kamera ganz zum Stehen gelangt, wird eine Schwarzblende eingefügt. Schon drei Sekunden vorher wird ein Schrifteinblender gesetzt: „Der Dialog"
Off: „Was gefällt Ihnen am Kölner Dom?"

Anfangsbild des zweiten Teils ist eine „Marktfrau", die am Heilsarmeestand am Fuße des Doms steht und ein Mikrofon in der Hand hält. Das Bild ist eine Nahaufnahme (2.16).
Die gesprächige Interviewpartnerin äußert sich sehr persönlich und eingehend zum Kölner Dom und zu den Fragen der Interviewer.

Harter Schnitt auf neuen Interviewpartner (junger Mann 2.30). Ohne Offtext oder eine hörbare zusätzliche Frage gestellt zu bekommen, nimmt er Stellung.

Danach ebenfalls ein harter Schnitt auf zwei Mädchen, die die Bedeutung des Kölner Doms aus ihrer Sicht schildern. Bildhintergrund ist der Domvorplatz wie auch beim Interview vorher (2,46).

Ab 2,50 wird in ein Interview mit einem älteren Herrn geblendet (harter Schnitt). Er hat eine Kappe auf und wird ziemlich nah (nur Kopf und Schulterpartie) vor dem Kölner Dom gezeigt. Teils sind die gestikulierenden Hände im Vordergrund.
Später stimmt er ein Lied an, was zur Hälfte gezeigt wird.
Es erfolgt wieder ein Schnitt auf den schon vorher gezeigten jungen Mann: Ihn fragt die Offtextstimme nach der Bedeutung des Doms für die Stadt Köln (als Offtext übergelegt). Schnitt auf die Heilsarmeefrau.

Sodann kommt eine Frau ins Spiel, die laut eigener Aussage regelmäßig in den Dom geht und auch gerade aus dem Dom gekommen ist. Direkt danach singt der ältere Herr weiter.

Daraufhin erfolgt wieder durch einen harten Schnitt der Blick auf einen anderen, vornehm wirkenden Mann mit Domtor auf der rechten Seite im Hintergrund.

Sodann folgt ein jugendlich wirkender Mann mit Halstätowierung vor einer anderen Szenerie am Domvorplatz, wobei hier der Interviewer mit im Bild zu sehen ist – links – die beiden haben Blickkontakt.

TEIL II b: KIRCHENFENSTER-DISKURS

In diesem Teil ist anfangs eine Frau zu sehen (und zu hören), die sich für das neue Kirchenfenster ausspricht. Als Entgegnung wird der ältere Herr von vorher mit seinen Kommentaren eingeblendet, wodurch ein indirekter Diskurs zwischen den beiden beginnt.

ABMODERATION

Das Ende des Berichtes wird durch den Kommentator (Reporter) eingeleitet. Diese Szene wurde in Frankfurt nachgedreht und bildet die Abmoderationsszene. O-Ton Reporter: „Wie wir sehen, ist der Kölner Dom nach wie vor eines der bedeutendsten Wahrzeichen des Abendlandes. Für manche Menschen ist er ein Ort der Ruhe oder der Besinnung, für manch anderen auch ein Ort der Inspiration. Hiermit verabschiede ich mich aus Köln und bis zur nächsten Ausgabe von „Unesco Spezial".

ABSPANN

Danach kommt noch ein längerer Abspann mit schönen Bildern von Details des Doms und den Nennungen der Akteure bzw. des Teams.

9.1.2 Projekt Kölner Dom: Bebilderte Transkription/Deskription Filmbeispiel 2: „Der Kölner Dom" (4,11 min)

Die Bilder wurden bei dieser Transkription teils besonders groß dargestellt. Diese Entscheidung wurde gefällt, um der besonderen Bedeutung der Bildausschnittwahl als Charakteristikum dieser Produktion Rechnung zu tragen.

Offtext:
„Die riesige katholische Kathedrale, welche mitten in Köln liegt, ist heute die drittgrößte der Welt und das bedeutsamste deutsche Bauwerk des Weltkulturerbes der Unesco."
Die ausgewählten Bilder zeigen Ausschnitte des Doms, die Schülerinnen und Schüler haben mit dem „Motivsucher" gearbeitet. Die Bilder sind im Bildrechteck gut „verspannt". Am Anfang ist ab und zu sehen, dass die Schülerinnen und Schüler sensibel Vorder- und Hintergrund austarieren. Zu diesbezüglichen „Schärfe-Unschärfespielen" kommt es dabei nicht.

„Mit ihren unglaublichen 157 Metern Höhe war die Kathedrale bei ihrer Fertigstellung 1880 bis zum Jahre 1884 das höchste Gebäude überhaupt und überragte trotz ihrer mittelalterlichen Bauweise alle anderen."
Wieder wird von einem Vordergrundmotiv (Bierplakat/Moderne) auf den Hintergrund (Dom/Historie) geleitet – Horizontalschwenk. Dies evoziert einen historisierenden Effekt, wodurch sich an dieser Stelle ein Text-Bild-Bezug ergibt.

„Dieser Kurzfilm möchte Ihnen einen Einblick über die beeindruckendste Sehenswürdigkeit vermitteln (sic), die Deutschland zu bieten hat."
Vertikalschwenk auf Türme (Wohl versehentlich kurz Kopf links im Bild).
Fluchtpunktmäßige Untersicht auf die Spitze des Portals.

„Der Bau des Kölner Doms begann 1248, nachdem die Reliquien der Heiligen Drei Könige durch Erzbischof Rainald von Dassel 1164 als Geschenk Kaiser Friedrichs I an seinen Reichskanzler aus den Kreuzzügen von Mailand nach Köln gebracht worden waren."
Hierzu wird das figurative Domportal in zwei Überblendungsschritten hinein geschwenkt (horizontal).
Am Ende des sehr langen Schwenks bewegt sich dieser noch oben und zeigt ein imposantes Bild.

„Aufgrund dieser für die Kirche sehr bedeutsamen und außergewöhnlichen Objekte begann für Köln eine Epoche der Wallfahrten und des Pilgeransturms im Zentrum Deutschlands."

Interessanter Schwenk: erst seitlich nach links, dann nach oben auf der Kuppelunterseite endend und sich drehend.

Der beschriebene Schwenk hat noch kein Ende gefunden und geht weiter, um wieder von oben nach unten auf den Rhein und das Stadtbild zu sinken. Ein sehr langer, ungewöhnlicher und schöner Schwenk.

„Für diese Massen musste ein bisher noch nie vorstellbares Gebäude errichtet werden (sic), welches angemessen für die so kostbaren Inhalte war."

Dann erscheint ein sehr schönes Bild, welches durch die „vegetative Knorpelgotik" der Mauern des Vierungsturmes hindurch den mittleren Teil des rechten Turmes zeigt.

„Der 878 n. Chr. am gleichen Platz erbaute kleine Dom musste ersetzt werden. 1248 n. Chr. versuchte man mit Hilfe des Brandabbruchs gezielte Teile des Doms abzureißen, doch das Feuer breitete sich blitzschnell aus und verschlang den alten Dom beinahe vollständig."

„Dies war der Beginn des heute noch existierenden Kölner Doms im gotischen Stil."
Hier ist eine gewagte (gelungene) Aufnahme mit einer Art halsbrecherischen Perspektive von oben auf die Fialen der Nordseite zu sehen. Sehr dynamisch und packend.

Schwenk von rechts nach links über die Dom-Nordseite (ausgehend von einem Blick in die Fialen nach unten wird nach oben auf Horizonthöhe über den Hauptbahnhof gefilmt).

„Der Bau begann im gleichen Jahr am 15. August unter Anleitung des Dombaumeisters Gerhard von Rite."

Halbtotale auf Seitenschiffdach.
„Das Werk gilt ohne Zweifel als Meisterwerk der gotischen Architektur. Der Spitzbogen, das Hauptkennzeichen dieser Architektur, war in Persien und Ägypten schon seit Jahrhunderten bekannt, ebenso Blattverzierungen, Maßwerk und Kreuzrippen."

„Strebefeiler stabilisierten die Außenmauern.
Erstmals konnten große Glasfenster eingesetzt werden."
Es ist eine weitere Einstellung zu sehen, die direkt mit dem Text zusammenhängt.
Außerdem fällt wieder auf (Kerzenbild-Einstellung und alle sieben Bilder drumherum), dass sehr dynamische und ganz ungewöhnliche Perspektiven gesehen und gefilmt wurden.
Motiv des Dombodens, bei der der Camcorder auf dem Boden postiert wurde, um die Raumwirkung zu erhöhen und den Boden sinnlich erfahrbar zu machen.

„Insgesamt entstand im Inneren der Eindruck gigantischer, lichtdurchfluteter Hallen, die sich scheinbar bis in den Himmel hinein fortsetzten."

„Wer diese Kathedrale betrat, sollte sich fühlen, als habe er die Pforte zum Paradies überschritten, als sei das himmlische Jerusalem nahe."

„Die erste Glocke, die Dreikönigenglocke, wurde 1418 eingeweiht. Ende des 15. Jahrhunderts wurde das Geld für die Finanzierung jedoch immer knapper und das Interesse an der Fertigstellung der Kathedrale ließ mehr und mehr nach bis 1510 das Domkapitel, welches für die Finanzierung des Doms zuständig war, die Mittel zum Weiterbau einstellte.

Mit einem riesigen Kran auf dem unvollendeten Südturm stand der Kölner Dom anschließend über 300 Jahre, ohne dass auch nur eine Hand angelegt wurde, mitten in der Stadt.

Die zunehmende Nationalbewegung, welche unter der Napoleonischen Besatzung litt, und die Begeisterung der Romantiker am Mittelalter und dessen Bezug zu Gott rückten den Kölner Dom erst zu Beginn des 19. Jahrhunderts als Symbol deutscher Geschichte wieder mehr in den Mittelpunkt des öffentlichen Interesses."
An dieser Stelle sieht man nun Fenster aus der Zeit des Historismus. Es stellt sich hier ein dichter Kommentarbildbezug her.

Weiter geht es mit einer Innenaufnahme mit Lettner und Schrein im Hintergrund.

„Mit Hilfe neuerer Eisenkonstruktionen konnte auch das Dach Mitte des 18. Jahrhunderts fertig gestellt werden."
Auch hier der Versuch eines dichten (quasi sinnlichen, weil metallenen) Text-Bild-Bezuges durch das Zeigen eines gusseisernen Teiles.

„Erst nach 600 Jahren wurde das Werk schließlich getreu den Plänen der Kölner Dombaumeister 1880 abgeschlossen."

Endbild mit digitalem Filter verfremdet (Solarizer)
Abspann

9.2 Dokumentarfilmanalyse der Filmbeispiele (Basis 4)

9.2.1 Beispiel: „Unesco SPEZIAL" (6,21 min)

Die Methodik der folgenden Analyse filmischer Unterrichtsergebnisse stützt sich auf die Idee der Aufsplitterung der filmischen Äußerungen in filmische Gestaltungsebenen, die der Übersichtlichkeit halber zunächst getrennt voneinander beobachtet werden. Zwei Beispiele wurden im Sinne einer solchen Analyse einer genaueren Überprüfung unterzogen, um das Prinzip zu zeigen. Die inhaltliche Bewertung findet darüber hinaus aufgrund des Vorhandenseins von Nachweisen für die genannten WHE- respektive „Medienkompetenzen" statt. Diese Art der Analyse als Basis für eine Bewertung schließt nicht alle möglichen Parameter mit ein, eignet sich jedoch meiner Auffassung nach für die Arbeit an der Schule, da sie Rückschlüsse auf Gestaltungsmaßnahmen und Fähigkeiten der Schülerinnen und Schüler zulässt, dabei aber nicht so ausufernd wird, dass dies für die Schularbeit zu umfangreich und dadurch unpraktikabel wird.

Mir ist auch an dieser Stelle bewusst, dass für eine zukünftige filmische Arbeit im Unterricht in anderen Zusammenhängen auch andere Systeme ihre Berechtigung finden.

Die Erläuterung des ersten besprochenen, in sich sehr differenzierten Filmbeispieles nimmt im Sinne eines Pars pro Toto mehr Raum ein als das zweite Filmbeispiel, da es hier um die Darstellung der Methode geht. Beim ersten Beispiel soll etwas detaillierter gezeigt werden, auf welche Weise ein welterbeunterrichtlich entstandener Film analysiert wird, um die in der vorliegenden Schrift genannten Zielsetzungen beispielhaft zu überprüfen. Der zweite, weniger differenzierte Film dient als Kontrastbeispiel. Nicht besprochen werden aus Platzgründen die anderen Filmprodukte, darunter ein zweiter Film der überaus produktiven Gruppe 1, die das Filmbeispiel 1 gedreht hat. Es handelt sich um die zusätzlich produzierte Variante eines Mafia-Spielfilms rund um den Dom[275]. Interessant ist schon allein die Tatsache, dass einige Gruppen die Zeit gefunden haben, jeweils noch einen zweiten Film zu drehen. Dies zeigt, dass die Schülerinnen und Schüler mit dem Thema teils wohl schon souveräner umgehen konnten als vorher angenommen.

9.2.1.1 Kameraeinstellungen und Bildkomposition

Die klassischen Kameraeinstellungen und Bewegungen[276] wurden in einer Weise eingesetzt, die Spezielles an dem Welterbe und an den Menschen, die mit ihm leben, zu zeigen vermag. Mancher Zoom erscheint vielleicht etwas zu schnell aufgezogen oder rangefahren, was aber nicht zuletzt an der technischen Unzulänglichkeit der Camcorder, die nicht über einen „langsamen Zoom", wie er als Hinführung an Interviewpartner eingesetzt werden könnte, verfügen, und/ oder der unausgebildeten Motorik des Einzelnen gelegen haben dürfte.

Die Bilder im ersten Teil zeigen uns den Kölner Dom aus wechselnden Perspektiven. Stets sind die Schülerinnen und Schüler darum bemüht, die Bilder zu dynamisieren, indem sie entweder den Horizont schräg legen, die Bildhälften asymmetrisch aufteilen oder Kamerabewegungen

---

[275] Über diese Arbeit hinaus, die sich um das Genre der Dokumentationen konzentriert, wäre eine weitere Studie über die Einsatzmöglichkeiten des Spielfilmpodcastings sowie des Trickfilmpodcastings sehr interessant. Der „Mafia-Streifen" zeigt vielfältige Ansätze für ganz andere mögliche Genres als den Dokumentarfilm.

[276] Gemeint sind hier im Einzelnen: Kamerastände: Nahe, Amerikanische, Halbnahe, Halbtotale, Totale, Aufzieher, Ranfahrt; Kamerabewegung: Horizontalschwenk, Vertikalschwenk, Kamerafahrt (-lauf).

(Schwenks, Aufzieher) wählen. Sie arbeiten mit Stativ. Das macht die Bilder ruhig und kontrolliert, jedoch ist die Qualität des Stativs nicht so hoch (Photostativ ohne Fluid- oder Titankopf – eingeschränkte Schwenkbarkeit), dass alle Bewegungen sanft bleiben. Insgesamt fällt das leichte Ruckeln hier und da nicht so sehr ins Gewicht, als dass es dem Laien unangenehm auffallen würde.

Die bewusste, zielführende Kameraführung legt fast immer Wert auf ein stabil aufgebautes, einprägsames oder typisches Bild zu Beginn und zu Ende einer Bewegung, wie dies bei der Darstellung von Details des Bauwerkes auftaucht. Dies bedeutet hier auch, dass die Bilder inhaltlich sinnvoll aufgeteilt und ästhetisch-rhythmisch, von der Bildaufteilung her spannungsproportional[277] aufgebaut[278] erscheinen. Hintergrund-Vordergrund-Staffelung, Horizontalaufteilung und Vertikalordnung sind stets in einem spannungsreichen, ausgewogenen Verhältnis.

Neben der guten Idee, die Interviewten nah einzustellen, fällt auf, dass der Hintergrund der Bilder jeweils aussagekräftig und dynamisch-spannungsvoll wirkt.

9.2.1.2 Schnitttechnik/Rhythmus

Die Schnitte im Film sind inhaltlich und tempomäßig an den Kommentar angepasst. Sie sind nicht rein illustrativ angelegt, sondern bewegen sich von der „Bildscherenproblematik" her „nah am Text". Dieses Mittel ist legitim, jedoch könnte man sich im Anfangsteil auch einmal ein paar Zwischenschnittbilder vorstellen, die leicht vom Text abheben.

Allerdings könnten auch hier technische Bedingungen als Begründung herhalten[279]. Die Blenden, die gesetzt werden, wechseln ihren Charakter. Meist sind es weiche Blenden im ersten Teil. Jedoch sind im zweiten (Interview-) Teil die Blenden hart mit null Frames Überblendung geschnitten worden. Dies an dieser Stelle zu tun, ist nachvollziehbar und hat den Effekt, dass die Interviews schnell hintereinander kommen können, einen ganz authentischen Charakter erhalten und „frisch hereinkommen", ohne die direkte Wirkung zu verlieren.

Das Bild ist im gesamten Film nah am Text, meist sogar anscheinend direkt auf den Text hin gedreht und geschnitten.

9.2.1.3 Ton/Geräusch/Musik

Die Musik (zunächst Klavier) bestimmt in diesem Film im ersten Teil die akustische Atmosphäre, was den ersten Teil zusätzlich vom zweiten Teil hinsichtlich der Sensibilität hierfür abhebt.

---

[277] Dies bedeutet, dass die Bildelemente nach Maßen und Bedeutung bei ihrem Aufeinandertreffen im Bild in ein Spannungsverhältnis geraten. Spannung bedeutet hier das quasi energetisch-optische Verhältnis, das sich zwischen optischen Potentialen ergibt, die miteinander ins „Spiel" gesetzt werden, ohne dass sie ausgeglichen oder überproportional zueinander geordnet wurden. Vgl. Wirth, H. W.: Ästhetik. Frankfurt am Main 1978, S. 22 ff.

[278] Ich habe bei meiner Zusammenarbeit mit verschiedenen Sendern immer den Begriff des „schönen" und „aussagekräftigen, sich selbsterklärenden" Bildes gehört. Hier könnte Schillers Verständnis von Schönheit als Freiheit in der Erscheinung zugrunde liegen, wonach die einzelnen Elemente eines Kunstwerkes so zusammenpassen sollten, dass sie wie in einem freien Selbstverständnis ein freies Ganzes ergeben. Vgl. ders.: Briefe zur Ästhetischen Erziehung des Menschen, a. a. O., 23. Bf.

[279] Die Speicherkapazität der Schulrechner ist begrenzt.

Der erste Teil wirkt bis auf die Anmoderation „künstlicher". Es wird eine barocke Orgelmusik gewählt, die Kirchenatmosphäre verbreitet und „Raum gibt". Die Musik wirkt etwas feierlich und nicht ruhig oder langweilig. Sie kann die Aufnahmen auffangen, mit ihnen in Korrespondenz treten und trägt sie quasi ohne aufzufallen durch den Film. Durch den Zusammenhang von Kirchenmusik und Bildern aus dem Inneren eines Doms ist die Wirkung der Bilder und der Musik umso verschränkter. Die O-Töne sind gut verständlich. Sie klingen sehr überzeugend. Noch dazu scheinen die Interviewpartner sehr willig ihre Aussagen zu machen, sie lächeln, wirken entspannt und dennoch lebendig. Die Interviewpartner sind sehr unterschiedlich und vielfältig ausgewählt worden. In Gestus, Habitus und Stimmlage geben sie ein breites Bild ab. Auf die Eigengeräusche des Doms (sog. „Atmo") wurde nicht Wert gelegt.[280]

9.2.1.4 Drehbuchentwicklung

In der Gruppe 1 arbeiteten vier Schüler des Grundkurses Kunst der Klasse 13, die sich freiwillig zusammengefunden haben. Zwei von ihnen verfügten über frühere Erfahrungen mit der Herstellung von Filmen, da sie schon einmal zwei Jahre vorher ein kleines Filmprojekt in einer AG durchgeführt hatten.

Dieser Dokumentarfilm ist, wie die anderen Produktionen dieser Serie auch, aufgrund von Drehbuchskizzen entstanden, die ein Entstehen von bestimmten Zufälligkeiten und Spontaneitäten eingeplant hatten. Die Interviewpartner waren vorher nicht bekannt, ebenso wie der Drehort, die Wetterbedingungen, die Stimmung und die eigene Verfassung. Ebenfalls sind die Blickwinkel und Kameraeinstellungen nicht en détail vorher festgelegt worden. Die Schülerinnen und Schüler legten aufgrund der Recherche den Text für den ersten Teil der Reportage über den Dom selbst fest. Plan war, zu den kunsthistorischen Informationen erklärende Bilder zu drehen und zu kommentieren. Im zweiten Teil sollten Interviews zum Thema „Gerhard Richters Kirchenfenster" – dies hatten die Schülerinnen und Schüler recherchiert – und „Was bedeutet uns der Kölner Dom?" stattfinden.

Die Aufnahmen, die in diesem Film auftauchen, sind also Ergebnis der Paarung von Planungsabsicht und situativer Spontaneität und als solche – um dies hier schon vorwegzunehmen – sehr gut gedreht und kombiniert worden.

Sie entfachen einen Interviewdiskurs über das Vorhandensein von modernen Elementen in einer Welterbestätte.

9.2.1.5 Dramaturgie

Der Film ist in verschiedene Teile gegliedert, die sich wiederum unterteilen lassen. Am Anfang wird ein Bild des Kölner Doms mit dem Logoeinblender „Unesco SPEZIAL" gezeigt. Sodann sieht der Zuschauer einen Frontmann, einen Reporter. Er führt in eine fiktive Sendereihe „Unesco spezial" ein und auch in die heutige Episode „Der Kölner Dom und die Menschen".

---

[280] Wie dies etwa in der Produktion „Der Kölner Dom ganz nah" geschah, bei welcher weder Offtext noch wirkliche Interviews eingesetzt wurden.

Nach dem „Intro" beginnt ein Teil, der den Kölner Dom in unterschiedlichen Ansichten innen und außen beschreibt. Auch werden die Hauptsehenswürdigkeiten textlich beschrieben und im Bild gezeigt. Ruhig und mit Zeit zum Nachdenken wird der Zuschauer durch den Dom „geführt". Am Ende wird durch eine Aufnahme des Domportals als Verbindungsbild zum Teil über die „Menschen" eingeleitet (Schrifteinblender). Dieser Teil ist von wechselnden Interviews geprägt, die nacheinander geschnitten wurden. Die Absicht ist klar, die Meinung der Menschen über den Dom zu ergründen und darzustellen. Auch ihr Verhältnis zum Dom als lebendiges Erbe mitten in ihrem Lebensumfeld kommt hier gut zum Ausdruck.

Ein aktueller Bezug wird schließlich durch die Darstellung zweier unterschiedlicher Meinungen zum Domfenster von Gerhard Richter erzeugt. Gegenseitig geklammert, werden die Aussagen eines älteren Herrn mit „kölschem" Akzent und einer etwas jüngeren Dame mit „westfälischem" Akzent gezeigt. Sie zeichnen sich als Experten für das „Leben mit dem Kölner Dom" aus. Beide haben eine unterschiedliche Meinung. Dem Betrachter wird am Ende überlassen, der Akteurin oder dem Akteur zuzustimmen, wodurch der Zuschauer quasi geistig aktiv in das Geschehen – in die Diskussion – mit einbezogen wird. Der Filmbericht endet mit einem „Outro", welches in Frankfurt nachgedreht werden musste (Batterieleerstand), bei welchem sich der einführende Reporter von den Zuschauern verabschiedet. Auffällig ist der Abspann in seiner beabsichtigten „Anmutigkeit" und Länge. Anscheinend war es das große Bedürfnis dieser Schülerinnen und Schüler, noch einmal deutlich zu machen, wer diesen Streifen gedreht hat. Dies lässt wenigstens vorsichtige Rückschlüsse in die Richtung zu, dass hier ein gewisses Identifikationsmoment erreicht wurde. Die Schülerinnen und Schüler haben sich am Ende Zeit genommen und diese noch einmal für sehr schöne illustrative Bilder benutzt.

9.2.1.6 Aussagestringenz, Ausdruck, Rhythmus

Durch den vielschichtigen, subtilen und gefühlvollen Aufbau, Zuschauende immer tiefer ins Geschehen mit einzubeziehen, ist der Film von Anfang an dazu geeignet, eine gewisse Nähe zur Welterbestätte und einen Spannungsbogen in der Darstellung zu erzeugen. Dies wird bis zum Schluss durchgehalten, wo sich noch einmal der Interviewer meldet.[281] Durch den Film wird einerseits der Kölner Dom als Architekturbeispiel, andererseits der Bezug der Menschen zu diesem Beispiel eines Welterbemonumentes mitten im Lebensraum einer Millionenstadt vermittelt. Die Schülerinnen und Schüler zeigen, dass es möglich ist, all diese Qualitäten im Rahmen einer Unterrichtsreihe an der Schule und am außerschulischen Lernort unterzubringen. Die Gliederung des Films, sein Tempo, der Szenenwechsel und die Auswahl der Interviewpartner machen ihn zu einem rhythmisierten Gefüge von aufeinander aufbauenden Bild- und Handlungssträngen. Highlights sind das Erscheinen des Reporters am Anfang, die Frau von der Heilsarmee, der ältere lustige, singende Herr und die zusammengeklammerte Einzelinterview-Diskussion um den Einzug der Moderne in Form des Kirchenfensters in das „Zeugnis der Vergangenheit", die im Film im Sinne des Spannungsbogens sinnvoll verteilt sind[282].

---

[281] Diese Szene wurde vor der Schule nachgedreht, ohne dass dies auffallen würde.

[282] Vgl. Filmbeispiel Interview mit dem älteren Herrn im zweiten Teil in Bezug auf die Aussagen von Kardinal Rech.

9.2.1.7 Beziehung zwischen Planung, Inhalt und Improvisation

Der Film ist in zwei, besser drei Teile geteilt worden. Zunächst wird nach der Anmoderation der Kölner Dom als Weltkulturerbestätte dargestellt. Auf einige ganz besonders wertvolle Kulturschätze (Schrein) und Daten wird Bezug genommen. Die Baugeschichte, die Aufnahme des Kölner Domes in die Weltkulturerbeliste, der Schrein der Heiligen Drei Könige und das neue Kirchenfenster werden thematisiert. An diesen Teil schließt sich, wie in der Anmoderation angedeutet, ein Kapitel, in dem es darum geht, wie die Menschen den Kölner Dom sehen. Menschen, die im direkten Umfeld des Doms wohnen, leben, ihn lebendig durchleben. Dabei wird darauf geachtet, schon vor Ort kein einseitiges Bild zu zeigen, sondern verschiedene Auffassungen darzustellen.

Authentisch werden die Menschen „nah" aufgenommen und mit technisch sauberem Ton gefilmt. Die Interviewpartner werden vor wechselnden Hintergründen direkt aus der Situation heraus aufgenommen und „kalt erwischt". Die O-Töne eignen sich gut für die Darstellung der anzusprechenden Themen und sind sicher gefilmt. Dabei sind einige Glückstreffer, wie der Mann mit der Mütze, der ein altes Kölner Lied singt, das seine innige Beziehung zum Dom sehr gut unterstreicht. Eine Leistung der Interviewer ist hier besonders das sofortige spontane Nachfragen nach dem Singen des Liedes. Die spontane Frage des Interviewers wurde „dringelassen", was die plastische, authentische, spontane Wirkung in besonderer Weise zu transportieren vermag.

9.2.1.8 Originalität

Der Aufbau des Beitrags ist als originell zu bezeichnen, da sich nach dem sachlich gegliederten Teil, sozusagen dem „Pflichtprogramm", in dem der Dom mit einigen Fakten darzustellen war, ein nicht zu erwartender und interessanter zweiter Teil entwickelt. Die Interviewpartner sind allesamt „Originale", die glaubhaft, eigen, persönlich, nett, ohne Scheu direkt auf die Fragen antworten. Möglicherweise liegt hier der Charme, den die Interviewer an den Tag legten, zugrunde. Es handelt sich keineswegs um eine gewöhnliche „08/15"-Reportage. Die Selbstverständlichkeit, mit der die Reporter unterwegs sind, fällt auf. Die vollkommen fehlende Angst vor der Kamera ist beim Reporter gut zu beobachten. Sie sind geradezu als konzentriert und geistesgegenwärtig, wenn nicht als „pfiffig" zu bezeichnen. Der Spaß, den die Schülerinnen und Schüler bei den Dreharbeiten hatten, scheint sich auf die Interviewpartner übertragen zu haben. Die Filmer verstehen es, die „Kölner" zu packen und zu sehr guten O-Tönen zu bewegen. Die Atmosphäre des ganzen zweiten Teils ist somit originell und sehr freundlich-persönlich.

9.2.1.9 Auseinandersetzung mit dem Thema

Der Film ist kunstgeschichtlich informativ, was den ersten Teil betrifft. Er verfügt eher über zu wenig als zu viele Informationen. Er ist wohl nicht produziert worden, um alle Details und Sehenswürdigkeiten zu zeigen. Der Schwerpunkt dieser kleinen Reportage liegt ganz klar auf der lebendigen, kommunikativen Ebene mit den Menschen, die um den Dom herum leben. Er zeigt, wie Menschen mit einer Weltkulturerbestätte leben.

Zuschauer erfahren weder besonders viele Einzelheiten über die historischen Einzelschicksale der Menschen noch über alle geschichtlichen Etappen der Entstehung des Kölner Doms. Dies ist in diesem Format (fünfminütige Dokumentation) auch nicht zu erwarten. Jedoch erfährt man einiges über das Verhältnis der gezeigten Menschen zum Dom, und das vor allem zwischen den Zeilen. Wie sie ihn sehen, was sie mit ihm machen, wie sie ihn wahrnehmen, wie sie Veränderungen an ihrem Dom miterleben, davon ergriffen sind, sie miterleiden oder sich diese bewusst machen. Mit aktuellen Zeitungsdebatten, kritischen Bischöfen, zeitgenössischen Künstlern und deren Konzepten scheinen in der lebendigen Kommunikation zwischen Dom und Menschen lebendige Aspekte die große Rolle zu spielen. Der Film kann Zuschauenden das Gefühl vermitteln, dass der Dom „gelebt wird" oder vielleicht sogar selber in den Menschen „lebt" im Sinne einer vitalen lebensbestimmenden Tatsachenvorstellung.

9.2.1.10 „Medienkompetenz"

Bezüglich des Zusammenhanges zwischen Inhalt und Formulierung des Films kann gesagt werden, dass die Schülerinnen und Schüler, die diesen Film gedreht haben, mit Überblick bei der Sache vorgegangen sind und auf die unterschiedlichen Ereignisse filmisch sinnvoll („professionell") vor Ort und „im Schnitt" probat und zielstrebig reagiert haben. Sie haben den zueinander geordneten, unterschiedlichen Kapiteln ganz unterschiedliche Darstellungsformen gegeben. Dies tut der Wirkung des Ganzen keinen Abbruch, im Gegenteil. Es liegt ein schlüssiges Konzept zugrunde, das als gestalterisch-ästhetische Aussage in sich sinnvoll und der Sache angemessen ist.

Der „Stoff" (Inhalt) lebt hier nicht nur selbst, der Inhalt wird also nicht nur stur verlesen, sondern wird mittels ausgewählter, zusammengestellter, selbst hergestellter Bilder und die lebendigen Aussagen geformt. Es wird insofern nicht berichtet, sondern es kommt zu vitalen, glaubwürdig wirkenden Aussagen.

Die Schülerinnen und Schüler haben es geschafft, ihrer Reportage „ein Gesicht", einen eigenen „Charakter", einen „Look", also einen Gesamtcharakter zu geben, denn sie verfügt über einen stringenten Aufbau, einen Höhepunkt und einen ganz besonderen Ausdruck mit Ausdrucksqualitäten wie Ideenreichtum, Variationsvielfalt, „eigene Handschrift". Der Kölner Dom, so scheint es, kann im Bewusstsein der Zuschauenden durch die Präsentationsform, die hier durchgestaltet wurde, in angemessener Weise dargestellt worden.

Es wirkt auf mich persönlich, als wären die interviewten Menschen eine Symbiose mit dem Dom eingegangen, als würden sie für den Dom sprechen oder beinahe als würde er aus ihnen sprechen. Diese Wirkung wurde in den – im Übrigen von der Qualität her als „sendefähig" einzustufenden – Aufnahmen der Interviewszenen besonders gut eingefangen und erzeugt.

In Relation zu einer solch kurzen Reportage ist diese eingehende Beschäftigung mit dem Thema als gelungen zu bezeichnen.

9.2.2 Beispiel 2: „Der Kölner Dom" (4,11 min)

Die Schülerinnen und Schüler dieser Gruppe hatten überhaupt keine Erfahrung mit dem Filmschnitt bzw. mit der Produktion einer Dokumentation. Es handelte sich zudem um eine „schwierige" Gruppe, bei der nicht immer alle Schülerinnen und Schüler zusammentreffen und kooperieren konnten (wegen Krankheit).

9.2.2.1 Kameraeinstellungen und Bildkomposition

Dieser Film verfügt über eine Vielzahl ungewöhnlicher, einfallsreicher Bilder, die mit relativ hohem (geistigen und körperlichen) Einsatz gedreht wurden. Der Schwerpunkt dieser Produktion liegt eindeutig auf dem Einfangen anschauungsdynamisch[283] als höchst spannungsvoll zu bezeichnenden Ausschnitten. Aus allen möglichen Perspektiven wurden Sehenswürdigkeiten eingefangen. Sehr dynamisch, mit ungewöhnlichen Ideen experimentierend, wird z. B. die Kamera senkrecht, etwa schräg über dem Kopf oder aus Untersicht und nah am Boden benutzt.

Die Aufnahmen wurden den Verhältnissen entsprechend wackelfrei gedreht. Die Bilder sind sehr abwechslungsreich in ihrer Summe und teils auch in ihrer Aufeinanderfolge. Die Kamera ist oft dicht am Stein, am Eisen, am Material und „dicht am Geschehen". Die Kamera entdeckt „für sich" viele Details und aussagekräftige Auswahlen von Szenerien.

Der Aufbau in den Kompositionen der Bilder ist durchgängig sehr dynamisch gehalten. Es wird stets versucht, das Bild optisch auszutarieren, ohne es dabei „langweilig" wirken zu lassen. In ihrem Lineament und der Staffelung sowie in der Farbigkeit (soweit bei diesem Dreh möglich) wurden sie mit großer Sensibilität und Aufmerksamkeit gedreht. Die klassischen Kameraeinstellungen[284] wurden filmisch sinnvoll verwendet.

Oft wurde dem Motiv entsprechend „gotisch"[285] gefilmt, um die Raumwirkung zu verdeutlichen.

9.2.2.2 Schnitttechnik/Rhythmus

Die Aussagestringenz soll vor allem durch einen durchgehend gesprochenen Text gewährleistet werden, der die Bilder verklammert. Auch die im Wechsel hintereinander geschnittenen Bilder sollen dazu möglicherweise beitragen. Es ergibt sich jedoch kein dichtes rhythmisches Gefüge, bei welchem sich das Gefühl einstellt, dass kein Bild weggelassen oder nicht noch eines hinzugefügt werden könnte. Durch das Fehlen einer gewissen dramaturgischen Qualität kommt es nicht zu besonderen rhythmisierten Sequenzen besonderer Ausdrucksfähigkeit (sofern dies nicht auf einzelne Takes bezogen wird). Die Bilder sind nicht direkt synchron mit dem Text arrangiert.

9.2.2.3 Ton/Geräusch/Musik

Die Bilder sind fast immer sicher gefilmt und, wie oben gesagt, dynamisch, jedoch fehlt es an manchen Stellen an der eben angesprochenen Text-Bild-Verdichtung. Auch werden die Schnitte

---

[283] Arnheim, Rudolf: Kunst und Sehen. Berlin, New York 2000, 3. unveränderte Auflage, S. 375 ff. Anschauungsdynamik wird als Entsprechung von Bewegung in einem statischen Medium gesehen. Spannung meint in diesem Zusammenhang nach Fechner, Rudolf, a. a. O., ein für das menschliche Wahrnehmungssystem besonders reizerzeugendes Verhältnis von Maßen zueinander (s. Fechnersche Reizschwellenkurve in: Elemente der Psychophysik, 2 Bände, Leipzig 1860). Ein solches Phänomen besteht etwa im Beispiel des sog. „goldenen Schnitts". Ein Erkennungsmerkmal hierfür besteht z. B. im Auftauchen völlig unterschiedlicher Maße im Lineament von Bildern.

[284] Gemeint sind hier wiederum im Einzelnen: Kamerastände: Nahe, Amerikanische, Halbnahe, Halbtotale, Totale, Aufzieher, Ranfahrt; Kamerabewegung: Horizontalschwenk, Vertikalschwenk, Kamerafahrt (-lauf).

[285] Das heißt nach oben voll aufgezogene Einstellung „mit Fluchtpunkt".

oft nicht wirklich nach dem Ton gesetzt. Der Sprecher spricht zudem nicht besonders ausgefeilt oder authentisch. Die technische Qualität des Tons ist zudem nicht als gut zu bezeichnen.

Für den Einsatz von Ton, Musik und Geräusch waren die Schülerinnen und Schüler dieser Gruppe offensichtlich nicht sensibilisiert. Teils erwuchsen auch technische Schwierigkeiten.

Die Schülerinnen und Schüler dieser Gruppe haben zwar beharrlich versucht, ihr Tonproblem in den Griff zu bekommen, dies gelang ihnen in der zur Verfügung stehenden Zeit jedoch nicht ganz. Der Sprechertext ist daher auch etwas fehlerhaft und wirkt zusammengestückelt. Daher kam es wohl zu dem erwähnten fehlenden erfolgreichen Einsatz von Musik. Dies wäre als klammerndes oder vielleicht durchdringendes Element gerade in diesem Fall wünschenswert gewesen. Auch der Einsatz des Schriftgenerators erfolgte in dem Filmbeispiel dieser Gruppe aus Zeitgründen nicht mehr. Der nicht ganz überzeugende Ton trägt nicht zu einer höheren Spannung bei und wirkt dadurch etwas hölzern.

9.2.2.4 Drehbuchentwicklung

Die Schüler dieser Gruppe hatten sich von vornherein darauf eingestellt, dass sie die Bilder, die sie am Tag des Drehs werden einfangen können, nicht alle planen können. Sie hatten sich folglich nur einen Drehplan erstellt, in dem die wichtigsten Teile des Doms und besondere Sehenswürdigkeiten verzeichnet waren. Sie hielten sich lange mit der Recherche auf, um für das Drehbuch einen Text zu verfassen, der möglichst viele Informationen in 4–5 Minuten beinhalten sollte.

9.2.2.5 Dramaturgie

Die eher additive Herangehensweise hat Folgen für die Dramaturgie des Ganzen. Der Film wirkt über Strecken langatmiger und weniger atmosphärisch als andere Beispiele, wenngleich der Text keinen zu großen Umfang besitzt und die Bilder als Illustrationen „schön anzusehen" sind. Der Film ist zudem kürzer als die reichlich fünf Minuten, die von anderen Gruppen geboten wurden. Dies ist dramaturgisch bei der Anlage des Films auch geboten, da er nicht durch ein ausgefeiltes Konzept „zusammengehalten" werden kann. So zeigen die Schülerinnen und Schüler gleichzeitig ihre Mängel, aber auch ein Gespür für die angemessene Länge und für die Ausnutzung der Vorteile ihrer Produktion (Kamera/Bild).

Durch diesen Film wird ein Zuschauender durch den Text einiges über die Geschichte und durch die ausgesucht schönen Bilder etwas über das Aussehen des Doms erfahren, weswegen in dieser Hinsicht von einer gewissen Aussagekraft gesprochen werden kann. Richtiggehend stringent erscheint diese Produktion aber nicht, da die künstlerisch-dramaturgischen Mittel dazu nicht ausreichen.

9.2.2.6 Text-Bild-Beziehung

Im Schnitt sind (wohl durch Zeitnot) kleine Fehler passiert, viele Bilder wurden nicht entsprechend geblendet oder ästhetisch kalkuliert oder erspürt angeordnet[286]. Der Sprechertext wurde nicht vollständig angepasst und kleine Versprecher wurden toleriert. Der Film wurde wie alle anderen vom Lehrer aus Gründen der Authentizität so belassen, wie er abgeliefert wurde, obwohl es nicht viel Zeit bedurft hätte, ihn in den eben geschilderten Hinsichten zu „bereinigen". Mit etwas mehr Zeit wäre dies den Schülerinnen und Schülern dieses Projektes möglicherweise auch geglückt. Auf Musik wurde wahrscheinlich aus technischen Gründen verzichtet.

9.2.2.7 Beziehung zwischen Planung und Improvisation

Der Film orientierte sich nicht am Drehbuch, jedoch war den Schülerinnen und Schülern die Aufeinanderfolge der Inhalte im Text nach einer groben Skizze, die die Schülerinnen und Schüler dieser Gruppe auf der Hinfahrt besprachen, wohl in etwa bewusst. Diese Skizze wurde im Schnitt beim Vertonen nicht stark geändert, nur ergänzt. Die Schülerinnen und Schüler filmten jedoch nicht wirklich nach diesen vagen Vorgaben, sondern entschieden sich dafür, eine Vielzahl an Bildern zu drehen, die im Nachhinein aneinandergefügt werden sollten.

9.2.2.8 „Medienkompetenz"

Wie schon im Bildbeurteilungsteil gesagt, verfügten die Schüler dieser Gruppe (noch) nicht über ein weitgehendes Verständnis über dramaturgische Mittel im Film. Sie zeigten praktische Medienkompetenz, die sie dazu befähigte, Bilder zu filmen, am Computer zusammenzufügen, einen Film in der Postproduktion mit einem Offtext oder theoretisch mit Musik zu versehen.

9.2.2.9 Beobachtungen zur Originalität

Der Film ist in seinem Aufbau nicht besonders originell und einfallsreich oder charakteristisch, hier liegt eine Hauptschwachstelle dieser Arbeit. Die Schülerinnen und Schüler haben jedoch offensichtlich gut recherchiert und sich in den Dom hineingedacht.

Die vorhandene Originalität dieser Produktion liegt vor allem in dem Einfallsreichtum der Kameraführung und stellt sich in den einzelnen Bildern und Einstellungen dar. Hier liegt die besondere Qualität dieser Produktion. Es wurden spektakuläre Blickwinkel gewählt und im Bildrahmen „verzahnt".

9.2.2.10 Auseinandersetzung mit dem Thema (Inhalt)

Die Schüler dieser Arbeitsgruppe haben sich mit dem Thema Kölner Dom sichtlich auseinandergesetzt und einen relativ ausführlichen Text verfasst. Sie haben immer wieder sachkundige Personen vor Ort nach Details gefragt, Kataloge und Broschüren gesichtet. Die Recherchetätigkeit stand bei dieser Gruppe, die noch nie einen Film gedreht hatte, inhaltlich im Vordergrund.

---

[286] Dies meint hier Inhalt und Form gleichermaßen durchdringend, passend, zum Gesamtkonzept gehörend, vgl. Wirth, H.: Ästhetik. Frankfurt Main 1978.

10. Auswertung der Untersuchung

In diesem Kapitel werden die Ergebnisse aus den unterschiedlichen Elementen der Studie zusammengefasst und hinsichtlich des Vorhandenseins und Erwerbs von Medienkompetenz und Angemessenheit in Bezug auf die welterbepädagogischen Inhalte (und „Ansprüche") hin durchleuchtet. Das Datenmaterial aus den jeweiligen Befragungen und die Transkriptionen der Fallbeispiele im Rahmen der Filmanalyse wurden aus Gründen der Übersichtlichkeit in den Appendix verlegt. Die Ergebniszusammenfassung zeigt hier zunächst die Analyse der Fallbeispiele und dann die Ergebniszusammenfassung der Befragungen.

10.1 Bewertung der Beobachtungen der Filmbeispiele 1 und 2 hinsichtlich „Medienkompetenzen"

Bei dem vorliegenden ersten Beispiel („Unesco spezial") handelt es sich nach den obig dargestellten Beobachtungen um eine detailliert durchdachte filmische Arbeit. Sie ist teils aufgrund von tragenden Vorüberlegungen im Drehbuch und teils spontan-reaktiv vor Ort entstanden. Im Unterrichtsgeschehen „am Set" hatten die Schülerinnen und Schüler keine sichtbaren größeren Probleme, Aufnahmen zu drehen, die sich in ihr Filmkonzept einarbeiten ließen. Jedenfalls ist es ihnen gelungen, auf der Schnittleiste im Schnittprogramm die selbst gedrehten Aufnahmen in sinnvoller und plausibler Art zusammenzustellen.

Da die Schülerinnen und Schüler dieser Gruppe sogar zwei Filme produziert haben und dafür komplett differierende Bilder drehten, kann die Leistung als überdurchschnittlich bezeichnet werden. Die Zuschauer sind beim Betrachten des Streifens in der Lage, die gute Kooperation sowie die Freude und Motivation, diesen Film zu drehen, die die Schülerinnen und Schüler dieser Gruppe miteinander hatten, regelrecht zu „spüren".[287]

Sie erreichen sogar ein Niveau, von dem aus sie vom konkret Abgebildeten (Gefilmten) auf ein Allgemeines (nicht „optisch" Sichtbares) hinweisen können. Dabei sind sie in der Lage, nicht nur Sachbezüge zum Kölner Dom darstellen zu können, und stellen nicht nur Interviewsituationen her, die sie gut abfilmen, sondern es gelingt ihnen zu zeigen, wie Menschen mit Welterbestätten zusammenleben und mit ihnen eine Symbiose eingehen können. Der Zuschauer lernt auf diese Art Substantielles über das Hauptanliegen der Welterbepädagogik. Zudem hat der Film einen persönlichen „Look", einen eigenen, in sich schlüssigen Charakter bekommen.

Dies zeigt, dass die Schülerinnen und Schüler mehr als nur rein „technische" oder „praktische" Medienkompetenz an den Tag legten, sondern sich in einem erweiterten Verständnis „medienkompetent" zeigten. Diese erweiterte Art von Medienkompetenz äußert sich dadurch, dass hier der Überblick über eine Produktion im Ganzen und in den Teilen über den Prozess des Gestaltens nicht verloren geht.

---

[287] Trotz des hohen Reizes, den die zweite Arbeit der Gruppe – ein Spielfilm – ausübt, wurde im Rahmen der Arbeit auf eine genauere Darstellung und Untersuchung verzichtet, da mit dem Genre des Spielfilms zudem mit verfremdenden postproduktionalen Elementen ein ganz anderes Terrain berührt wird. Hierzu würde sich zukünftig eine zusätzliche Untersuchung im Anschluss an diese Arbeit anbieten.

Offensichtlich ist es den Schülerinnen und Schülern in der Auseinandersetzung mit dem Welterbe gelungen, einen gestalterischen Sinnzusammenhang zu konstruieren (zu schaffen), bei dem Inhalt, Stoff, Form, Technik, Kommunikabilität und Aussage ineinander verwoben sind.

Rufen wir uns die unterschiedlichen Forderungen an „Medienkompetenz" noch einmal ins Gedächtnis, fällt außerdem auf, dass sie allesamt innerhalb des Unterrichtes auftauchen und ihr Vorhandensein durch die inhaltliche und methodische Konstitution der Unterrichtsreihe gewährleistet werden konnte.

Die Forderungen/Definitionen im Kapitel über Medienkompetenz in dieser Arbeit lauteten:

> „Handlungskompetenz beinhaltet, dass handelnde Subjekte sich ihres Umganges mit Medien bewusst sind und diese Medien in ihre alltäglichen Handlungen entsprechend ihren Wünschen und Bedürfnissen integrieren."[288]

> „Medienhandlungskompetenz ist die Fähigkeit des sachgemäßen und angemessenen Medienumgangs, um die damit verbundenen, wie auch immer vermittelten Bedürfnisse zu stillen."[289]

> „Die Fähigkeit, kulturell-ästhetisch zu gestalten, im aktiven Umgang mit Medien aller Art und deren Einsatz in realen Situationen und lebensweltlichen Kontexten, ist ein Bestandteil der Handlungsfähigkeit."[290]

Der Schwerpunkt liegt bei dem zweiten Filmbeispiel eindeutig auf der Präsentation anschaulicher, einfallsreicher Bilder vom Dreh am Kölner Dom. Teils sind sehr extravagante, anschauungsdynamisch[291] aufgeladene Bilder eingefangen worden. Hier verfügt der Film über eine besondere ästhetische Qualität. Beim Drehen konnte beobachtet werden, wie die Schülerinnen und Schüler abwechselnd die Kamera in die Hand nahmen, um die mit dem Motivsucher gefundenen Aufnahmeeinstellungen filmisch festzuhalten. Teils lagen sie dabei auf dem Dachboden des Doms, hingen sich mit vollem Einsatz beinahe „außenbords", probierten viel, ohne gleich zu drehen, und waren in besonderem Maße sensibilisiert für die Wirkung des entstehenden Bildes. Die Reihenfolge der Bilder stand hier nicht im Fokus. Es ging dieser Gruppe darum, möglichst viele besondere „Schnittbilder" für die Arbeit im Schnittprogramm und viele eigene besondere Aufnahmen zu erzeugen. Das hier zugrunde liegende Drehbuch bestand vor allem aus der Formulierung eines rohen Offtextes im Vorhinein und dessen Verfeinerung im Nachhinein und der Formulierung undeutlicher Bildvorgaben, die kaum eingehalten wurden. Diese Vorgehensweise hat sich dann beim Erzeugen einer engeren Beziehung zwischen Bild und Text eher negativ ausgewirkt. Diese Schülerinnen und Schüler wendeten während des Schneidens ein additives Verfahren an, indem sie illustrierende Bilder aneinanderreihten, wie es auch ihrem Arbeiten

---

[288] Mikos, Lothar: Film- und Fernsehkompetenz zwischen Anspruch und Realität. In: Rein, Antja von (Hrsg.): Medienkompetenz als Schlüsselbegriff. Klinkhardt, Bad Heilbrunn 1996, S. 70–83, S. 70–83.

[289] Ebd, S. 78.

[290] Bornemann, Gerold: TV-Produktion in Schule und Hochschule, Schriftenreihe der LPR Hessen, Bd. 19, Kassel, Juli, 2004, S. 31.

[291] Zum Begriff der Anschauungsdynamik und den damit verbundenen Wahrnehmungseffekten vgl. Arnheim, Rudolf: Kunst und Sehen. Eine Psychologie des schöpferischen Auges, Neufassung (deutsche Fassung von ders.: Art and Visual Perception. The New Version. 1974. übersetzt von H. Hermann, Vorwort von M. Diers). De Gruyter, Berlin, New York 1978, S. 421.

mit einzelnen Bildern entsprach. Hierdurch wurde ein weniger dynamischer Spannungsbogen erreicht als bei anderen Gruppen. Auch die Gruppenarbeitstechnik kann nicht in jeder Phase als fehlerfrei gelungen bezeichnet werden, da die Schülerinnen und Schüler dieser Gruppe 2 sich nicht genau an den Gruppenarbeitsratgeber aus dem Flyer in der Filmbox hielten. Ab und zu kam es zu Konkurrenzsituationen um den Besitz der Kamera, so dass sich die Schülerinnen und Schüler nicht ganz einig waren, wie sie vorgehen sollten. Auch die Tatsache, dass sie das erste Mal „richtig" filmten, trug insgesamt dazu bei, dass die Schülerinnen und Schüler in Dramaturgie und Schnitt nicht so weit vordringen konnten wie z. B. die Gruppe 1 („Der Kölner Dom und die Menschen").

Diese Beobachtungen und Auswertungen zeigen, dass die Schülerinnen und Schüler mehr als nur rein technische oder praktische Medienkompetenz an den Tag legten, sondern zusätzlich eine andere Art von übergeordneter Medienkompetenz, die ich Medienerkenntnis nennen möchte. Damit meine ich die Erkenntnisse, die über ein Thema durch die Wahrnehmung im medialen Prozess gewonnen werden können.

10.2 Bewertung der Analyse hinsichtlich welterbedidaktischer Maßstäbe und Kompetenzen

Gerade dies spiegelt aber wichtige Forderungen der Welterbepädagogik wider, nämlich die sachliche Auseinandersetzung mit Welterbestätten, deren Sinn und Zweck einerseits und andererseits die Einfühlsamkeit in dem Umgang mit dem Erbe sowie das intensive und sensible Wahrnehmen von Situationen, die sich in den Menschen mit Welterbe vor Ort ergeben. Insbesondere die spontane Auseinandersetzung mit den vorher unbekannten Situationen in und an einer Welterbestätte ist dazu angetan, gestalterische Reaktionen zu evozieren. Durch die filmische Beschäftigung mit Welterbe in der oben beschriebenen Weise konnten die Schülerinnen und Schüler diese Erfahrungen medial gewinnen und verarbeiten. Die Technik wurde eindeutig nicht dazu benutzt, um „nur" praktische Medienkompetenz zu „erlernen", sondern vielmehr dazu, selbst erlebte, ganz eigene Aspekte der Erbestätte authentisch darzustellen. Die ganz unterschiedlichen Herangehensweisen der Filmgruppen (hier am Beispiel zweier Gruppen genauer beleuchtet) mögen zeigen, dass auch bei dem eng festgelegten technischen Apparat, der für das Filmen benötigt wird, den Schülerinnen und Schülern ganz eigene Wege offenstehen, Welterbe auf ihre Weise zu interpretieren und eigene Wege der filmischen Darstellung zu gehen. Hierin steckt ebenfalls eine welterbepädagogische Forderung an Unterricht mit Welterbe. Dieser Punkt gilt auch für Beispiele, die hier nicht transkribiert wurden, der Arbeit aber in digitaler Form beiliegen (www.myunesco.com) und die teils sogar eigene und andere Formate enthalten als die in der Problemstellung (Aufgabenstellung) geforderten.

Insgesamt kann nach der Analyse dieser beiden Beispiele konstatiert werden, dass Projekte wie „Der Kölner Dom" einen ertragreichen und pädagogisch wichtigen Beitrag zum Unterricht darstellen können und es den Schülerinnen und Schülern leichterfällt als nach der ersten schriftlichen Befragung erwartet, nach der Unterrichtsreihe beinahe selbstverständlich erscheint, einerseits in die Filmproduktion einzusteigen, andererseits sich dadurch Welterbestätten zu erschließen. Festzuhalten ist, dass die Schülerinnen und Schüler ohne unangemessene Vorplanungen oder besonders große und vielfältige Vorkenntnisse[292] praktisch spontan filmen können. Auch wenn, wie in dieser Lerngruppe, lediglich geringe Vorkenntnisse vorhanden waren, können Produktionen entstehen, besonders wenn die Zusammenarbeit in der Gruppe funktioniert, die den Ansprüchen genügt, die WHE hat und die ein zeitgemäßer Unterricht an der Schule fordert.

Die Verwendung eines Beispiels aus der Welterbepädagogik hat sich als äußerst bedeutsamer und vielfältiger Inhalt erwiesen, der sich für die dokumentarisch-filmische Darstellung eignet. Umgekehrt hat die Filmproduktion die welterbepädagogische Unterrichtsreihe durch die Gewinnung eines vorher so nicht existenten Blickwinkels als eine Art filmischen Denkens erweitert und auf ein weiteres anderes Erkenntnis- und Gestaltungsniveau gehoben.

Neu war für mich die Erfahrung, wie wenig hierzu das Erstellen von komplexen Drehbüchern und der Einhalt dort geplanter Aktionen für Schülerinnen und Schüler unbedingt notwendig ist. Hingegen war es für einige Gruppen von Nutzen, dass die Schülerinnen und Schüler über einen Plan verfügten, der ihnen half, auf spontane Chancen und Bedingungen „am Set" reagieren zu können. Kritisch betrachtet werden muss jedoch die Abhängigkeit vom Funktionieren der Technik[293].

Um dies zu gewährleisten, sind unvorhergesehene Ereignisse im Voraus in die Planung einzubeziehen.

10.3 Der Wert der Befragungen

Bei der Bewertung der Befragungen kann ich nur aus meiner persönlichen Sicht argumentieren, dass sie sich zu einem erheblichen Teil als Lehrhilfe für „meinen Unterricht" bewährt haben. Inwieweit diese Erfahrungen übertragbar sind, kann ich in dieser Arbeit nicht beurteilen. Hier sind weitere Untersuchungen notwendig. Jedoch kann ich gerade mit Blick auf spätere, vergleichbare Studien schildern, inwieweit sich diese Befragungen in konkreten Unterrichtssituationen und Planungen bewährt haben oder auch nicht. Im Einzelnen betrachte ich im Nachhinein die Befragungen wie im Folgenden dargestellt.

10.3.1 Das Leitfrageninterview

Das Videoleitfrageninterview diente hier als Grundlage für die genauere Planung der vorher nur grob gefassten Unterrichtsreihe. Ich bekam dadurch Einblicke in die Denkweise eines knappen Drittels der Schülerinnen und Schüler in Bezug auf ihre Erfahrungen mit Medien, Erbestätten, Dokumentationen, Filmproduktion etc. Diese Einblicke rundeten meine vorherigen vagen Einschätzungen ab und brachten viel deutlicher zum Vorschein, wo Probleme im Unterricht auftauchen könnten, was von den Schülerinnen und Schülern zu erwarten war, welche Vorerfahrungen sie besaßen.

---

[292] Es reichen geringe Computerkenntnisse aus, wie sie nach der JIM-Studie bei den meisten Jugendlichen heutzutage zu erwarten sind. Vgl. JIM-Studie Rubrik Computernutzung, a. a. O.

[293] So war es in einem Fall beispielsweise einer Gruppe nur durch Glück möglich, einen Film herzustellen, nachdem sich herausstellte, dass gleich zwei Akkus nicht richtig aufgeladen waren (ein von einem Schüler mitgebrachter Zusatzakku passte glücklicherweise).

10.3.2 Die erste schriftliche Befragung

Die erste schriftliche Befragung hat nach meinem Ermessen bei der Durchführung der Arbeit unterstützende Wirkung gezeigt. Ein Gefühl größerer Sicherheit bei der Beurteilung der Fähigkeiten und des Lernstandes vor Antritt der ersten Stunde der Reihe hat sich in mir als Lehrer eingestellt. Auch die objektivere Sicht auf die Ergebnisse der Befragung zeigt, dass hier eine systematische Unterrichtshilfe eingeführt wurde, die Hilfestellung bei der Beurteilung von Bedürfnissen und Erfordernissen leisten kann. Konkrete Hinweise, die sich aus der Befragung ergaben, waren z. B., dass ein besonderes Augenmerk auf die Arbeit im Schnitt gelegt werden muss, dass die Motivationslage als relativ hoch angesehen werden durfte, dass die Schülerinnen und Schüler noch nicht viel Erfahrung mit Kameraarbeit besaßen. Daher mussten Vorkehrungen für technische Pannen getroffen werden sowie am Anfang der Unterrichtsreihe eine kleine Einführung in die Kameratechnik erfolgen, die ohne diese Befragung nicht für notwendig erachtet worden wäre.

10.3.3 Die Befragung direkt nach den Dreharbeiten

Die Befragung direkt nach den Dreharbeiten scheint die gewonnenen und obig geschilderten Erkenntnisse teilweise zu unterstützen, wenn etwa die Äußerungen zur Motivationslage (Umfrage nach den Dreharbeiten) dahingehend gedeutet werden dürfen, dass die Schülerinnen und Schüler sich praktisch alle nach ihrem eigenen Empfinden wohlgefühlt haben und ihre Arbeit als sinnvoll oder gelungen erachteten. Ein weiterer Aspekt, der den Umfragen entnommen werden könnte, ist, dass die erwarteten Schwierigkeiten mit der Technik die eingehende Gestaltung nicht nachhaltig berührt zu haben scheinen.

Die Tatsache, dass die Schülerinnen und Schüler äußerten, dass sie mit den Bildern zufrieden sind und sich vorstellen können, einen Film damit zu schneiden, könnte ein deutlicher Hinweis darauf sein, dass sie sich imstande gefühlt haben, aus der Erinnerung die gedrehten Bilder auf einen Sinnzusammenhang hin zu denken[294]. Selbst dass zwei Schülerinnen und Schüler äußerten, sie seien nicht ganz zufrieden, wird zu einer positiven Aussage, wenn wir weiterlesen, dass sie meinten, man hätte ihrer Vorstellung nach noch mehr „herausholen" können, da dies wahrscheinlich eine errungene Problemsicht widerzuspiegeln vermag.

10.3.4 Überprüfung anhand der vor der Durchführung der Unterrichtsreihe geäußerten Ziele und Prognosen[295]

Durch die Dokumentarfilmproduktionen im welterbepädagogischen Unterricht ist es nach Lage der Dinge und nach meiner Überzeugung tatsächlich gelungen, „Welterbepädagogik methodisch und technisch in gewisser Hinsicht zu erweitern"[296]. Dadurch gelang auch die „Einbeziehung allgemeingesellschaftlicher Prozesse in pädagogische Konzepte"[297]. Welterbepädagogik nimmt

---

[294] Siehe schriftliche Befragung 3 im Anhang dieser Arbeit.
[295] Im Folgenden werden die Forderungen, Prognosen und Ziele der Arbeit im Text mit der Bezeichnung des Kapitels genannt, in welchem sie in dieser Arbeit auftauchten.
[296] Kap. 1.2.
[297] Ebd.

dadurch tatsächlich eine „Vorreiterrolle bei der Einführung neuer Methoden"[298] durch das Podcasting ein.

Digitale Dokumentarfilmproduktion als Mittel der Unesco-Weltkulturerbepädagogik kann nach der abschließenden Bewertung der evaluierten Unterrichtsreihe realistisch „als ein Erfolg versprechendes unterrichtsmethodisches Mittel im Sinne der Zielsetzungen der Unesco und im Einklang mit der bisherigen Welterbepädagogik eingesetzt werden"[299]. Videopodcasts könnten also als globale Sprach- und Kulturform von der Welterbepädagogik her an der Schule didaktisch erschlossen werden, um kulturelle und welterbepädagogische Inhalte und Methoden[300] für die Schülerinnen und Schüler zu vermitteln[301]. Es wurde gezeigt, dass dadurch realistische Chancen einer praktischen Umsetzung solcher Projekte bestehen, dass dies unter Berücksichtigung der aktuellen Veränderungen im deutschen Bildungswesen angemessen funktionieren kann[302].

Konsequenzen für die Weiterentwicklung der Welterbepädagogik und die Weiterentwicklung der kunstpädagogischen Praxis, auch Ausbildungspraxis, könnten von dieser Basis aus in weiteren Schritten geleistet werden[303].

Es wurde in dieser Arbeit ein Vorschlag für ein charakteristisches Analysesystem für Dokumentarfilmprojekte im Kunstunterricht mit einem möglichen Indikatorensystem erarbeitet, mit dessen Unterstützung die Schülerarbeiten bewertet werden konnten.

Ebenfalls wurde versucht zu evaluieren, ob die Entwicklung eines in Teilen übertragbaren Unterrichtsmodells für den welterbepädagogischen Unterrichtsaufbau mit Podcasting möglich ist. Diese Frage ist nicht abschließend beantwortet worden, da hier weitere evaluative Methoden und weitere Unterrichtsversuche auch an anderen Schulen notwendig wären. Es wurde am Ende der Arbeit versucht, Ideen für einen Modulentwurf für eine Podcastingausbildung in der Lehrerausbildung zu erstellen. Diese Ideen konnten noch nicht erprobt werden. Realisiert werden konnte auch eine erste Skizzierung, Sammlung und Herausarbeitung eines konzentrierten, welterbepädagogisch orientierten Kataloges von Methoden und Fähigkeiten für den Unterricht, der an den Welterbeschulen (und anderen Schulen) verwendet werden kann. Insbesondere die bestehenden Unesco-Schulen sollten mit diesen Bausteinen ein Werkzeug zur adäquateren Arbeit innerhalb des (an Fähigkeiten und Fertigkeiten orientierten) Unterrichts bekommen, der sich mit der Stärkung des Welterbegedankens auseinandersetzt.

Es ging zusätzlich um einen fachübergreifend verwendbaren Beitrag zum Schließen der Lücke zwischen medienpädagogischer Schulrealität, den Kunst-Lehrplänen und gesellschaftlicher Wirklichkeit. Diese Lücke konnte natürlich im Rahmen der Arbeit nicht geschlossen werden, aber eine Brücke wurde gebaut, die die Diskrepanz zwischen vielfältiger privater Nutzung digitaler Filmtechniken einerseits und der mangelhaften Behandlung des Filmens in Schule und Unterricht andererseits zumindest schon einmal theoretisch abbaut. Eine ganz neue Art von

---

[298] Ebd.
[299] Ebd.
[300] Ebd
[301] Ebd
[302] Ebd
[303] Ebd.

welterbepädagogischer Unterrichtsreihe wurde entwickelt und in einem praktischen Unterrichtsvorhaben erprobt und evaluiert.

Sie sollte als zukunftsfähiger methodischer Ansatz für einen Unterricht dienen, der die Schülerinnen und Schüler in die Lage versetzt, sich selbsttätig, dialogisch, ästhetisch-reflexiv und selbstvergewissernd mit Welterbestätten wie dem Kölner Dom auseinanderzusetzen. Auch dieses Ziel wird als prinzipiell erreicht angesehen. Die unterrichtliche Erprobung des Vorhabens soll besondere Lernchancen des Filmens als Methode präzisieren. Absicht ist, aufzuzeigen, dass Weltkulturerbestätten sowohl inhaltlich als auch formal vielfältige filmische Realisierungen zulassen und vielfältige Anregungen bieten. Dies ist ein Punkt, der durch die Gesamtheit der Produktionen, die entstanden sind, eindeutig bejaht werden kann. Hierzu sollen filmische Schlüsselkompetenzen aus den Bereichen passive und aktive filmische Kommunikationsfähigkeit, medientechnische Kompetenz und Produktionskompetenz bestimmt und vermittelt werden. Im Vordergrund standen letztlich doch eher die aktive praktische und theoretische Medienkompetenz, also eher die Produktion als die Rezeption. Soweit jedoch die Reflexion und Rezeption der eigenen Produkte als selbstverständlicher Teil des Produktionsvorganges betrachtet werden kann, wurde auch eine beobachtende Haltung „geübt". Die im Kap. 2.1.3 aufgeführten Welterbeinhalte sollten in den Unterricht einbezogen werden. Es waren konkret fast alle Inhalte durch die Filme mehr oder weniger aufgegriffen worden: Kulturelle Wurzeln und Wertvorstellungen (Offtexte), vergangene und gelebte Traditionen (Interviews), Rituale und ihre ästhetischen Inszenierungen (Texte, Interviews), Religion und Spiritualität (Interviews, Texte), regionale nationale Identität (Offtexte), traditionelle und zeitgenössische Kunst (Interview), Musik (Interview).

Die welterbepädagogischen Fähigkeiten, um die es geht, konnten in den Unterricht integriert werden, wie den einzelnen Filmbeispielen zu entnehmen ist: Experimentieren, ausprobieren (v. a. in den Spielfilmproduktionen), Eindrücke gewinnen und verarbeiten, sammeln, sortieren, sich bewusst machen (alle Gruppen), wahrnehmen, spüren, sinnliches Erfahren auch von Unbekanntem und Neuem (alle Gruppen), Unterschiede zwischen materiellem und immateriellem Erbe erkennen (besonders bei „Unesco Spezial"), unbekannte Perspektiven gewinnen, Sehweisen kennen lernen, staunen (besonders beim zweiten transkribierten Beispiel), dies gilt auch für: „Fremde Eindrücke verarbeiten, einordnen, Exemplarisches definieren, Symbolisches entschlüsseln, für sich selbst entdecken, Exotisches und Alltägliches differenzieren und miteinander verbinden"[304]. Schließlich ging es in den historisch orientierteren Dokumentationen verstärkt um: „Geschichte und ihre Spuren hinterfragen"[305].

Nicht direkt also konkret nachweisbar, obwohl in gewisser Weise vermutet, sind jedoch zwei dieser Punkte am Ende der Liste (Kap. 2.1.3): „Sensibilität und Einsicht gewinnen hinsichtlich der Notwendigkeit des Erbeschutzes[306], Inszenierungen durchschauen und begreifen". Dies kann lediglich mittels des Charakters einiger Produktionen und des Benehmens vor Ort im Nachhinein erwartet werden.

---

[304] Kap. 2.1.3

[305] Kap. 2.1.3-

[306] Zusammenfassung nach Ströter-Bender, Jutta: Lebensräume von Kunst und Wissen. Unesco-Welterbestätten in Nordrhein-Westfalen, S. 18 f.

Als Beispiele für erwartete Lerneffekte bei dokumentarischem Filmen im Welterbeunterricht wurden genannt: „Lernende durchdringen den gewählten Filmgegenstand, indem sie ihn gestalterisch erschließen, wenn sie sich dessen, was ihnen im Sinn liegt, mittels eines Films vergewissern. Sie erstellen einen eigenen Film, ein eigenes Werk mit einer eigenen Aussage aus einer eigenen Sicht" (Kap. 3.1). Ich betrachte diesen Punkt als besonders wichtig und stelle fest, dass hier tatsächlich Einiges erreicht wurde. Dies geht zumindest aus den hier angewendeten Evaluations- und Analyseverfahren hervor.

Durch den kommunikativen Charakter der Gestaltung eines Films, so wurde erwartet, bekommen Schülerinnen und Schüler ein Gefühl für ästhetische Mitteilung und halten innerlich Zwiesprache mit sich als Produzierende einerseits und eigenes Publikum andererseits (Kap. 3.1). Der wissenschaftliche Nachweis in einer solchen Studie ist nicht möglich. Die Ansicht, dass auch dieser Punkt erfüllt wurde, resultiert zu einem guten Teil aus der Erfahrung des Beobachtens der arbeitenden Schülerinnen und Schüler selbst. In der Erinnerung sind es Dialoge zwischen den Schülerinnen und Schülern, die hierauf schließen lassen könnten. In einer nächsten Studie würde ich solche wichtigen Teambesprechungen aufnehmen lassen, um den wissenschaftlichen Gehalt zu sichern und besser auswerten zu können. Punkt 3 (Kap. 3.1) nennt praktische Medienkompetenz als Ziel und die Kenntnis und Anwendung von Ausdrucksmitteln der Filmgestaltung, die zum Ausdruckspotenzial gehören sollen. Die selbsttätigen Produktionen sprechen stark für die Erfüllung dieses Punktes. Ob, wie im 4. Punkt (Kap 3.1) genannt, die Schülerinnen und Schüler eine Art „Medienbeurteilungskompetenz" erwerben konnten oder sie sich in einer Welt von Medienerzeugnissen besser zurechtfinden können, wurde nicht hinreichend untersucht. Es ist hypothetisch, anzunehmen, dass das Produzieren einen Einblick in die Medientechnik gewährt, der direkt auf die Reflexion bezüglich des eigenen Medienkonsums übertragen werden könnte. Zum Punkt 5 „Schüler erwerben theoretische Medienkompetenz, indem sie Gestaltungsmöglichkeiten und Kriterien kennen lernen und erschließen und ihr eigenes filmisches Handeln und die Resultate ihrer Arbeit mittels Kriterien beurteilen" (Kap. 3.1), reichen die Mittel ebenfalls zu einer abschließenden gesicherten Beurteilung nicht aus.

Die für Welterbepädagogik typischen methodischen Eigenschaften (Kap. 3.1) – Schülerzentriertheit, Praxisorientierung, Anschaulichkeit, Bildhaftigkeit, Nachhaltigkeit, Handlungsorientierung, Vielfältigkeit, kooperierendes Lernen, entdeckendes Lernen – waren geplant und traten sämtlich auch im Unterrichtsprozess in Erscheinung.

Als gelungen können etwa nach der Analyse der Filmbeispiele ebenfalls die in der Arbeit geforderte unterrichtliche Einbeziehung der handlungsorientierten Medienpädagogik (S. 64), die Vermittlung von „Medienhandlungskompetenz" (Kap. 5.1) und der aktive Umgang mit Medien bzw. die Fähigkeit zur aktiven Kommunikation (Kap. 5.1), nicht jedoch oder jedenfalls nur ungesichert die Fähigkeit zur kompetenten Rezeption (Kap. 5.1) bezeichnet werden.

Der Charakter der „handlungsorientierten Medienpädagogik", die Forderung nach Vermittlung von „Medienhandlungskompetenz"[307], also aktiver Umgang mit Medien als Fähigkeit bzw. „die Zweckbestimmung von Kommunikation als symbolisches Austauschhandeln zwischen Menschen zum Zwecke der Gestaltung menschlicher Gemeinschaft als Prämisse zu erkennen und mediales Handeln danach auszurichten" (Kap. 5.1), sind in den welterbepädagogischen Film-

---

[307] Definition: „Medienhandlungskompetenz ist die Fähigkeit des sachgemäßen und angemessenen Medienumgangs, um die damit verbundenen, wie auch immer vermittelten Bedürfnisse zu stillen."

produktionen ebenfalls teilweise nachgewiesen worden. Folgender Punkt hat sich jedoch nach Auswertung und Durchführung der Reihe als nur bedingt gültig bzw. für diese Untersuchung nicht probat erwiesen:

„Im technischen Bereich muss die Kenntnis der technischen und organisatorischen Bedingungen sowie die Gewandtheit im Umgang mit technischen (Kamera, Ton, Licht, Schnitt, Nachvertonung, Ausstrahlung von Beiträgen) und organisatorischen Bedingungen (von der schriftlichen Fixierung bis zur Öffentlichkeitsarbeit) vorausgesetzt werden." (Kap. 5.1)

Hinsichtlich des projektunterrichtlichen Verfahrens und dessen Merkmalen nach Birgit Frank (Kap. 6.3) – Schülerwirklichkeitsorientierung, zielgerichtete Projektplanung unter Einbeziehung der Schülerinnen und Schüler, Selbstorganisation und Selbstverantwortung, Einbeziehung vieler Sinne und soziales Lernen, Produkt- und Prozessorientierung –, die sich ohnehin schon in hohem Maße mit welterbepädagogischen Ansprüchen und Zielsetzungen decken, kann mittels Auswertung und didaktisch-methodischer Planung deren hundertprozentiges Vorhandensein in der vorliegenden Unterrichtsreihe konstatiert werden.

Die geforderte Sensibilität für ästhetische Qualitäten beim Filmen von Welterbestätten und das Arbeitenkönnen mit Kamera und im Schnitt (im Sinne des Kap. 8.2.2) konnten beobachtet werden. Nicht jedoch in hundertprozentigem Sinne die Arbeit mit dem Drehbuch. Hierzu war die Anlage des Projektes mit Außendreharbeiten an einem für die meisten unbekanntem Ort nicht das richtige Mittel. Eher neigten die Schülerinnen und Schüler in ganz sinnvoller Weise dazu, von den Planungen abzuweichen und ihr Tun vor Ort improvisativ zu modifizieren, wie dies aus der Filmanalyse Rubrik Drehbuch und Improvisation, aber auch Befragung nach den Dreharbeiten hervorgeht.

In allen Produktionen finden sich außerdem die folgenden aufgezählten und bereits (im Kap. 8.2.2) geforderten Punkte, die für eine „allgemeine" Befähigung zum Umgang mit Medien nachgewiesen werden sollten. Es handelt sich um die Fähigkeit, einen Inhalt für ein kurzes Format (fünf Minuten) zu konzentrieren (reduzieren), die Verständnisgewinnung für den Sinn und Zweck einer filmischen Dokumentation, das Erkennenkönnen von Kommunikabilität, Anschaulichkeit, die Fähigkeit, ein Treatment zu erarbeiten und dabei Herstellungsverfahren eines Treatments kennen zu lernen.

Das Arbeiten in Gruppen bietet also beim Filmen im Besonderen die Vorteile, die Kooperationen im Allgemeinen besitzen, wie gegenseitiges Unterstützen, Ergänzen, Helfen, füreinander Einspringen, Differenzieren, Diskutieren (Kap. 8.2.2).

11. Kritisches Resümee

Die globale Publikation der Filme als Podcasts bietet Chancen für interkulturelles Lernen. Diese Faktoren können in anschließenden weiterführenden Untersuchungen ausgebaut werden. Die „internationale Sprachkultur" des Filmens kann und sollte nach meinen Erkenntnissen stärker genutzt werden, um über die Grenzen hinaus zur Verständigung und interkulturellen Erziehung zu führen.

Schließlich sollten aus meiner Sicht Maßnahmen zur zukünftigen Förderung von Medienkompetenz in Lehrplänen und „Bildungsstandards" für das Fach Kunst konkret umgesetzt werden, um nächste Schritte zur Einführung filmischer Methodik in die Lehrpläne sowie die Ausbildung und weitere Studien hierzu zu erleichtern.

Nach der Durchführung des Unterrichtsvorhabens, der Auswertung der Studie und mit den in der Unterrichtsreihe gesammelten Erfahrungen können mit Sicht auf die genannten Fragestellungen der Arbeit weiterführende Schlüsse gezogen werden. Die Möglichkeiten des Films, insbesondere des „Videopodcastings", bieten als Ausdrucksmittel für Lernende daher tatsächlich neue Perspektiven in Bezug auf die Befassung und Vermittlung von Welterbeinhalten und deren Distribution mit besonderen Möglichkeiten gegenüber anderen Medien. Hierzu gehört zum Beispiel das Festhalten und Einbeziehen von Interviewsituationen vor Ort, in denen das Erbe authentisch „zum Leben erweckt" wird. Orte können von unterschiedlichen Perspektiven aus betrachtet werden. Das „Erfassenkönnen" der Wirkung des Räumlichen, die Aufeinanderfolge bewegter Bilder mit Details, Impressionen, Artefakten und Atmosphären und deren Aufführen können im Zusammenhang das Besondere ausmachen. Alle anderen Attribute des Filmischen können je nach Kenntnisstand der Lerngruppen individuell von den Lernenden an ihre Fähigkeiten angepasst werden. Außerdem werden in den entstandenen Produktionen sachgerecht textliche Informationen über den Kölner Dom gegeben. Unterrichtsmethodisch hat sich aus meiner Sicht das Filmen in Gruppenarbeit im Praxisexperiment als handhabbares methodisches Mittel gezeigt. Die Analyse mag verdeutlichen, dass die Schülerinnen und Schüler zu angemessenen Leistungen fähig waren. Die Forderung nachhaltigen Einbezugs von Welterbepädagogik auch und gerade mittels des Podcastings halte ich nach der Durchführung der Arbeit aufrecht. Es sind in der Beispielreihe sowohl die von der Unesco geforderten Prämissen gegeben als auch die von „der" Medienpädagogik und die in Lehrplänen geforderten Bildungsziele durch die Unterrichtsziele und kunstpädagogische Ziele erfüllt (siehe Kap. 3 dieser Arbeit).

Grenzen

Dennoch muss an dieser Stelle darauf hingewiesen werden, dass die institutionellen Bedingungen, unter welchen in diesem Projekt gearbeitet werden konnte, über dem heute in den meisten Schulen üblichen Standard liegen[308]. Die Augen der Forschenden dürfen sich nicht vor dem exponierten Modellcharakter dieser Reihe verschließen, die Aufbauarbeit leisten muss. Es existieren an vielen Schulen noch Bedingungen, die die flächendeckende Einführung des Filmens in der Qualität der dargestellten Unterrichtsreihe zum derzeitigen Punkt verhindern oder doch schwieriger gestalten, als es hier der Fall war. Dies bedeutet nicht, dass das Prinzip des Filmi-

---

[308] Vor allem bestehen Unterschiede in der Ausstattung mit Technik und den Lehrerausbildungsstandards.

schen nicht an der Schule umgesetzt werden kann[309], jedoch müsste in weiteren Studien gezeigt werden, inwieweit mit den zur Verfügung stehenden Mitteln des „Filmhandys" und des „PCs zu Hause", wie sie fast allen Schülerinnen und Schülern üblicherweise zur Verfügung stehen, schulisch gearbeitet werden kann. Dies ist in dieser Arbeit leider noch nicht geschehen. Was hier angeboten werden kann, ist ein Blick auf Möglichkeiten in der Gegenwart und wachsende Perspektiven in unmittelbarer Zukunft. Zu diskutieren ist weiterhin, inwieweit derartige Mittel in der Früherziehung sinnvoll einsetzbar sind. Auch hierfür war in dieser Arbeit kein Platz.

Veränderte Lehrerrolle

Die Jugendlichen selbst bieten andererseits bei der unterrichtlichen Nutzung des Filmens und der sogenannten Neuen Medien für die Schule große Chancen, indem sie durch ihre in die momentan noch in die Freizeit verlagerte Beschäftigung mit Filmen, der Podcastnutzung etc. neue Lernwege für Lehrpersonal, Schule und Lehrerausbildung eröffnen können. Hieraus resultiert eine veränderte Lehrerolle[310]. Besonders in der Verbindung von Neuen Medien (Filmen) und Kunstunterricht, der auf die Eigenständigkeit der Schülerinnen und Schüler und deren Selbsttätigkeit angewiesen ist, besteht also eine doppelte Chance, Schülerinnen und Schüler im Gegensatz zu „erleidenden Objekten"[311] zu „handelnden Subjekten" zu erziehen oder besser: sie sich dahin entwickeln zu lassen. In diesem Sinne könnte sich das Podcasting als demokratisches Mittel, mit welchem eigene mediale Aussagen möglich sind, im Schulunterricht etablieren.

Ausbildungsstandards

Während zu erwarten ist, dass sich die Versorgung mit ausreichender Technik (Handy und Rechner mit Internetanschluss und Schnittprogrammen) sozusagen „von selbst" entwickeln wird, ist dies bei der Frage der Ausbildungsstandards nicht der Fall. In der Praxis jedoch fällt seit Einführung der Neuen Medien auf, dass sich eine praktische Veränderung der Unterrichtsrollenstruktur ereignet. Meinen persönlichen Beobachtungen nach liegt dies alleine schon daran, dass sich die Schülerinnen und Schüler meist „mit Computern besser auskennen" als viele Lehrkräfte und sie sich durch ihre Schülerinnen und Schüler instruieren lassen müssen. Selbst in der hier dargestellten Unterrichtsreihe, auf die ich mich gut vorbereitete, konnten Schülerinnen und Schüler selber mich noch etwas „lehren".

In diesem „kathartischen" Sinne kann mediale Welterbepädagogik als umfassende Pädagogik der Schule fruchtbare Impulse geben. So hat nicht zuletzt die vorgeführte Unterrichtsreihe gezeigt, dass von ihr aus nachhaltige Anstöße ausgehen können.

---

[309] Beispiel wäre das Assembleschnittverfahren bei Handyfilmen, bei denen mit einem Handy Aufnahme für Aufnahme in Reihenfolge gedreht wird, so dass weder eine komplizierte Aufnahmetechnik noch ein Schnittprogramm benötigt wird. Ich konnte mit diesem Verfahren in einer 6. Klasse erfolgreich arbeiten. Hier tut sich ein weiteres Forschungsfeld auf.

[310] Dies spiegelte sich u.a. auch schon in den Erfahrungen beim „SEMIK, BLK-Projekt Neue Medien in Schule und zweiter Phase der Lehrerausbildung" 1998–2003 wider und wurde auf jeder Tagung immer wieder diskutiert.

[311] Schiller, Friederich: Briefe zur ästhetischen Erziehung des Menschen, a. a. O., 15., 23. Brief ff.

Studie

Bezüglich der Studie erscheint es mir im Nachhinein sinnvoll, die unterrichtlichen Diskussionen und die letzte Nachbesprechung detailliert zu protokollieren oder festhalten zu lassen bzw. eine Endbefragung durchzuführen, um die Analysemöglichkeiten auf den Anstieg der Medienkompetenz, die aus den Filmanalysen ablesbar ist, zu präzisieren (selbst, wenn dies außerhalb des Unterrichtes geschehen müsste). Als Alternative bietet sich eine gefilmte Abschlussdiskussion an, wie sie in dem dargestellten Vorhaben aus institutionellen Gründen leider nicht mehr stattfinden konnte.

Die Fragestellungen der Interviews könnten bei zukünftigen Projekten, die nicht gleichzeitig die Lerngruppenanalyse unterstützen und den Nachweis über die Sinnhaftigkeit des Filmens im Unterricht führen müssen, gezielter mit Blick auf das jeweilige spezielle Problem hin ausgerichtet werden, um die Möglichkeit zu bekommen, den Lernzuwachs in Verbindung mit einer zu gestaltenden Schlussumfrage noch genauer festzustellen. Dabei sollte aber bedacht werden, dass die zahlreichen Umfragen den unterrichtlichen Rahmen nicht sprengen.

Schüleraktivitäten

Rückblickend hätten die Schülerinnen und Schüler sogar noch stärker, als dies im Projekt stattfand, selbst mit in die Anfangsplanung eingebunden werden können. Dies bezieht sich vor allem auf das eigene Recherchieren, das hier nur vom Lehrer vorgenommen wurde, da der Internetserver sich als unzuverlässig erwiesen hatte. Das Drehbuchschreiben ist in diesem Projekt nur sekundär realisiert worden, da die Lernenden sich vorher den Ort nicht genau vorstellen konnten. Dies führte zwar u.a. zu einer verstärkten Aufmerksamkeit vor Ort, war aber so nicht geplant.

Format

Bezüglich des Dokumentarfilmformates ist anzumerken, dass es mir anfangs innerlich schwerfiel, die Schülerinnen und Schüler auf dieses Format zu beschränken. Es sind sehr viele andere Formate für die Schularbeit denkbar. So zum Beispiel auch Spielfilme, Soaps, abstrakter Film, Roadmovie, Autorenfilm, Nachrichtenbeitrag, expressiver Film und andere Genres. Die Beschränkung auf ein Format hatte neben analytischen auch technische und institutionelle Gründe (Planbarkeit, Vergleichbarkeit, Machbarkeit, Umsetzbarkeit) und nicht ausschließlich pädagogische Gründe. Dies habe ich als notwendig, aber unangenehm empfunden. Die Annahme, dass auch andere Formate möglich sind, bestätigt die aktivste Gruppe der jungen Filmer, die parallel zu der Dokumentation „Der Kölner Dom" noch einen „actionreichen" Mafiaspielfilm gedreht hat. Auch zwei andere Gruppen warteten mit anderen Genres auf.

L'art pour l'art

Bei aller Begeisterung für das Filmen darf nicht vergessen werden, dass auch hier nicht ein L'art-pour-l'art-Prinzip gesehen werden darf. Filmen sollte seinen spezifischen Platz in der Kunstpädagogik und in der Welterbepädagogik einnehmen. Es kann an Stellen eingesetzt werden, an denen andere Medien nicht so gut taugen. Jedoch gibt es zahlreiche andere Methoden, die ganz andere Erfahrungen zulassen. Denken wir nur an den Geruch von Ölfarbe im Malatelier, an die Geräusche der Raspeln beim Bauen eines Holzmodells, an das haptische Gefühl beim Specksteinschnitzen, Metallverarbeiten oder das Gespür für Ponderation beim Herstellen einer

Plastik, an das Entdecken und Suchen von Spuren „vor Ort", an den Reiz des ganz Spontanen, an den besonderen ästhetischen Reiz von selbstgefertigten, handgeschriebenen Karten, so wird klar, dass das Filmische eine ganz spezielle Methode zur Erkundung und Ermittlung des Welterbes oder anderer Inhalte sein kann und im Zusammenhang gesehen werden muss. Was ist das Erlebnis eines Ortes des Geschehens gegen einen Film darüber?

11.1 Perspektiven für die Erforschung neuer Themenfelder und Arbeitsformen in der WHE

Welterbe und Neue Medien „passen zusammen", können sich ergänzen und fruchtbar miteinander verbunden werden. Dies gilt jedoch nicht nur für die filmische Arbeit in der WHE, wie diese Arbeit gezeigt hat. Wahrscheinlich ist, dass auch andere Bereiche der Neuen Medien mit WHE nicht nur in Einklang zu bringen sind, sondern sich gegenseitig befruchten können. Eine Vorstellung, die sich während der Arbeit an dieser Schrift bei mir gebildet hat, geht etwa in Richtung der digitalen Bildbearbeitung.

Auch hier könnten meiner Meinung nach WHE-typische digitale Themenstellungen eingeführt werden. Mit Ebenen-basierten Bildbearbeitungsprogrammen könnten einige WHE-angemessene Unterrichtsvorhaben konzipiert werden, da nur hier (unterrichtlich machbar) bestimmte Techniken für WHE zur Verfügung gestellt werden könnten. Eine solche Technik könnte beispielsweise die Ebenentechnik innerhalb bestimmter Bildbearbeitungsprogramme sein, die digitale Collagen zulässt. Neben Unterrichtsreihen mit Collagen an sich könnten auch solche, in denen es um rekonstruktive Collagen geht, konzipiert werden.

Die Rekonstruktion oder Umgestaltung von Welterbestätten wäre ein Themenbereich, in welchem zahlreiche unterschiedliche Unterrichtsmodelle denkbar erscheinen. Vorstellbar wären mit dieser Technik Umsetzungen von Schülervorstellungen zu ganz unterschiedlichen Themen der WHE.

Mögliche zu erforschende Beispiele für Unterrichtsreihenthemen:

Rekonstruktionen architektonischer Denkmäler, wie z. B. Cuzco, Olympia, Minos-Tempel, Stonehenge

Umgestaltungsprojekte urbaner Kultur: in einer Altstadt, einer Welterbestätte

Ergänzungsprojekte zu immateriellem Erbe: Onlinemuseumskofferspiele (Museumskoffer packen im Internet)

Welterbe und Moderne: Hinzufügungen zu Welterbestätten aus der modernen Sicht der Schülerinnen und Schüler

Auch andere Mittel der Bildbearbeitung und der Neuen Medien sind integrierbar und es könnten von ihnen neue Impulse in Richtung WHE ausgehen: Hörspiele (Audiopodcast), Zeitzeugeninterviews (filmen), digitale dreidimensionale Bauten erstellen, virtuelle Nachbauten bestehender Gebilde verknüpfen mit Google Earth. Schon diese kleine Themensammlung mag das mögliche breite Œuvre digitaler WHE andeuten, das mit der Einführung neuer Techniken verfügbar gemacht werden könnte. Weitere Beispiele können durch die Beobachtung aktueller kunstpädagogischer Unterrichtsforschungen[312] zur Nutzung Neuer Medien im Unterricht und speziell der Bildbearbeitung gewonnen werden.

Für die Durchführung diesbezüglicher Vorhaben könnten Erkenntnisse dieser Arbeit dienlich sein und erweitert werden. Wissenschaftlich wäre interessant, übertragbare Modelle zu entwickeln oder die Übertragbarkeit zu optimieren.

Dies gilt insbesondere für die Beschäftigung mit den Neuen Medien auch an anderen Schulformen und im interkulturellen Zusammenhang über den nationalen Kontext hinaus.

Ausgehend von den Erkenntnissen dieser Arbeit können einige Perspektiven genannt werden, die sich in der weiteren Erforschung des Gebietes ergeben könnten.

Die weitere Erforschung der sozialempirischen Studie als probates Mittel der Lerngruppenanalyse halte ich für ein gewinnbringendes Feld der Praxisforschung. Das Problem der Validität solcher oder ähnlicher Untersuchungen kann durch die Verknüpfung immer wieder durchgeführter unterschiedlicher Untersuchungen in Verbindung mit anderen Strategien verbessert werden.

11.2 Ausblick: Modularisierung filmischer podcastunterstützter Pädagogik

Ein Impuls, der von der Welterbepädagogik auch in andere Bereiche als der unterrichtlichen Arbeit ausgehen könnte, ist der Versuch einer Modularisierung von podcastpädagogischen Bildungsinhalten aufgrund der in dieser Arbeit gesammelten Erfahrungen, Beobachtungen und Erkenntnissen, im Rahmen des Versuchs, einen Modularisierungsentwurf zu skizzieren. Im Folgenden möchte ich hierfür am Ende dieser Arbeit erste Vorschläge als Denkanstöße unterbreiten.

Die Studie belegt, eingedenk dieser Erträge, dass mithilfe einer geeigneten Unterrichtsreihe die Ausdrucksform Film für den Regelunterricht didaktisch und methodisch erschlossen werden kann und die Schülerinnen und Schüler praktische Medienkompetenz[313] im Sinne filmischen Lernens erwerben können.

Damit ist ein weiterer wichtiger Schritt in Richtung der Einführung der dokumentarfilmischen Methode in den Unterricht getan. Noch 2004 hieß es: „Probleme ergeben sich bei nachhaltiger Etablierung von Methoden zur Steigerung praktischer Medienkompetenz im Schulalltag aufgrund relativ statischer Schulpläne im organisatorischen Bereich."[314] Es wurde daher vorgeschlagen, dem mit „interdisziplinärem Schulfernsehen" und/oder einem Fach „Medienpraxis"[315] und ähnlichen Projekten entgegenzuwirken.

---

[312] Die Beispiele für kunstpädagogische Beschäftigung mit Bildbearbeitung sind zahlreich, vgl. z. B. Kirschenmann, Peez u.a. oder Projekte wie MuSE Computer, wo per Crossover-Prinzip traditionelle und neue Verfahren der Bilderzeugung und Bildbearbeitung verbunden werden etc. (Die Veröffentlichungen sind zu zahlreich, um sie hier darzustellen. Eine umfangreichere Übersicht findet sich u.a. auf: http://www.lrz-muenchen.de/~kunstpaedagogik/LitNM.pdf, Stand 2010, a. a. O.)

[313] Im weitesten Sinne.

[314] Lausch, E. und B. Bachmair, P. Seibert, M. Hänze: TV-Produktion in Schule und Hochschule, Schriftenreihe der LPR Hessen, Bd. 19, Juli 2004, S. 209.

[315] Ebd.

Eine weitere Folge der hier dargestellten Untersuchungsergebnisse ist für mich die Formulierung von Ideen für universitäre Ausbildungsmodule für die erste (und möglicherweise für die zweite) Phase der Lehrerausbildung bzw. BA- und vor allem MA-Studiengänge sowie die Formulierung funktionierender Unterrichtseinheiten und Unterrichtsmodelle, die sich für die Einführung des Filmens im o. g. Sinne eignen.

Im filmisch-praktischen Projektunterricht können Methodenkompetenzen und Schlüsselkompetenzen aus folgenden Bereichen erworben werden: Die JIM-Studie hat gezeigt, dass die Schülerinnen und Schüler in der Lage sind, mit vielen neumedialen Instrumenten auch zu Hause umzugehen. Hierzu gehört das selbstverständliche Umgehen mit der Internetrecherche zu filmischen Themen und die teils schon vorhandene Podcastingkompetenz sowie höchstwahrscheinlich auch bald das eigene, ganz selbstverständliche Vermögen, Filme zu schneiden.

Die Schülerinnen und Schüler konnten im Rahmen der Unterrichtsreihe sinnvolle, inhaltsreiche, stringent formulierte Ergebnisse erstellen und bei Vorerfahrung (laut Befragung) sogar besonders aussagekräftige Beiträge produzieren.

Neuordnungsperspektiven in Studium und Lehre

An dieser Stelle ist noch einmal auf die Unterscheidung zwischen „medienpädagogischer Kompetenz" und „Medienkompetenz" hinzuweisen, wie sie Tulodziecki sinnvollerweise vornimmt[316]. Die Ausbildung an der Universität soll einerseits den Erwerb der wissenschaftlichen Grundlagen für die mediendidaktische, die medienpädagogische, die sozialisationsbezogene und die Schulentwicklungsentwicklungskompetenz ermöglichen und andererseits die eigene Medienkompetenz stärken.[317]

Um den Kanon der Module beispielsweise einer Hochschule, Schule oder eines Studienseminars in diesem Sinne zweckmäßig durch ein Modul PRAKTISCHE FILM-KOMPETENZ/PODCASTINGPÄDAGOGIK zu ergänzen, ist ein kurzer Blick in bestehende gängige Konzeptionen der Modulstruktur ratsam.

Im Rahmen der aktuellen Hochschulentwicklung Europas finden zurzeit weiterhin Modularisierungsprozesse statt. Es wird angestrebt, für den europäischen Raum eine Kompatibilität der Studienstrukturen zu schaffen. In diesem Zusammenhang wurden die Mindeststandards für Deutschland festgelegt.[318] Die Modularisierung von Studiengängen unter Einbeziehung eines Kredit-Systems[319] ist ein zentrales Element dieser Mindeststandards[320]. Hauptzweck ist die transparente, flexible, kompatible und effiziente Gestaltung der Studiengänge im internationalen

---

[316] Bornemann, Stefan und Lars Gerhold, S. 34 ff. in: : TV-Produktion in Schule und Hochschule – ein Leitfaden zur Vermittlung praktischer Medienkompetenz. München 2004.

[317] Ebd.

[318] Festgelegt sowohl von der KMK als auch von der HRK und vom Wissenschaftlichen Zentrum für Berufs- und Hochschulforschung in Zusammenarbeit mit dem Stifterverband dargestellt (HRK 1999, KMK 2000, Schwarz und Teichler 2000).

[319] Das European Credit Transfer and Accumulation System (ECTS) soll Leistungen von Studierenden im Europäischen Hochschulraum vergleichbar machen und grenzüberschreitend deren Anrechenbarkeit sicherstellen.

[320] Vgl. Ministerinnen präsentieren den Nationalen Bologna-Bericht 2004 in Kiel (BMBF-Pressemitteilung vom 11.02.2005).

Rahmen sowie die Verbesserung der Voraussetzungen für die Mobilität der Studierenden. Modularisierung kann grundsätzlich als Studiengangsplanung und -gestaltung aus Perspektive der Studenten verstanden werden. Kernbereiche dieser Ausbildung sind Interdisziplinarität, studienbegleitendes Prüfen und vorab *schriftlich* definierte Lehr- und Lerninhalte unter Berücksichtigung der Vorgaben des Kredit-Systems. Im Zentrum befinden sich die Pflichtmodule aus den Kernbereichen des Studienfaches. Zusätzlich werden Wahlpflicht- oder Wahlmodule angeboten. Wie viele und welche der angebotenen Module absolviert werden müssen, um zur Abschlussprüfung am Ende eines Studienganges zugelassen zu werden, regeln Prüfungs- und Studienordnung des Studienganges.

Kompakte Modellstrukturübersicht eines modularisierten Studiums[321]	Kredit-System[322]
Einheitliche Größenordnungen von Modulen	Modulabschlüsse durch Prüfungen
Lernen in Modulen	Minimale Sequenzierung des Studiums
Studienbegleitende Leistungsbeurteilungen vereinfachen	Aufführung jedes absolvierten Moduls im Examenszeugnis mit Bezeichnung von Modul, Datum der Prüfung, Note
Kombination von Studieneinheiten	Möglichkeit der Aktualisierung des Curriculums
Gemeinsame Überprüfung des im Modul Gelernten	Zeitlicher Umfang von modularisierten Lehrveranstaltungen quantifizierbar in Semesterwochenstunden (SWS) und kann sich aus 2 SWS Vorlesungen, 1 SWS Praxis und 1 SWS Seminar rekrutieren

Um die ermittelten Erkenntnisse in ihrer Bedeutung hinsichtlich der Entwicklung von Schule und Unterricht zu verdeutlichen und Beispiele für die Modularisierung von Medienkompetenzorientierter Pädagogik zu erhalten, eignet sich der Vergleich mit einer beispielhaften Studie von vor vier Jahren.

Bornemann und Gerold haben den gelungenen Versuch unternommen[323], in einem wissenschaftlichen Projekt spezifische Module für die GHK Universität Kassel zu entwickeln. Hierbei stand am Anfang die Idee, eine Art Hochschulfernsehen mit der Bezeichnung Univision zu implementieren. Das Univision-Projekt ging von der Idee der Produktion von Magazinbeiträgen (Dokus, Interviews, Nonfiction) von Studentinnen und Studenten der Kasseler Hochschule aus. Das Konzept basierte auf einem fächerverbindenden Ansatz.

---

[321] Vgl. Entschließung des 182. Plenums der Hochschulrektorenkonferenz am 07.07.1997 zu Modularisierung und Kredit-Systemen.
Beschluss der Kultusministerkonferenz vom 24.10.1997 zur Stärkung der internationalen Wettbewerbsfähigkeit des Studienstandortes Deutschland.
Modellversuchsprogramm Modularisierung der Bund-Länder-Kommission Oktober 1998 bis September 2001.

[322] Kredit-Systeme sind Leistungsbewertungssysteme, in denen das Studium eines Studiengangs in Einheiten (nach Zeit) gegliedert wird. Sie können separat bewertet werden.

[323] In einem gemeinsamen Projekt mit E. Lautsch, B. Bachmair, P. Seibert, M. Hänze (alle Kassel) als wissenschaftliche Betreuer.

Zwar ist dieser Ansatz nicht genau der in der hier vorliegenden Arbeit dargestellte, jedoch existieren inhaltliche und mediale Verwandtschaften.

So ging es darum, Medienkompetenz zu implementieren, doch stand im Fokus der Studie nicht speziell die Arbeit mit Schülerinnen und Schülern.[324] Es ging vielmehr um Vorgänge im Bereich der Hochschulausbildung.

Die Kasseler Wissenschaftler nahmen hierzu eine beispielhafte Modularisierung vor, indem sie didaktische Einheiten innerhalb einer Lehr-Lern-Redaktion aus ihren Versuchen herleiteten.

Vergleichsbeispiel für die Modularisierung von Medienkompetenzinhalten (Univision)

Modul/Verfahren	Lerninhalte	Lernziel
Grundlagenwerkstatt	Produktionsschritte, Strukturkonzepte journalistischer Beiträge mit audiovisuellen Medien, schriftliche Fixierung nonfiktionaler Filmbeiträge, Einführung in die Technik (Kamera, Licht, Ton), Interviewtechniken, Testproduktionen	Darstellungs- und Gestaltungsformen, Prinzipien journalistischer Arbeit, Genrewissen, ästhetische Aspekte, technische Aspekte, Teamworking, Rechte und Pflichten von Journalisten (gesetzliche Bestimmungen)
Redaktionssitzung	Erste Vorstellung der Idee, Vorstellung des Exposés und Treatments, Berichterstattung während der Produktion, Sendeplanung und Aufgabenverteilung	Kreativität, Teamworking, redaktionelles Umfeld (Bedingungen, Möglichkeiten und Zwänge von Journalisten)
Recherche und Konzeptentwicklung	Fakten ermitteln, Interviews planen/vorbereiten, Drehplan erstellen, Technik-Disposition	Dramaturgie, Text/Bild-Verhältnisse, Organisationsfähigkeit
Filmproduktion	Technikeinsatz, Arbeitsteilung, Interviews, Schnittbilder, Organisation, Bandprotokoll, Schnittleiste, redaktioneller Text (grob)	Technische Bedingungen, Fachterminologie, Wirkung von Bild-Text-Verhältnissen, redaktionelle Arbeit, Information
Postproduktion (Schnitt und Nachvertonung)	Fertigstellen des Beitrags, redaktioneller Text (genauer), Arbeit mit dem Cutter, redaktioneller Text (fertig), Sprechen des redaktionellen Offtextes	Mit dem Cutter, redaktioneller Text (fertig), Sprechen des Textes
Live-Sendung	Live-Bedingungen: Kamera, Bildregie, Ton, Moderation, Aufnahmeleitung	Teamworking, Eigenverantwortung, technische Bedingungen, Erleben von Live-Sendungen
Reflexion/Form- und Inhaltsanalyse	Gemeinsames Reflektieren und Analysieren der Sendung und der Beiträge, Feedback der Redaktionsmitglieder (ggf. methodische Reflexion der sieben didaktischen Einheiten)	Rezeption und Filterung audiovisuell vermittelter Informationen, Kritikfähigkeit, Kritikäußerung

Nach Bornemann, Gerold, a. a. 0, S. 138, Abb. 26: Lernmodule nach dem Prinzip der Lehr-Redaktion.

In Anlehnung an dieses Modell könnte eine zukünftige Modularisierung bzw. ein Modularsystem ebenfalls in verschiedene stringent aufeinander aufbauende Einheiten aufgeteilt werden.

---

[324] Obwohl der Bedarf sehr wohl erkannt wurde, vgl. Bornemann, S. und L. Gerold, a. a. 0., S. 208 ff.

Inhaltlich müsste der Unterrichtsbezug in unserem Falle stärker ausgeprägt sein, um Lehramtsanwärterinnen und Lehramtsstudierenden sowie Lehrern und Lehrerinnen im Vorbereitungsdienst eine Brücke zwischen Ausbildung und Lehrpraxis zu bauen. Dies bedeutet beispielsweise, technische Inhalte, wie die der „Grundlagenwerkstatt" im vorliegenden Beispiel aus Kassel, in geringerem Maße mit einzubeziehen als bei Univision. Stattdessen sollte der erwachsenenpädagogische (und später schulpädagogische) Ansatz in dem zu entwickelnden Modulsystem stärker die Konzeptentwicklung, die Filmproduktion und die inhaltliche Auseinandersetzung im Medium forcieren.

Ausbildungsmodularisierung am Beispiel der zweiten Phase der Lehrerausbildung in Hessen[325]

Im Rahmen unserer eigenen Untersuchung wurde als Beispiel eine Unterrichtsreihe an einem hessischen Gymnasium gewählt. In weiteren Untersuchungen könnten Studien zur Übertragbarkeit der Ergebnisse und Erfahrungen auf andere Schulformen und Regionen stattfinden.

Dies könnte Bestrebungen unterstützen, das Filmen dort gezielt als Methode einzurichten. Auch für die Einbindung in die Lehramtsstudiengänge und die 2. Phase der Lehrerausbildung könnte dies neue Aspekte in den Vordergrund rücken.

Das Referendariat für das Lehramt an Gymnasien in Hessen beispielsweise gliedert sich zurzeit in vier Semester: Einführungssemester, 1. Hauptsemester, 2. Hauptsemester und Prüfungssemester.

In diesen vier Semestern sind 18 Module zu absolvieren, zwölf bewertete und sechs unbewertete.

Mindestens jeweils zwei Halbmodule in Einführungs- und Prüfungssemester und zwei Vollmodule im ersten und zweiten Hauptsemester sind den Fachdidaktiken gewidmet.

Zwei der zwölf allgemeinpädagogischen Module können sich eingehender mit der Nutzung von Medien im Unterricht befassen (Modul 4: unbewertet, Thema z. B. „Einführung in die Nutzung von Medien und Methoden", Modul 10: „Medien und Methoden einsetzen" – bewertet, mit einem Unterrichtsbesuch). Die Ausgestaltung dieser Module obliegt den Studienseminaren. Dazu gehören auch Umschichtungen im Bereich der unbewerteten Module. Die inhaltliche Ausgestaltung dieser beiden Module unterscheidet sich laut informeller Anfragen bei Kolleginnen und Kollegen von Seminar zu Seminar deutlich hinsichtlich der Betonung methodischer oder medialer Schwerpunkte, eher unterrichtspraktischer oder theoretischer Orientierung der Seminarveranstaltungen.

Neben diesen Modulen gibt es noch viele weitere zu anderen Themen. Bei Erprobung der ursprünglich 2005 eingeführten Modulbeschreibungen stellte sich laut informeller Anfragen heraus, dass diese in der Praxis schwer zu handhaben waren. Deshalb wurden neue „Arbeitsfassungen" erarbeitet, die seit 2007 verwendet werden. Diese differenzieren im Einzelnen zwischen Standards, Kompetenzen und Indikatoren.

---

[325] Verordnung zur Umsetzung des Hessischen Lehrerbildungsgesetzes (HLbG-UVO) vom 16. März 2005, gült. Verz.-Nr. 7014.

Um einen Überblick zu bekommen, erlaube ich mir in der Anlage die Darstellung der Ausbildungsverordnung[326] in stark zusammengefasster Form. Dabei wurde besonders darauf geachtet, die relevanten Ausbildungselemente und diejenigen Module zu bestimmen, in denen die sinnvolle Einarbeitung des Filmens als aktive Medienkompetenz für den Unterricht möglich erscheint.

Für eine Vermittlung der Kompetenz zur Realisierung der Podcastingproduktion als Unterrichtsmethode ergeben sich Ansatzpunkte, die weiterverfolgt werden könnten.

Ausblick: Neue Möglichkeiten der zukünftigen Einbindung von modularen Elementen als Teil- oder Wahlpflichtmodule, am Beispiel der hessischen Studienseminare

Anhand der didaktisch-methodischen Analyse der Unterrichtsreihe lassen sich Arbeitsbereiche der pädagogischen Filmproduktion definieren, die sich bei der Strukturierung einer Modularisierung nutzen lassen. Sie orientieren sich in etwa an den verschiedenen Schritten innerhalb der Filmproduktion oder auch den Berufsbildern/-bereichen des professionellen Filmens. Die sich ergebenden sinnvollen Kern-, Lehr- und Lernbereiche, die aus der Analyse der in der Ausbildungsverordnung festgelegten Elemente resultieren, könnten praktisch sofort eingeführt werden. Es ergeben sich folgende mögliche Orte des Einsatzes und Auftauchens des Filmens als aktive Medienkompetenz, z. B. innerhalb der zweiten Phase der Lehrerausbildung in Hessen:

A)	§ 41 Punkt 1	Erstellung eines Moduls „Aktive Medienkompetenz Film"
B)	§ 41 Punkt 2	Andere Träger staatlicher Lehrerbildung
C)	§ 42 Punkt 2	Einbeziehung des Filmischen in die „grundlegenden Kompetenzen"
D)	§ 42 Punkt 3, 5, 6	Festlegung der nicht bewerteten Pflicht- und Wahlpflichtmodule durch Studienseminare, individuelle Beratung
E)	§ 42 Punkt 7	Diagnostizieren, Schule mitgestalten und entwickeln ... Methoden und Medien einsetzen
F)	§ 43 Portfolio	Leistungsnachweise Dokumentation

Möglichkeiten der Einbindung ergeben sich im Einzelnen also wie folgt:

In § 41,1 wird von Wahlpflicht und Pflichtmodulen gesprochen. Die Einbeziehung der Filmkompetenz wäre schon zum jetzigen Zeitpunkt möglich durch die Erstellung eines Wahlpflichtmoduls „Filmen". Das Gleiche gilt für die Möglichkeit der Einbeziehung eines Pflichtmoduls Filmen, welches bei Bedarf noch andere Medienkompetenzen umfassen könnte.

Die zu vermittelnden Basiskompetenzen in diesen Modulen könnten aus Sicht des Filmens als aktive Medienkompetenz unter Berücksichtigung der Forderung auch nach medienpädagogischer Kompetenz (mit Zeitangabe) wie folgt formuliert werden:

---

[326] Siehe Anhang: Auszüge aus der Verordnung zur Umsetzung des Hessischen Lehrerbildungsgesetzes (HLbG-UVO) vom 16. März 2005, gült. Verz.-Nr. 7014.

1. Filmischer Produktionsprozess (2 Std.)
2. Kommunikabel-dramaturgisches Denken bei Schülerinnen und Schülern (2 Std.)
3. Bilder sehen, komponieren, erfassen, drehen (2 Std. Praxis)
4. Probate Themen für unterrichtliches Filmen, Voraussetzungen und Beispiele (2 Std.)

Fachübergreifende „Bausteine für die Arbeit in Modulen"

Die hier vorgestellten Bausteine für Modulveranstaltungen sind aus Sicht der Welterbepädagogik entworfen und daher fachbereichsübergreifend angelegt, um ein möglichst breites fachliches Anwendungsspektrum zu ermöglichen.

Mögliche Teilelemente für den Einbezug in bestehende Module

Kameraarbeit	Kameraeinstelllungen/Kamerabewegungen, Bildaufteilungen, Bilder sehen, Motiverkennung	
Sinn und Aufbau eines Drehbuchs, Dramaturgie und Bildfolgen	Improvisation/Filmen ohne Schnitt	Schnittstruktur, Postproduktion Textgenerator
Dokumentarisches vor Ort und im Internet	Dokumentarisches Filmen	Recherche
Format, Genre	Unterrichtsaufbau	Bilder und Filme zusammenschneiden
Funktionen des Schnitts	Sinn von Bildfolgen, Variationen, Bildwechseltechnik	
Einsatz von Blendenvariationen	Tricktechniken	
DVD-Authoring	Publizieren (als Basismodul denkbar)	Podcasthosting
Interviews aufbauen	Podcast-DVD-HD, Formate und Codecs	Geräusche arrangieren

Ausblick: Zukünftige Möglichkeiten der Modularisierung Filmen für die Anforderungen an B. A.- und M. A.-Studiengänge

Neben den Elementen aus dem Bereich Medienkompetenz sollten die Modulelemente für die Ausbildung von Lehramtsstudierenden medienpädagogische Elemente enthalten, in denen pädagogisch relevante Prinzipien an Beispielen erläutert werden sollen. Sie sind für die Weitergabe und Vermittlung der Medienkompetenz erforderlich und könnten mit allgemeinpädagogischen Seminaren kombiniert werden.

- Bedeutung und Möglichkeiten der differenzierten Lerngruppenanalyse für Filmprojekte (Seminar)
- Praktische Beispiele für interessanten Filmunterricht (Vorlesung/Seminar)
- Filmisches Lernen in schülerzentrierten Lernumgebungen (Seminar)
- Juvenile Wahrnehmung von Wirklichkeit, wie Schüler ein Motiv sehen (Vorlesung)
- Zwischen didaktischer Reduktion und didaktischer Konzentration (Seminar/Vorlesung)

Entwurf: Basiskompaktmodul im Studium

In der ersten Phase des Studiums: Basiskompaktmodul	Seminare/Vorlesungen	20 Std.
Seminar od. Vorlesung: Exemplarische Kurzfilmanalyse	Beobachtung eines Kurzfilms unter den Aspekten: • Kamerabewegung • Kameraeinstellungen • Drehbuch	2 Std.
Seminar: Vertiefung/Aneignung von technischen Kenntnissen	Kamerabedienung • Einstellungsmöglichkeiten • Schnittsystem • Filme aus Einzelbildern schneiden	2 Std.
Vorlesung: Ästhetik und Dramaturgie im Dokumentarfilm	• Der Monitor als Motivsucher • Der Spannungsbogen als roter Faden	4 Std.
Seminar: Praxis „am Set"	• Erfahrungen auf einem Dreh sammeln • Erkenntnisse anwenden, Kurzfilmproduktion	2 Std. (drehen) 2 Std. (schneiden)
Seminar: Nachbearbeitung-"Post"/Editierung	Überarbeitung, Veröffentlichung als Podcast	4 Std.
Vermittlung von Medienkompetenz im Lehr-Lern-Prozess	• Gruppenarbeit • Selbstvergewisserung	2 Std.

Entwurf Nebenmodule im Studium 20 Std.

Vorlesung: Improvisieren „am Set", praktische Hinweise erlernen und erleben	• Technik • Rechtliche Situation • Spontansituationen als Chancen und Gefahr • Arbeiten zwischen Planung/Improvisation	2 Std.
Vorlesung: Formate: Dokumentation und andere	Definition Bedeutung des Begriffes in der Praxis, Abgrenzbarkeit von anderen Formaten	2 Std.
Seminar: Verständnis von Drehbuch und Treatmentarbeit/Formate	Sinn und Zweck von Drehbüchern Arbeitsweisen an Drehbüchern und Treatments – auch hinsichtlich der Arbeit an der Schule	2 Std.
Seminar: Filmmusik und Nachvertonung in Beziehung zum Bild	Veränderungen in der Bildwirkung durch musikalische Untermalung Offtext unterlegen, Typographie unterschiedlicher Stimmen	2 Std. (Musik/Bild) 2 Std. (Töne/Text/Bild)
Seminar: Schule und Filmen	Was erwarten Schülerinnen und Schüler Voraussetzungen der praktischen Umsetzung	4 Std.
Seminar: Pädagogische Spezifika des Unterrichtens von Kindern und Jugendlichen mit Neuen Medien	Rollenverständnis Unterrichtsentwicklung Veränderungen im Verhalten	2 Std.

12 Appendix

12.1 Auswertung des Videoleitfrageninterviews (Basis 1)

Die Fragebögen BASIS 1–2 lassen sich bei aller gegebenen Vorsicht hinsichtlich der Übertragbarkeit und der Begrenztheit der Gültigkeit in diesem Verfahren auswerten und auf unser Beispiel zur Beurteilung heranziehen.

	Fragen:
Vertiefung Inhalt	3–5
Allgemeine Fragen zum Konsum	6–8
Speziell zu praktischen Medienkompetenzen	9–12
Vertiefung Inhalt 2	13–17
Vertiefung Methodik-Kompetenz	18–21
Allgemeine Fragen zum Konsum 2	22–50
Weitere Vorstellungsbildungsfragen	51–54
Methodenkompetenz Gruppenarbeit	55–60

Einschätzungen zu aktiver praktischer Medienkompetenz (Bezug: SB 2[327], Fragen: 9–12).

Aus den Fragen, die sich auf die Einschätzungen (Selbsteinschätzungen) zu aktiver Medienkompetenz beziehen, lässt sich folgern, dass die Schülerinnen und Schüler des Kurses nicht überdurchschnittlich viele Erfahrungen mit praktischer Medienkompetenz besaßen.

Hinsichtlich Qualität und Ausmaß des Medienkonsums (Bezug: SB 2, Fragen: 6–8) besagt die Studie, dass die Schülerinnen und Schüler die Medien in üblicher Weise konsumieren bzw. darüber hinaus allesamt mit dem Computer umgehen können und im Internet aktiv sind. Gewisse Unterschiede existieren im Konsumverhalten, das gegenüber TV-Serien an den Tag gelegt wird. Hier gibt es unterschiedliche Interessenlagen. Dokumentationen wurden dabei etwas häufiger als interessant beurteilt.

Vertiefende Nebenfragen zu aktiver Medienkompetenzeinschätzung (Bezug: SB 2, Fragen: 9–12) führten zu dem Eindruck, dass die Schülerinnen und Schüler die Begrifflichkeiten („Podcast") gut kannten. Ansonsten blieb es auch hier bei der Tatsache, dass die Schülerinnen und Schüler sich noch nicht häufig mit der Filmproduktion, sondern mehr mit Internetchats und anderen Inhalten des Web 2.0 beschäftigt haben. Erfahrungen mit aktivem und passivem Medienkonsum wirken durchaus vergleichbar mit den in der JIM-Studie erfassten und aufgezählten Werten. Hier bewegten sich die Schülerinnen und Schüler also anscheinend ebenfalls im durchschnittlichen Bereich.

Erfahrungen mit praktischer Dokumentarproduktion hatten nur fünf Schülerinnen und Schüler. Hier beschränkte sich bei zweien die Erfahrung auf ein Schulprojekt, bei den anderen darauf, dass sie einmal einen Hochzeitsfilm bzw. einen Geburtstag mit einer Kamera „gefilmt" hatten. Mit dem Handy filmen ab und zu relativ wenige Schülerinnen und Schüler (3).

---

[327] SB 2 = Schriftliche Befragung 2.

Zu den Fragen nach Erfahrungen und Einschätzungen hinsichtlich Methodenkompetenz/Gruppenarbeit (Bezug: SB 2, Fragen: 55–60) äußerten sich die Schülerinnen und Schüler dahingehend, dass sie sich (alle!) mit Gruppenarbeit auskennen. Sie waren auch in der Lage, die tiefergehenden Fragen hierzu differenziert zu beantworten und darzustellen, dass bei einem solchen Unterrichtsvorhaben die Gruppenarbeitsform die richtige Wahl ist. Die Gruppenmitglieder müssten gut kooperieren, so dass nicht einer alles alleine mache, war die einhellige Meinung (aller!). Die Schülerinnen und Schüler sagen übereinstimmend aus, dass diese Methode ihnen als angemessen und hilfreich erscheint, da sie sich sicherer fühlen, besonders bei der als komplex empfunden Anforderung, einen Film zu drehen.

Erfahrungen mit Wissen zum Themenbereich Kölner Dom (Bezug: SB 2, Fragen: 1–5) und Unesco bestanden bei fast niemandem. Andere (zwei Schüler) waren schon einmal auf einem Schulausflug am Kölner Dom, wussten aber nicht, was eine Weltkulturerbestätte ist. Die Kriterien für Unesco-Weltkulturerbestätten waren nicht bekannt und konnten seitens der Schülerinnen und Schüler auch nicht überzeugend erschlossen bzw. geraten werden.

Zwischenfragen zur Vorstellungsbildung (51–54) hinsichtlich der zukünftigen Projektarbeit führten zu der Einsicht, dass die Schülerinnen und Schüler sich problembewusst gegenüber dem komplexen Vorhaben zeigten. Sie äußerten sich dahingehend, dass Sie sich darüber bewusst seien, dass eine solche Projektarbeit komplex sei und viel Zeit in Anspruch nehme.

Die Fragen nach dem anteiligen Aufwand von Schnitt, Kamera, Postproduktion etc. wurde von den Schülerinnen und Schülern unterschiedlich beurteilt, jedoch gaben etwa zwei Drittel stimmig an, dass ihrer Meinung nach der Schnitt wahrscheinlich die Hauptarbeit der Filmproduktion ausmachen würde. Dies zeigt verwunderlicherweise trotz meist fehlender praktischer Medienkompetenz ein gewisses Gespür für die Arbeitsanteile innerhalb einer Videoproduktion.

12.2 Auswertung erste schriftliche Befragung (Basis 3)

Bei der ersten schriftlichen Befragung bestätigten sich in den Fragen, die schon im Leitfrageninterview gestellt wurden, die bereits prognostizierten Annahmen hinsichtlich der Erfahrungen und Kompetenzen der Schülerinnen und Schüler.

Aus Sicht der Untersuchung des Erwerbs von praktischer Medienkompetenz sind folgende einzelne Fragen innerhalb der ersten schriftlichen Befragung besonders ertragreich gewesen: „Besitzen Sie Erfahrungen mit Filmschnitt?", „Kennen Sie sich Ihrem Gefühl nach ganz gut aus?", „Trauen Sie sich zu, ohne Hilfe eine Dokumentation zu schneiden?" und die Frage „Trauen Sie sich zu, mit Hilfe eine Dokumentation zu schneiden?". Eine gemeinsame Beurteilung der hierzu getätigten Aussagen und der Erkenntnisse der Filmdanalyse lässt den Schluss zu, dass bei den meisten Teilnehmenden eine deutliche Zunahme im Bereich der praktischen Medienkompetenz stattfand.Auswertung zweite schriftliche Befragung (Basis 4)

Einstiegsfragen

Frage 01: Wie haben Sie sich auf dem Dreh gefühlt?

Frage 02: Haben Sie schöne Aufnahmen gemacht? (Welche fanden Sie am schönsten?)

Fragen nach der Einschätzung der Vorbereitung

Frage 03: Fühlten Sie sich gut vorbereitet?

Frage 04: Hatten Sie sich gut vorbereitet?

Fragen nach Gruppeninteraktion und spontanen Reaktionen

Frage 05: Mussten Sie improvisieren? (Klar, aber wann, wo, wie?)

Frage 06: Kam es zu schwierigen Situationen? (Wann, welche?)

Frage 07: Hat sich die Form der Gruppenarbeit als richtig erwiesen? (Wann, wieso, wie?)

Frage 08: Hatten Sie Probleme in der Gruppe? (Wann, wieso, wie?)

Fragen nach Problematisierungen des Vorgangs

Frage 09: Hätten Sie sich etwas anderes gewünscht? (Was, warum?)

Frage 10: Haben Sie das Gefühl, aus den Aufnahmen einen schönen Film herstellen zu können?

Frage 11: Sind Sie vom Drehbuch abgewichen? (Wann, warum, wo, wie etc.?)

Frage 12: Sind Sie der Meinung, dass so etwas an der Schule zur Standardausbildung der Schülerrinnen und Schüler gehören sollte? (Warum?)

Fragen nach der Endbeurteilung

Frage 13: Sind Sie zufrieden mit Ihrer Arbeit? (Wann, warum, wo, wie etc.?)

Frage 14: Würden Sie gerne noch einmal so ein Projekt durchführen? (Warum, wo, wie?)

Frage 15: Hatten Sie Probleme mit der Kamera, mit dem Ton, mit dem Mikrofon? (Oder anderem?)

Frage 16: Hatten Sie „Angst" vor der Technik?

Frage 17: Hätten Sie jetzt „Angst" vor der Technik?

Fragen 1–2

Die beiden ersten Fragen nach dem Gefühl am Set und schönen Aufnahmen (Fragen 1–2) wurden von der überwiegenden Mehrzahl der Schülerinnen und Schüler mit gut und teils (wohl scherzhaft gemeint) mit kalt beantwortet. Die meisten hatten dem eigenen persönlichen Eindruck nach das Gefühl, gute Aufnahmen gemacht zu haben.

Fragen 3–4

Hinsichtlich der Vorbereitung (Fragen 3–4) scheinen die Schülerinnen und Schüler unterschiedlicher Meinung gewesen zu sein. Es besteht hier jedoch die Möglichkeit, dass die Frage nicht genau genug gestellt wurde oder dass die Schülerinnen und Schüler erst die Frage 3 beantworteten, bevor sie die Frage 4 lasen. Dafür spricht z. B. die Beantwortung der Frage 3 seitens eines Schülers: „Na ja, ich hätte mich vorher etwas gründlicher vorbereiten können. Technisch waren wir jedoch hervorragend vorbereitet."[328]

Fragen 5–8

Die Fragen nach Improvisation und situativer Gruppendynamik beantworteten die Schülerinnen und Schüler grundlegend positiv.

Auf die Frage 5 antworteten die Schülerinnen und Schüler grundsätzlich mit „Ja" und beschreiben, dass sie dauernd improvisierten.

Die Antworten auf die Frage 6 lauteten grundsätzlich „Nein" (acht Schülerinnen und Schüler, nur vier nannten kleinere Probleme (jedoch meist technischer Art)).

Auf die Frage 7 nach der Gruppenarbeit antworteten die Schülerinnen und Schüler durchgehend, dass sich die Gruppenarbeit als Methode für dieses Projekt gut oder sehr gut bewährt hat.

Frage 8 hat ein einziger Schüler beantwortet, indem er angab, dass es Probleme gab (er musste wohl mehrmals auf einen anderen Schüler, der die Aufnahmen in vielen Varianten aufnehmen wollte, länger warten).

Fragen 9–12

Die Frage 9 nach der kritischen Beleuchtung der Praxis beantworteten die Schülerinnen und Schüler ebenfalls in einer Art und Weise, die darauf schließen lässt, dass sie nicht unzufrieden mit der grundsätzlichen Anlage des Projektes waren. Die Änderungswünsche liegen meist beim Wetter, der Außentemperatur und der technischen Ausstattung (wahrscheinlich teurere Kameras).

Frage 10 wurde einhellig positiv beantwortet. Die Schülerinnen und Schüler hatten demnach deutlich das Gefühl, gute Aufnahmen für einen guten Film gemacht zu haben. Möglicherweise zeigt sich in der Beantwortung dieser Frage auch schon die gedankliche Sicht auf die Beziehung zwischen den einzelnen Aufnahmen und dem fertigen Film.

Zu Frage 11 ergab sich, dass die Schülerinnen und Schüler natürlich vom Drehbuch abgewichen sind. Teilweise haben sie ja gar keine richtigen Drehbücher erstellt. Sie mussten die Vorortbedingungen stark in ihr Konzept mit einfließen lassen.

Die Schülerinnen und Schüler beantworteten die Frage 12 sehr viel häufiger mit „Ja" als mit „Nein". Jedoch immerhin drei Schülerinnen und Schüler haben sich dahin gehend geäußert, dass ein solches Projekt nicht zur Standardausbildung an der Schule gehören müsse. Die (acht) anderen Schülerinnen und Schüler sprachen sich dafür aus.

Die Frage 13 nach der Zufriedenheit mit der getanen Arbeit beantworteten die Schülerinnen und Schüler wie folgt: Sechs antworteten mit „Ja", zwei mit „einigermaßen", zwei sagen, dass es zu früh ist, das zu beurteilen, einer sagte, man könne mehr herausholen. Zwei andere äußerten sich auch noch positiv.

---

[328] Basis 3, Frage 3, Antwort Nr. 11.

Auch hier wird das Projekt zum jetzigen Zeitpunkt als überwiegend positiv beurteilt.

Frage 14

Bei der Frage, ob die Schülerinnen und Schüler Lust hätten, ein solches Projekt zu wiederholen, gab es durchweg positive Rückmeldungen. Nur eine Schülerin schränkt ein, dass sie nächstes Mal lieber einen Spielfilm drehen würde.

Frage 15 richtet den Fokus auf die technische Kompetenz oder Inkompetenz. Die Schülerinnen und Schüler dieses Kurses hatten keine Probleme mit der Bedienung der technischen Geräte. Allerdings kamen laut Aussage von zwei Schülerinnen und Schülern Defekte am Ton einer Kamera und in der Akkulaufzeit vor.

Die Fragen 16 und 17 richten sich noch einmal auf die Frage, ob die sich Schülerinnen und Schüler im Umgang mit der Technik überfordert gefühlt haben. Die einhellige Antwort lautet „Nein".

Zusammenfassung

Die Schülerinnen und Schüler äußerten sich in dem Fragebogen auf der Heimfahrt direkt nach dem Dreh in Köln durchweg „zufrieden". Aus den Aussagen lässt sich der erwartete hohe Motivationsgrad herauslesen.

Aufgrund der Fragebögen (Basis 3) kann konstatiert werden, dass die Schülerinnen und Schüler keine größeren technischen Probleme gehabt haben. Sie hatten durchweg das Gefühl, „gute" Aufnahmen zustande gebracht zu haben, mit denen sich eine „gute Dokumentation" erstellen lässt. Sie beschreiben dabei sogar einzelne Beispiele, mit denen sie sich offensichtlich besonders gut identifizieren können.

Insgesamt lässt die Beantwortung der Fragen den Schluss zu, dass die Schülerinnen und Schüler den Eindruck hatten, erfolgreich gewesen zu sein.

Auch diese gewonnenen Aussagen lassen auf den Erwerb praktischer Medienkompetenz nach Durchführung des Projektes schließen. Offensichtlich sind die Schülerinnen und Schüler mit den Aufgaben, der Bedienung der Technik, der Diskrepanz zwischen Planung und Improvisation sowie der interaktiven Gruppenarbeit als Methode gut zurechtgekommen. Dafür spricht zumindest, dass die Rückmeldungen der Schülerinnen und Schüler überwiegend positiv waren. Legt die Analyse die Vermutung nahe, dass sich eine hohe praktische Medienkompetenz in den Filmprodukten äußert und prognostiziert werden kann, so wird diese Vermutung durch die Umfrage (Basis 3) noch verstärkt.

12.3 Kurzübersicht des Ablaufs der Unterrichtsreihe

12.3.1 „Stunde vor der ersten Stunde"/Befragung 1 – Videoleitfadeninterview (Basis 1[329])

Vor dem Videointerview bekamen die Schülerinnen und Schüler in einem zweiminütigen Vortrag nur kurz Informationen zum Thema der Unterrichtsreihe und durften die „Filmbox"[330] in Augenschein nehmen.

12.3.2 Erste Unterrichtsstunde

Der erste Teil der ersten Doppelstunde bestand aus einer schriftlichen Befragung (Basis 2) nach einer kurzen Information zum Thema der nächsten Stunden und der kurzen in Augenscheinnahme der Filmbox.

In der zweiten Hälfte der Doppelstunde nahmen die Schülerinnen und Schüler die Filmboxen länger in Augenschein. Es kam zu ersten Unterhaltungen bezüglich der neuen Unterrichtsreihe und des Materials, erste Aufgabenarten wurden untereinander diskutiert.

Projektheimauftrag für zu Hause war es, die Filmboxtexte zu erkunden und erste Ideen zur Organisation eines Filmvorhabens in der Gruppe zu entwickeln.

Das Handout in der Filmbox ist darauf ausgerichtet, Unterstützung während der gesamten Projektarbeit zu leisten. Die Schüler sollten sich durch die Gliederung des Handouts nach Schritten der Filmproduktion darüber bewusst werden, dass die Filmproduktion aus mehreren Teilen besteht, die ineinandergreifen.[331]

Das Handout wurde mit einem „Brief" in Form eines persönlichen Anschreibens an alle Schülerinnen und Schüler ausgeteilt, um eine nachhaltigere motivierendere Wirkung zu erzielen.

Projektmaterial für den Unterricht und zu Hause

Material: Filmbox als „Spiel und Informationsmaterial in der Lernumgebung"

Inhalt der „Filmbox":

- eine Filmklappe mit Kreide (Photo)
- ein DVD-Rohling mit DVD im Filmrollenlook
- ein „Piep my reel"-„Wöhlywood"-Filmratgeber (fünf Seiten Tipps zum Filmen)
- eine Beschreibung der technischen Ausrüstung
- „Informationspool"-Handout mit Quellenauszügen über Unesco und Kölner Dom

---

[329] Siehe Anhang: Transkriptionen, Befragung, Videoleitfrageninterview Basis 1.
[330] mit für den Unterricht zusammengestelltem Material
[331] Im Handout: Projektaufgabe, Arbeitsschritte, Recherchehilfen. Die einzelnen Arbeitsschritte werden in ihrer Rolle auf die Projektgruppenarbeit und die Medienkompetenzanforderungen hin transparent gemacht. In den einzelnen Kapiteln Kamera, Schnitt, Drehbuch und am Set lernen die Schüler Arbeitstechniken, Methoden und Tricks kennen, die sie befähigen sollen, selbsttätig am Projekt zu arbeiten. Sie benötigen diesen Informationspool, um Erfahrungen, die sie im Folgenden selbst machen sollen, zu hinterfragen, verfestigen und bewerten zu können.

- Linktipp: Homepage: www.kunstundcomputer.de[332]
- Textblatt mit Projektaufgaben (Aufgabenstellung) und Verfahren der Projektorganisation, die die Schülerinnen und Schüler für die Projektarbeit kennen sollten
- Bestimmung von Minimalzielen
- Zieldefinition
- Aufgabenverteilung
- Zeitplan
- Ressourcenverwendung
- Informationsmanagement
- Kooperation
- „Meilensteine"
- Zwischenpräsentation
- Zwischenevaluation und Revision

12.3.3 Zweite Stunde: Austausch von Erfahrungen mit Medien

In der 3. (Einzel-)Stunde fand der Unterricht in den von den Schülerinnen und Schülern selbstbestimmten Gruppen statt. Es kam dort zu ersten vertiefenden Gruppengesprächen, in welchen Ideen diskutiert wurden, die sich die Teilnehmer zu Hause erdacht hatten. Im Zusammenhang mit dem Material fand ein Erfahrungsaustausch über Materialsichtungen der einzelnen Gruppenmitglieder statt. Neben den ersten Ideen kamen auch Medienkompetenzen der einzelnen Gruppenmitglieder zur Sprache. Es wurde darüber gesprochen, wer eine Kamera zu Hause hat, wer schon einmal gefilmt hat und wer schon einmal einen Podcasts im Internet veröffentlicht hat. Diesbezügliche Erfahrungen wurden ausgetauscht und als wichtige Voraussetzungen für die weitere Gruppenarbeit mit in das Projekt einbezogen. Erste Aufteilungen in Funktionen wurden projektiert

12.3.4 Dritte Stunde, Schwerpunkt: Recherche

Auf Basis der Gespräche in den vorangegangenen Stunden fanden Besprechungen über das weitere Vorgehen statt. Es zeigte sich, dass die Schülerinnen und Schüler, obwohl sie auf die Materialsammlung zurückgriffen, einen größeren Drang verspürten, trotz der ausgeteilten Materialien selbst nach Informationen zum Kölner Dom zu recherchieren. So bestand ein Teil der Stunde aus Internetrecherche. Dies war auch sinnvoll, da sich schon inhaltliche Schwerpunkte herauskristallisierten. Die Schülerinnen und Schüler fingen an, sich die Schwerpunktthemen und Nebenkapitel vorzustellen. Zu der Recherche gehörten auch Versuche, nach anderen Podcasts über den Kölner Dom zu suchen und Informationen über den Charakter des Drehortes zu sammeln: Zum Beispiel wurde auf der YouTube-Plattform gesucht und bei Google Earth ein dreidimensionales Modell des Kölner Doms gefunden. Außerdem wurde nach Stadtplänen gesucht, um sich zurechtzufinden.

---

[332] Die ehemalige Kunsthomepage der Wöhlerschule Frankfurt.

In der zweiten Hälfte der Doppelstunde fingen die ersten Schülerinnen und Schüler an, die Drehbücher zu schreiben. Während der Stunde fiel auf, dass die Schülerinnen und Schüler öfters nachfragten, ob sie die Anforderungen an ein Drehbuch richtig verstanden hätten. Es kam ihnen wohl etwas zu leicht vor. Einige Gruppen hatten das Material sehr genau gelesen und schrieben vor dem ersten Drehbucheintrag ein Exposé bzw. eine kurze Zusammenfassung des Films.

Um die Schülerinnen und Schüler zu motivieren und auf neue Bildideen zu bringen bzw. sie in ihrem „filmischen Auge" zu sensibilisieren, wurden in der 5. Stunde Motivsucher an die Gruppen ausgeteilt, die schon mit ihrem Exposè fertig waren.

12.3.5 Vierte Stunde, Schwerpunkt: Bilder sehen und beschreiben

Nachdem in dieser Stunde die genaue Abfahrtszeit des Zuges usw. bekannt gegeben worden war, wurde an die Schülerinnen und Schüler ein Motivsucher ausgeteilt, um sie in die Lage zu versetzen, das zu verstehen, was folgen sollte. Als nächster Schritt wurde ein kleines Video gezeigt, in welchem die Grundkameraeinstellungen erläutert wurden. Dies sollte vor dem Schreiben des Drehbuches dazu dienen, die Einträge in das Feld „Kamera" im Drehbuch mit genauer definierten Inhalten zu versehen.

Dies geschah auch unter der Prämisse, dass das Drehbuch anders als in anderen Projekten nicht gut geeignet sein würde, genau am Set nachgedreht zu werden. (Die Schülerinnen und Schüler kennen ja den Drehort nicht genau.) Jedoch sollten die Schülerinnen und Schüler dadurch eine Struktur aufbauen können, um im Bedarfsfalle gezielt inhaltlich von ihr abweichen zu können. Zudem wurde auf diese Art das Drehbuchschreiben selbst geübt, und die dazu gehörigen Offtexte wurden schnell angegangen.

12.3.6 Fünfte Stunde, Schwerpunkt: Praxisübungen

In dieser Stunde wurden die Camcorder ausprobiert und erläutert. Es stellte sich heraus, dass nur einer der Camcorder genauer erklärt werden musste. Es handelte sich um den Panasonic DVX100, ein semiprofessionelles Gerät mit anamorphotischem 16:9 und Cine-like Gamma sowie 25P Modi.

Die Schülerinnen und Schüler wollten sofort nach draußen gehen und kleine Szenen drehen. Unter der Prämisse, dabei Kameragrundeinstellungen in sinnvoller Aufeinanderfolge abzufilmen, wurde diese Bitte gerne gewährt. Am Ende der Stunde wollten die Schülerinnen und Schüler ihre Übungen per Videodatenprojektor vorführen. Dabei wurde deutlich, dass es einige Qualitätsunterschiede zwischen den Aufnahmen, die mit Stativ, und solchen, die ohne Stativ gedreht worden waren, gab. (Zwei Gruppen hatten vergessen, ihr Stativ mitzubringen.) Die Kameragrundeinstellungen und die Verwendung ruhiger Bilder wurden allgemein als wichtig erkannt und in der Wirkung erlebt.

12.3.7 Sechste Stunde, Schwerpunkt: Drehbuch

In dieser „Drehbuchstunde" wurde weiter an den Drehbüchern und Drehplänen geschrieben, um Aufgaben am Set genau zu verteilen und die diesbezüglich zu Hause enstandenen Ideen abzugleichen. Es wurde gefordert, genau aufzulisten, was noch nicht verstanden wurde, welche

Materialien und Gerätschaften noch fehlen und wer welche Funktionen und Verpflichtungen eingeht. Es wurde über Regeln auf der Zugfahrt und im Dom gesprochen.

12.3.8 Zugfahrt und Dreh

Die Schülerinnen und Schüler hatten schon während der Zugfahrt Zeit, ihr Equipment zu testen und auf die Funktionsfähigkeit hin zu überprüfen. Die Gruppen saßen zusammen und besprachen die Projekte.

Auch kamen immer wieder Varianten mit ins Spiel, die nun in der Nähe des Drehortes die Vorstellungen anregten. Der erste Blick auf den Kölner Dom bei der Zugeinfahrt in den Bahnhof versetzte die Schülerinnen und Schüler in einiges Staunen, da dieser ihnen so nah war und viel größer erschien als der ihnen bekannte Frankfurter Kaiserdom (mit nur 90 m Höhe).

Die Schülerinnen und Schüler waren auf dem Domvorplatz erst einmal ein wenig verblüfft. Ein Blick in die Drehbücher ermahnte sie jedoch dazu, die Termine einzuhalten. Treffen vor dem Dom 12.00 Uhr, Führung 14.00–15.00 Uhr, freies Filmen bis 17.00 Uhr, dann Treffen am Weihnachtsmarkt und anschließende Abfahrt.

Die Schülerinnen und Schüler hatten zum größten Teil recht viel zu tun. Die Hauptaufgabe bestand darin, am Set die Übersicht nicht zu verlieren und die Filme im Kopf zu haben. Viele Schülerinnen und Schüler machten Zufallsfunde, die in das Drehbuch eingebaut wurden. Sie bemühten sich allesamt namentlich, durch die Stunde mit den Kameragrundeinstellungen ausgelöst, schöne und sinnvolle Aufnahmen zu drehen.

Innerhalb der Gruppen gab es kaum größere Uneinigkeiten und wenn, dann in angemessener Weise. Die Gruppen schienen nach dem Dreh am Weihnachtsmarkt ganz zufrieden. Das „Zeigen der Ergebnisse" musste unterbunden werden, um zu verhindern, dass die gemachten Aufnahmen versehentlich wieder gelöscht wurden. Ohnehin hatten sich aber viele schon so „verschossen", dass die Energie der Akkus fast erschöpft war (genauso wie bei den Schülerinnen und Schülern auch).

12.3.9 Siebte Stunde, Schwerpunkt: Capturing und Schnitt

In diesen Stunden wurde das Material „gecaptured", also gezielt in den Rechner eingeladen. Dazu wurden die Schülerinnen und Schüler an das Handout erinnert, in dem dazugehörige Informationen verfügbar sind. Es kam anfangs zu ein paar Fragen.

Gecaptured wurde aus dem Programm Video deluxe heraus, das den Schülerinnen und Schülern in einer Schulversion auf allen Rechnern zur Verfügung stand.

Eine Gruppe hatte Schwierigkeiten beim Einladen von DVD-Material.

12.3.10 Achte Stunde, Schwerpunkt: Schnitt

Beim Schneiden zeigten sich größere Unterschiede zwischen den Schülerinnen und Schülern in der Erfahrung mit Schnittprogrammen. Dabei fiel auf, dass zwar genaue Vorstellungen darüber bestanden, wie etwas auszusehen habe, nicht jedoch genügend Kenntnisse vorhanden waren, das Gewollte umzusetzen. Dies betraf im Einzelnen Kenntnisse:

- zu Überblendungseffekten
- zu Ton-Bild-Scheren
- zur Filterverwendung
- zur Bildteilung (Split Screen)
- zu Schnittwerkzeugen und Verschiebeeffekten
- zu Intensitätsanpassungen bei Bild- und Tonkurven

Hier gab es Erklärungsbedarf und Grenzen der Vermittlung.

In dieser Stunde kamen die meisten Nachfragen beim Lehrer an.

Einige Probleme wurden auch zwischen den Gruppen gelöst (man half sich gegenseitig).

12.3.11 Neunte Stunde, Schwerpunkte: Offtexte, Ton, Effekte/Editieren

In dieser Stunde wurden die Schnitte fertig gemacht, untereinander vorgeführt und besprochen sowie der Ton angelegt bzw. verbessert, auch die Musik.

12.3.12 Zehnte Stunde, Schwerpunkte: Vorführung der Ergebnisse

Die Ergebnisse wurden gezeigt und kurz selbst kommentiert. Kleine Feier.

12.4 Unterrichtsmaterial, Recherchepool, Praxistipps

(Dies wird hier so wiedergegeben, wie es den Schülerinnen und Schüler seit Anfang der Unterrichtsreihe vorlag.)

Handout mit Anschreiben

Liebe Schülerinnen und Schüler, für unser Unesco-Filmprojekt habe ich Ihnen Informationsmaterial und einige Tipps zusammengestellt. Ziel ist es, in Gruppen mindestens einen, wenn möglich zwei kleine Filme zu drehen. Teile dieses Handouts werden wir besprechen, so dient Ihnen dieses Papier auch als Erinnerung und als Arbeitsgrundlage zu Hause.

Thema: Dokumentation über die Welterbestätte Kölner Dom

Mögliches Thema 2: Der Kölner Dom, wie ihn noch niemand je sah

Die Fahrt findet wahrscheinlich Ende November statt. Die Kosten belaufen sich auf 24 oder 36 Euro (je nachdem, ob man mit dem ICE oder mit einem langsameren Zug fährt).

Zugvarianten	ICE	IC
Kosten	36 €	24 €
Fahrzeit	1 h 20 min	2 h 20 min
Ankunft Köln um	10:45	9:45
Ankunft FFM um	17:50	18:50

Wenn Sie mit dem Drehen schnell vorankommen, haben wir noch etwas Freizeit in Köln, die Sie evtl. frei gestalten können oder in der Sie sich von mir nach getaner Arbeit auf ein Kölsch einladen lassen. Mal sehen. Bitte lesen Sie die Texte sorgsam und nehmen Sie sie ernst! Dann kommen sie bestimmt zu guten Ergebnissen. Ich freue mich schon auf die interessante Aufgabe!

Liebe Grüße Ihr H. Wirth

Projektauftrag 1.)

a. Theorieteil I, Inhalt:

Inhaltliche Vorbereitung

Informieren Sie sich in dem beiliegenden Text über den Kölner Dom, seine Geschichte, sein Umfeld.

Beantworten Sie vor allem ganz gezielt die Frage, warum er zum Weltkulturerbe gezählt wird. (Vielleicht die Geschichte, wie es dazu kam.)

Kennzeichnen Sie besonders wichtige Fakten. Überlegen Sie sich, welche Informationen besonders wichtig sind.

Holen Sie weitere Informationen mit den Ihnen zur Verfügung stehenden Mitteln ein und fassen Sie das Gefundene auf ein überschaubares Maß zusammen.

b. Theorieteil II, Tipps und Technik: Formale Vorbereitung, Kamera, Schnitt, Drehbuch

Thema Kameraarbeit

Kameraeinstellungen dienen dazu, „Bilder" aus unterschiedlichen Perspektiven zu erzeugen.

Sie erzeugen unterschiedliche Wirkungen und Informationen.

Klassische Einstellungen sind: Totale, Halbtotale, Amerikanische, Halbnahe, Ganznahe (Close-up).

Klassische „Kamerabewegungen" sind: Zoom in, Zoom out (Aufzieher), Kameraschwenk horizontal, vertikal, über Kopf, Kamerafahrt, Kranfahrt.

Durch die Schärfeverlagerung (falls manuell einstellbar) kann ebenfalls eine Art Bewegung erzeugt werden. Man verlagert dabei durch Drehen an der Linse die Schärfe von einem Objekt im Vordergrund auf eines im Hintergrund oder umgekehrt.

Sie können die Kameraeinstellungen und Bewegungen wie sprachliche Elemente nutzen, wenn Sie z. B. auf etwas hinweisen wollen, von einer Szene/Person/einem Detail auf eine andere/ein anderes überleiten wollen. Dabei können Sie versuchen, sich die Reaktionen der Zuschauer klarzumachen (Sie sind insofern Ihr eigenes Publikum im Geist). Stellen Sie sich immer alles bildhaft vor. Gehen Sie die Aufnahmen auch in Gedanken durch. Suchen Sie vor Ort immer schöne/interessante/zweckmäßige Bildausschnitte für den Anfang eines Takes und für das Ende. Fangen Sie z. B. einen Schwenk mit einem tollen Detail an und beenden Sie ihn mit einer schönen Halbtotalen. Am Anfang filmen Sie z. B. den interessanten Teil eines schönen Bogens und schwenken danach horizontal auf den Domplatz mit den Tauben (den Sie vorher ausgewählt haben).

Thema „Im Schnitt"

Den ersten Arbeitsschritt im Schnitt stellt das Sichten des vorhandenen Bildmaterials dar. Während des Sichtens des Bandes schreibt man eine Timecodeliste. Hier werden alle „Takes" mit entsprechender Dauer und Position im Band nach Bandablaufdauer in Minuten und Sekunden vermerkt. So zum Beispiel:

Band („Reel") 1, Dom Köln, 09.09.2007, Takes 1–79

1. Szene („Take") 2, 0 min 53 s – 0 min 59 s = Thomas lacht/nah – Kamerazoom

2. Szene 3a, 1 min 0 s – 1 min 20 s = Thomas geht in den Dom/Kamerafahrt

3. Szene 3b, 1 min 21 s – 1 min 37 s = Thomas geht in den Dom/Kamerafahrt!!! super

Es wird also genau gesagt, was zu sehen ist und von wo bis wo der Take geht. Es hat sich eingebürgert, sehr gute Takes mit Rot oder Ausrufezeichen zu kennzeichnen, wenn zum Beispiel Thomas dreimal aufgenommen wurde, wenn er in den Dom geht, und eine der Varianten besonders gut zu gebrauchen ist.

Für den Schnitt benötigen wir auch Bilder von den Dingen, die wir nicht filmen können (z. B. den Dombaumeister oder den brennenden Dom). Die Bilder können oft beschafft und in die Filme eingebaut werden.

Weitere „Materialien" im Schnitt sind Musik, Sounds/Geräusche oder so genannte „Atmo" (Hintergrundgeräusche: Tropfsteinhöhle, Kaminfeuer, Straßenverkehr ...).

Wenn Sie alles an benötigtem Material zusammengestellt haben, können Sie mit dem Schnitt beginnen.

Das Schnittprogramm hilft Ihnen dabei schon durch seinen Aufbau:

1. Die Materialsammlungsübersicht. Dies ist ein kleines Fenster auf dem Bildschirm, bei dem Sie einzelne „Schnipsel" oder „Snippets" auswählen und auf die Schnittleiste ziehen können.

2. Die Schnittleiste zeigt eine Spurlinie auf dem Bildschirm, deren Aussehen an das eines Lineals erinnert. Auf dieser Linie fährt eine Art Nadel herum. In der Schnittleiste liegt Ihr Film, die Nadel „fährt ihn ab". Wenn Sie die Nadel verfolgen, die über ihren Filmstreifen innerhalb der Schnittleiste fährt, sehen Sie immer, an welcher Stelle sich die Nadel gerade befindet. Die Stelle, an der die Nadel sich befindet, wird im Monitorfenster angezeigt.

Die Schnittleiste zeigt mehrere Spuren, so können Sie auch zwei Spuren parallel laufen lassen und von der einen in die andere „blenden". Es gibt verschiedene Arten zu blenden (z. B. vorgefertigte, weiche oder harte Blenden/Cuts).

3. Monitorfenster. Hier können Sie Ihr Bild kontrollieren (den Ton auch). Oft müssen Sie mit der Nadel auf der Schnittleiste einen bestimmten Teil des Films abspielen, um zum Beispiel die Wirkung von Blenden zu überprüfen.

4. Filter, Speichern, Extras, Blenden. Die meisten Werkzeuge lernen Sie während des Schnitts kennen. Mit ihnen können Sie beim Schneiden „spielen".

Thema Drehbuch

Überlegen Sie sich eine Filmidee zum Themenbereich. Schreiben Sie ein „Treatment" zum Film. Fassen Sie darin kurz zusammen, worin Ihre Idee besteht, warum sie Pfiff hat und wie Sie diese umsetzen wollen. „Wenn man eine Idee in drei Sätzen beim Bier erklären kann, ist sie gut." (Zitat einer erfolgreichen TV-Redakteurin)

Dann schreiben sie ein Drehbuch/Storyboard mit erläuternden Skizzen. Das Drehbuch hat einen festen Sinn. Es vermittelt allen teilnehmenden Personen einen Eindruck von dem Film, seinem Aufbau, seiner Wirksamkeit und der Aufeinanderfolge der Szenen. Bei Profis hat es den Sinn der Orientierung der Akteure, der Kameraleute und der Produzenten. Ein Kameramann kann mit einem Drehbuch, das ein guter Drehbuchautor geschrieben hat, praktisch ganz alleine den Film drehen. Denn das Buch legt im Voraus genau fest, was passiert. Die Akteure wissen, ob die Kamera ihr Gesicht filmt, wo sie hingehen, wann sie lachen sollen. Man kann fast blind nach dem Buch gehen. Aus Erfahrung kann ich Ihnen sagen, dass man „am Set", d. h., am Drehort, genug zu tun und nachzudenken hat, so dass jeder sehr froh ist, wenn ein Drehbuch zum „daran Festhalten" existiert. Auch und gerade dann, wenn von ihm abzuweichen ist, kann der Grad der Abweichung mit dem eigentlichen Konzept verglichen und gemessen werden.

Drehbuchbeispiel:

| Szene 1 | Ankunft am Bahnhof Köln, Schüler gehen in die Bahnhofshalle, Schüler gehen an der Kamera vorbei Kamera: schwenkt den Schülern hinterher und bleibt an, bis sie verschwunden sind | Man hört Geräusche Vielleicht leise Musik | Einblendung: MEIN WEG ZUM DOM – ein Film von Heribert Gnatz 1 | Dauer 7 Sek. |

Szene 2	Die Schüler kommen auf der Rolltreppe fahrend ins Freie und erblicken erstaunt den Dom, den der Zuschauer noch nicht sieht	Man hört die Schüler „Ooh", „Aah" sagen

In der nächsten Szene könnten Sie dann die Kamera zwischen den Köpfen der Schüler „als wäre sie einer von ihnen" den Dom filmen lassen, damit der Zuschauer weiß, dass sie in Szene 2 wegen des Anblickes des Doms so erstaunt waren oder Ähnliches. Übung Nr. 1: Schreiben Sie ein Drehbuch, in welchem Sie einen alltäglichen Vorgang schildern, der eine Minute dauert.

Projektauftrag 2.) Vorbereitung auf den Dreh

Bedenken Sie, dass ein Film einen Aufbau benötigt (Hinführung, Detaillierung, Resümee, Spannungsbogen, Dramaturgie).

Vor Ort („am Set") müssen Sie über viele Dinge gleichzeitig entscheiden. Daher müssen Sie unbedingt gut vorplanen, was Sie drehen, welche Szenen Sie aufnehmen wollen. Um den Überblick behalten zu können, müssen Sie daher ein gutes Storyboard oder Drehbuch schreiben. Legen Sie genau fest, was Sie wann tun wollen, welche Szene wann gedreht wird.

Drehen Sie möglichst so, dass die Szenen schon in der richtigen Reihenfolge auftauchen.

Überlegen Sie sich, für welches Publikum Ihr Film interessant sein könnte. Gibt es filmische Maßnahmen (im Schnitt, in der Kameraführung, im Text …), die Sie ergreifen können, um die Wirkung zu spezifizieren?

Bestimmen Sie Schwerpunkte, die Ihnen besonders wichtig erscheinen.

Fragen Sie sich, zu welchen Details könnten Sie sich jetzt schon Material aussuchen oder Bildvorstellungen bilden?

Übung Nr. 1 : Testen Sie Ihr Filmmaterial und Ihre Ausrüstung, indem Sie Ihr Drehbuch (Übung 1) verfilmen.

Projektauftrag 3.)

Drehen Sie einen Film über den Kölner Dom als Weltkulturerbestätte (aus zeit- und arbeitstechnischen Gründen sollte er nicht länger als fünf Minuten dauern – Filmmaterial max. 15 min).

Sorgen Sie am Tag vor dem Dreh dafür, dass die Geräte der Ausrüstung einsatzbereit sind (Kamera, Stativ, Batterien, Regenschirm). Die Akkus müssen aufgeladen sein, es muss genügend Speicherplatz vorhanden sein. Stativ, Putztuch (Tempo) für die Linse, Kameratasche, Drehbuch/ Skript und Stift, kleiner Regenschirm.

Nehmen Sie ihr Drehbuch mit, geben Sie mir eine Kopie von Treatment, Drehbuch und sonstigen Planungen.

Projektauftrag 4.)

Denken Sie sich, wenn Sie dies für machbar halten, zusätzlich zu dem Film ein weiteres Thema aus, das den Film über den Kölner Dom unter einen besonderen Aspekt stellt. An welchem

Platz steht er, was haben Sie über ihn gelernt, was wussten Sie vorher schon, wie sehen ihn die Leute, die hier wohnen, wie sieht man ihn sonst nicht, sammeln Sie eigene Ideen. (Alles andere ansonsten wie oben.)

12.5 Recherchepool/Material
(Nach Internetrecherche – unterschiedliche Quellen)

Quellen zur Auswertung und Orientierung

Der Kölner Dom gilt als die ewige Baustelle der Stadt Köln und gleichzeitig als ein absolutes Meisterwerk gotischer Architektur: Der Kölner Dom hat im deutschsprachigen Raum eine unbestrittene Vorrangstellung unter den Gotteshäusern. Unzählige Sagen um Gott und den Teufel ranken sich um den Bau, der u. a. den Reliquienschrein der Heiligen Drei Könige beherbergt. Im 18. Jahrhundert blieb ihm während der französischen Besatzung das eher unwürdige Dasein als Pferdestall nicht erspart. Nachdem Heinrich Heine 1844 gegen den so genannten „Glaubenszwinger der Katholiken" wetterte und dessen Nichtvollendung prophezeite, gibt es tatsächlich bis heute immer wieder neuen Anlass zur Sanierung des Doms. Nichtsdestotrotz strömen jährlich unzählige Touristen in das Gotteshaus, welches im Jahr 1996 in die Unesco-Liste des Weltkulturerbes aufgenommen wurde.

Beispiel für eine Zusammenfassung (des obigen Textes) der Besonderheiten auf einen Film mit der Thematik hin: ewige Baustelle, absolute Vorrangstellung unter gotischen Bauten, Reliquienschrein, Pferdestall, Unesco.

Der Kölner Dom, offizieller Name Hohe Domkirche St. Peter und Maria, ist eine römisch-katholische Kirche in Köln und die Kathedrale des Erzbistums Köln. Er ist mit 157 Metern Höhe nach dem Ulmer Münster die zweithöchste Kirche in Deutschland sowie die dritthöchste der Welt.

Er steht an der nördlichen ehemaligen römischen Stadtgrenze in direkter Nachbarschaft des heutigen Hauptbahnhofs, der Altstadt, Hohenzollernbrücke, Museum Ludwig und ist von einer modernen Betonkonstruktion, der so genannten Domplatte, umgeben. Vom rund 250 Meter entfernten Rhein und vom Hauptbahnhof aus ist die Lage der Kathedrale auf dem so genannten Domhügel, rund 17 m über dem Rhein, noch zu erahnen.

Der Kölner Dom ist die weltweit drittgrößte Kathedrale im gotischen Baustil (nach der Kathedrale von Sevilla und dem Mailänder Dom). Viele Kunsthistoriker sehen in ihm eine einmalige Harmonisierung sämtlicher Bauelemente und des Schmuckwerks im Stil der mittelalterlich-gotischen Architektur verwirklicht. Aus diesem Grund wurde der Kölner Dom 1996 in die Liste des Weltkulturerbes aufgenommen. Die riesige Fläche der Westfassade mitsamt den beiden Türmen von über 7100 Quadratmetern ist bis heute nirgendwo übertroffen worden.

Von 1880 bis 1884 war er das höchste Gebäude der Welt. Er ist zudem die populärste Sehenswürdigkeit Deutschlands: 2001 wurden fünf Millionen, 2004 sechs Millionen Besucher aus aller Welt gezählt. Im Jahr 2005 besuchte Papst Benedikt XVI. anlässlich des Weltjugendtages den Dom.

12.5.1 Der alte Dom

Der alte Dom ist der unmittelbare Vorgängerbau des heutigen Doms. Er wurde am 27. September 873 geweiht. Erzbischof Hildebold war zu dieser Zeit bereits seit langem verstorben. Als Bauherr und Stifter kommt er für Teile der dem Alten Dom vorausgehenden letzten Umbauphase des merowingerzeitlichen Doms in Frage, insbesondere für dessen Westteil mit dem so genannten St. Galler-Ringatrium. Der alte Dom verfügte über ein Langhaus, das an beiden

Enden durch Querhäuser begrenzt wurde. Er war Vorbild für viele in seiner Zeit in Europa entstandenen Kirchen und beherbergte so bereits das im 10. Jahrhundert entstandene Gerokreuz, das zweitälteste erhaltene Monumentalkruzifix des Abendlandes. Im Jahre 1248 wollte man den Alten Dom nach und nach abreißen, um mit dem Bau des neuen gotischen Doms beginnen zu können. Jedoch brannte bei dem Versuch, nur den Ostchor mit Brandabbruch niederzulegen, 1248 beinahe der gesamte Bau ab. Die Westteile wurden provisorisch wiederhergestellt, damit man in ihnen Messen feiern konnte. Noch im selben Jahr wurde mit dem Bau des heutigen Kölner Doms begonnen.

1164 brachte der Kölner Erzbischof Rainald von Dassel die Reliquien der Heiligen Drei Könige von Mailand nach Köln. Sie waren ein Geschenk des Kaisers Friedrich I. an seinen Reichskanzler aus dessen Kriegsbeute. Diese Reliquien führten um 1225 zu dem Plan, einen neuen Dom zu bauen – die alte Kathedrale war dem enormen Pilgeransturm nicht mehr gewachsen und schlichtweg zu klein geworden.

Der gotische Bau wurde am 15. August 1248 nach einem Plan des Dombaumeisters Gerhard von Rile begonnen. Als Baumaterial wurde vor allem das Trachyt aus dem Siebengebirge verwendet. Vorbild war die Kathedrale von Amiens. Nachdem Köln 1288 in Folge der Schlacht bei Worringen de facto freie Reichsstadt wurde, war der Dom zwar noch der nominelle Sitz des Erzbischofs, jedoch betrat dieser seine Kathedrale nur relativ selten. Dies tat dem Baufortschritt jedoch zunächst keinen Abbruch, da Bauherr nicht der Erzbischof, sondern das Domkapitel war. Die Weihe des Chors erfolgte 1322. 1410 erreichte der Südturm das zweite Geschoss, bald darauf konnte die erste Glocke im hölzernen Glockenstuhl aufgehängt werden (die „Dreikönigenglocke" von 1418). Gegen Ende des 15. Jahrhunderts ließ die Bauintensität zunehmend nach. Um 1510 stellte man den Bau wegen Geldproblemen und Desinteresse ein, 1560 stellte das Domkapitel dann endgültig die Zahlungen zum Weiterbau ein. Über 300 Jahre bestimmte der unfertige Kölner Dom mit dem Baukran auf dem unvollendeten Südturm die Silhouette der Stadt. Aus dieser Zeit stammt wohl der ironische Kölner Ausspruch, dass, wenn der Dom einmal fertig sei, die Welt untergehe.

1814 wurde die eine Hälfte des 4,05 Meter großen überarbeiteten Fassadenplanes des zweiten Nachfolgers Gerhards, Dombaumeister Arnold, von Georg Moller in Darmstadt wiederentdeckt, die andere 1816 von Sulpiz Boisserée in Paris. Um die Wende zum 19. Jahrhundert lenkten außerdem Romantiker in ihrer Begeisterung für das Mittelalter das öffentliche Interesse erneut auf den unvollendeten Dombau, der zudem als Symbol für die deutsche Einheit in der sich verstärkenden Nationalbewegung Bedeutung erhielt. Neben anderen waren Joseph Görres und Sulpiz Boisserée die treibenden Kräfte für die Vollendung, so dass am 4. September 1842 durch den preußischen König Friedrich Wilhelm IV. und den Koadjutor und späteren Erzbischof Johannes von Geissel der Grundstein für den Weiterbau des Kölner Doms gelegt werden konnte. Der Stein wurde auf den noch unvollendeten Südturm hochgezogen und dort eingemauert. Friedrich Wilhelm IV: „... Hier, wo der Grundstein liegt, dort mit jenen Türmen zugleich, sollen sich die schönsten Tore der ganzen Welt erheben ..." Auch finanziell beteiligte sich der Staat Preußen. Kurz vor der Grundsteinlegung hatte sich der Zentral-Dombau-Verein zu Köln gegründet, zu dessen wichtigsten Aufgaben das Sammeln von Geld für das Bauvorhaben zählte. Am 19. Oktober 1820 wurde ein Einbruch in den Kölner Dom bekannt, bei dem wertvolle Teile des Dreikönigsschreins herausgebrochen und entwendet wurden. 1880 wurde der Dom nach über 600 Jahren vollendet, getreu den Plänen der Kölner Dombaumeister des Mittelalters und dem erhaltenen Fassadenplan aus der Zeit um 1280. Allerdings sind die Fassaden des Querhauses eine Schöpfung des 19. Jahrhunderts, da hiervon keine mittelalterlichen Pläne vorlagen. Beim Bau wurden die modernsten Techniken, insbesondere für den Dachbau – eine neuzeitliche Eisenkonstruktion – und die Türme durch die Dombaumeister Ernst Friedrich Zwirner und Karl Eduard Richard Voigtel eingesetzt. Nach der Fertigstellung war der Dom acht Jahre lang mit 157,38 Metern das höchste Gebäude der Welt. Die verbaute Steinmasse beträgt ungefähr 300 000 Tonnen. Das Ende des Dombaus wurde am 15. Oktober 1880 mit einem Fest gefeiert, das Wilhelm I. als Mittel zur öffentlichen Repräsentation und als identitätsstiftende Element des neun Jahre zuvor gegründeten Reiches nutzte. Allerdings fand das Fest in der Zeit des Kulturkampfes statt. Der amtierende Kölner Erzbischof befand sich in Verbannung und viele Mitglieder der Kölner Bürgerschaft blieben dem Empfang des protestantischen Kaisers fern.

Größere Schäden erlitt der Dom während des Zweiten Weltkrieges unter anderem durch 70 Bombentreffer. Brandbomben wurden von Mitarbeitern, die im und auf dem Dom postiert waren, sofort gelöscht. Durch die Bombentreffer stürzten, unter anderem im Langhaus, einige Deckengewölbe ein, das Dach ist dank des eisernen Dachstuhls nicht eingestürzt. Die so genannte Kölner Domplombe schützte jahrzehntelang den Nordturm vor dem Zusammenbruch. 1946 begannen die archäologischen Ausgrabungen durch Otto Doppelfeld, die bis 1997 andauerten. 1948 wurde der 700. Jahrestag der Grundsteinlegung in einem stark beschädigten Dom gefeiert. Ab 1956 erfüllte er seine Funktion für die Menschen wieder. Ein Einbruch in den Dom fand in der Nacht zum 2. November 1975 statt, wobei die drei Einbrecher mittels Strickleiter und Bergsteigerausrüstung durch einen Lüftungsschacht in die alte – für die damalige Zeit als optimal gesichert geltende – Domschatzkammer im nördlichen Querhauses eindrangen und wertvolle Monstranzen und Kreuze entwendeten. Die Täter konnten mit Hilfe der Kölner Unterwelt gefasst und zu höheren Freiheitsstrafen verurteilt werden. Einen Teil ihrer Beute, wie etwa die goldene Monstranz von 1657, hatten sie eingeschmolzen. Seit dem 21. Oktober 2000 werden die Schätze des Kölner Doms in den ausgebauten historischen Kellergewölben des 13. Jahrhunderts an der Nordseite des Doms neu präsentiert. Die Domschatzkammer Köln, deren umstrittener Eingangsbereich ein von dunklen Bronzeplatten umhüllter Kubus ist, beherbergt sechs Räume auf drei Etagen. Auf einer Ausstellungsfläche von etwa 500 Quadratmetern sind kostbare Reliquiare, liturgische Geräte und Gewänder sowie Insignien der Erzbischöfe und Domgeistlichen vom 4. bis zum 20. Jahrhundert, mittelalterliche Skulpturen und fränkische Grabfunde zu sehen. Heutzutage sorgen vor allem Umwelteinflüsse für die Beschädigung des Doms. Saurer Regen zerfrisst den Stein und Abgase färben ihn dunkel. Deswegen kämpfen die Dombaumeister schon seit Jahrzehnten gegen den stetigen Zerfall durch massenhaftes Ersetzen von Verzierungen. Diese Besonderheiten sind von unten natürlich nicht erkennbar. Heute werden nur noch Standard-Kreuzblumen und andere Ornamente eingesetzt. So werden die steinernen Zeitzeugen bald für immer vom Kölner Dom verschwunden sein.

Das Hauptschiff des Kölner Doms ist mit 144,00 Metern das längste Kirchenschiff Deutschlands und eines der längsten der Welt. Mit einer Gewölbehöhe von 43,35 Metern hat der Kölner Dom das zweithöchste Gewölbe der Welt.

Besonders beeindruckend sind die Fenster in Glasmal-Techniken, die im Kölner Dom verbaut wurden. Hervorzuheben sind an dieser Stelle die so genannten „Bayernfenster,, im südlichen Seitenschiff. Für großes Aufsehen sorgte auch das neue Südquerhausfenster von Gerhard Richter, das am 25. August 2007 eingeweiht wurde, und das farblose Fenster, das nach dem 2. Weltkrieg als Ersatz für das alte zerstörte Fenster herhalten musste, ersetzte. Der Kölner Dom ist das zentrale Gotteshaus des Erzbistums Köln. Das spätmittelalterliche Chorgestühl ist mit 104 Sitzplätzen das größte Chorgestühl in Deutschland und weist als Besonderheit jeweils einen reservierten Platz für den Papst und den Kaiser auf. In dem kunstvoll vergoldeten bedeutendsten Schrein des Abendlandes, dem Dreikönigsschrein, ruhen Gebeine, die als Reliquien der Heiligen Drei Könige angesehen werden. Seit 1924 beherbergt der Kölner Dom mit der St. Petersglocke, die von den Kölnern liebevoll als „Decker Pitter" bezeichnet wird, die größte freischwingende Glocke der Welt.

Der Platz, an dem die Hohe Domkirche St. Peter und Maria – gemeinhin bekannt als Kölner Dom – heute steht, war seit spätrömischer Zeit der Ort, an dem sich die ersten Kölner Christen versammelten. Mehrere, immer größer werdende Kirchen wechselten sich an dieser, nahe der Stadtmauer gelegenen Stelle ab. Bei den umfassenden Ausgrabungen wurden Reste von römischen Wohnhäusern aus dem 1. bis 4. Jahrhundert gefunden; zahlreiche architektonische Funde, die auf das 5. Jahrhundert und später datiert werden können, sowie einige fränkische Fürstengräber aus dem 6. Jahrhundert weisen jedoch bereits auf die frühen, kirchenähnlichen Bauwerke hin.

Der erste Kirchenbau, über den umfassende Kenntnisse herrschen, war der 870 vollendete karolingische Dom. Kurz nachdem Kaiser Karl der Große verstorben und in Aachen bestattet worden war, beschloss der damalige Erzbischof Hildebald von Köln einen Dom zu Ehren des Heiligen Petrus und der Gottesmutter Maria erbauen zu lassen. Der Sage nach galt der Bauplatz als gespenstischer Ort, an dem die einst angebeteten Götzen aus den verfallenen, römischen Ruinen umherirrten. Die Arbeiter fürchteten, den Zorn der Geister auf sich zu ziehen, wodurch die Arbeiten nur schleppend vorangingen. Schließlich ereigneten sich mehrere unerklärliche Unfälle. So begab sich schließlich in einer besonders stürmischen Nacht der Erzbischof Hildebald auf den Bauplatz und umschritt ihn betend, bannend und segnend. Nachdem die Geister angeblich aus dem Boden traten, den Bischof bedrängt hatten und dieser jedoch weiter an seinen Gebeten und Segnungen festhielt, entschwanden sie schließlich heulend in Richtung Rhein. Seither war von bösen Geistern auf dem Domplatz keine Rede mehr und die Bauarbeiten am Alten Dom konnten letztendlich ohne Furcht weitergeführt werden.

An beiden Enden des Langhauses wurden jeweils ein Querhaus und ein Chor errichtet. Der Altar im Osten war Maria geweiht, der im Westen dem heiligen Petrus. Unter Erzbischof Bruno wurde im Norden und Süden dem Langhaus je ein Seitenschiff hinzugefügt. Bei der Weihung des Doms am 27. September 873 war sein Bauherr und Stifter Erzbischof Hildebald jedoch bereits verstorben. Mit nur noch kleinen Veränderungen stand dieser Dom bis ins 13. Jahrhundert.

Angeblich drohte bereits der Alte Dom im späten 11. Jahrhundert einem Brand zum Opfer zu fallen: Laut einer Urkunde des Bischofs Sigewin brach am 3. März 1080 in der nahe gelegenen Kirche St. Maria ad Gradus ein Feuer aus, welches auf den Dom überzugreifen drohte. Der Legende nach brachten die Stiftsherren daraufhin den Schrein des Hl. Kunibert herbei und bannten damit das Feuer, welches angeblich auf der Stelle erlosch.

Im Jahr 1164 brachte der Erzbischof Rainald von Dassel die Reliquien der Heiligen Drei Könige von Mailand nach Köln; Kaiser Friedrich I. hatte seinem Reichskanzler die wertvolle Kriegsbeute als Geschenk überlassen. Damit wurde der Dom, der bis dahin wesentlich als Amtskirche des Kölner Erzbischofs diente, zu einer der bedeutendsten Wallfahrtskirchen Europas. Demzufolge beschloss man um 1225, dem Dom eine architektonische Form zu verleihen, die einerseits dem Reliquienschatz würdig war und vor allem dem enormen Ansturm von Pilgern standhalten konnte. Um mit dem Neubau beginnen zu können, musste der Alte Dom zunächst nach und nach abgetragen werden. Bei dem Versuch, den Ostchor mit einem Brandabbruch niederzulegen, ging im Jahr 1248 der gesamte Bau in Flammen auf.

Während man auf einer Seite noch im selben Jahr mit dem Neubau des Kölner Doms begann, wurde der Westteil provisorisch wiederhergestellt, damit die heilige Messe weiterhin darin gefeiert werden konnte. Fast ein Jahrhundert dauerte der Bau des gotischen Ostchors. 1322 konnte der Chor mit seinen hohen Kreuzrippengewölben und den ansäumenden Strebepfeilern eingeweiht werden.

Nach Westen hin schloss man den Bau zunächst mit einer Mauer ab, um im gesamten Chorbau Messen feiern zu können. Das Domkapitel konnte sich dabei im Binnenchor versammeln. Vor allen weiteren architektonischen Arbeiten stattete man den Ostchor mit neuen und den bereits im Alten Dom gesammelten Kunstwerken aus. So wurden zuerst der Reliquienschrein der Heiligen Drei Könige und das Gero-Kreuz in den Neubau übertragen und bedeutende Erzbischöfe wie Philipp von Heinsberg oder Heilige wie Irmgardis wurden in der neuen Chorkapelle erneut beigesetzt.

Nachdem der Ostchor auch in seiner Gestaltung als vollendet galt, errichtete man bis 1410 die Seitenschiffe des Langbaus und zwei Stockwerke des Südturms. 1418 konnte in der Glockenstube die erste Glocke, die Dreikönigenglocke, aufgehängt werden, 1448 folgte die Pretiosa und im darauf folgenden Jahr die Speciosa.

Natürlich ranken sich auch um den Neubau des Doms zahlreiche „teuflische" Legenden, die jedoch auch von einem ganz und gar weltlichen Problem erzählen: der Nichtvollendung des monumentalen Baus und den ständigen Einstürzen, die den Baufortschritt mehrerer Jahrzehnte immer wieder über Nacht verwischten. So berichtet beispielsweise die Legende der Teufelswette von dem Baumeister Gerhard von Ryle, der innerhalb eines Jahres einen Bauplan für den Neuen Dom vorlegen sollte. Nachdem er an dem schier unmöglichen Projekt zu verzweifeln drohte, begegnete ihm während eines Spaziergangs am Rheinufer der Teufel, der ihm mit einem Stock den optimalen Bauriss für den Dom in den Sand zeichnete. Für den Plan und einen innerhalb von drei Jahren – vor dem ersten Hahnenschrei des letzten Tages – vollendeten Bau musste er dem Teufel seine Seele sowie die seiner Frau und seines Sohnes überlassen. Gerhard von Ryle willigte ein; er war überzeugt davon, dass selbst der Teufel einen derartigen Bau nicht innerhalb solch kurzer Zeit vollenden könne. Als jedoch die Arbeiten in einem enormen, bislang nie da gewesenen Tempo voranschritten, bekam von Ryle es mit der Angst zu tun und beichtete seiner Frau die unbedachte, teuflische Wette. In panischer Angst um ihre Familie suchte die Frau nach einem Ausweg aus dem Teufelspakt, bis sie eines Tages auf dem Markt die Lösung fand: Der kleine Sohn wies mit kindlicher Neugier auf einen stolzen Hahn und versuchte, dessen kräftigen Schrei nachzuahmen. Überglücklich küsste die Mutter ihr Kind und übte fortan, das Krähen des Hahnes zu imitieren, so dass ihr schließlich die Hähne aus der Nachbarschaft zu antworten begannen. Als nun die letzte Nacht des dritten Jahres angebrochen war, betete die fromme Frau um die unschuldige Seele ihres Kindes und stieß noch bevor der Morgen graute und während gerade die letzte Turmspitze emporgezogen wurde einen derart kräftigen Hahnenschrei aus, dass alle Hähne der Nachbarschaft unmittelbar antworteten und den Morgen vor seiner Zeit begrüßten. Überlistet von der klugen Dombaumeisterin, riss der Teufel wütend sein Werk, den nahezu vollendeten Dom, mit ungeheuerlichem Getöse wieder ein.

Doch Gerhard von Ryle ließ sich nur wenige Jahre später erneut auf einen Pakt mit dem Teufel ein. Diesmal ging es um eine Wasserleitung, die der Teufel innerhalb von drei Jahren vom fernen Eiffel nach Köln zu legen versprach, um so einen Bach unterhalb des Doms fließen zu lassen – und es ging beim zweiten Mal nur um die Seele des Baumeisters selbst. Diesmal rätselte jedoch der Teufel, warum das Wasser nicht durch seine schnell geschaffenen Leitungen fließen wollte – und erfuhr es durch des Dombaumeisters Frau. Nachdem er schließlich alle Viertelstunde des Leitungsweges ein Luftloch ließ – und somit den Druck ausglich – floss das Bächlein munter unter dem Dom entlang und der entsetzte Dombaumeister stürzte sich vom Turm aus in die Tiefe, so dass ihn der Teufel wenigstens nicht bei lebendigem Leibe hinfort schleppen konnte. Daraufhin fand sich angeblich lange Zeit kein neuer Dombaumeister mehr, der sich bereit erklärte, am Dom weiter zu bauen und es dabei immer wieder mit dem Teufel aufzunehmen.

In der Realität hatte die Stockung, welche die Bauphase im 16. Jahrhundert erfuhr, freilich ganz andere Gründe: Um 1530 wurde die Arbeit am Dom, der bis dahin immer wieder reich verziert und ausgeschmückt wurde, aus Geldmangel und Desinteresse eingestellt. 1560 stoppte das Domkapitel endgültig die Zahlungen für den Fortbau der Kathedrale. Das Mittelschiff des Langhauses wurde nur noch mit einem Notdach geschlossen. Mit der fortschreitenden Reformation wurde das monumentale und kostspielige katholische Gotteshaus zunehmend in Frage gestellt. Laut einer weiteren Sage wagte angeblich einst sogar ein reformierter Priester im Dom zu predigen. Ein Schlosserlehrling hörte die Predigt und berichtete seinem streng katholischen Meister davon – welcher daraufhin seine Zunftbrüder zusammentrommelte und den protestantischen Priester mit glühenden Zangen von der Kanzel zerrte und aus dem Gotteshaus hinaus schleifte. In den wirren Jahren der Reformation, in denen solche fanatischen Taten als heldenhaft galten, wurde das Pflichtbewusstsein der Schlosserzunft belohnt, indem sie fortan einen Degen tragen und zum Andenken einen Schmiedestock neben der Kirchenpforte in die Dommauer einschlagen durfte.

Obgleich der Bau äußerlich über Jahrhunderte ein Fragment blieb, so wurde das Innere jedoch offenbar als ausreichend empfunden, da der Kirchenraum in den darauf folgenden Jahrhunderten auch weiterhin prächtig ausgestattet und von den Katholiken weiter gegen die Einflüsse des Lutherschen Protestantismus verteidigt wurde. Nichtsdestotrotz war es weniger der Dom, der die Silhouette der Stadt in den darauf folgenden Jahrhunderten bestimmte, sondern der imposante Domkran auf dem unvollendeten Südturm. Als die Revolutionstruppen im Jahr 1794 in Köln einfielen, floh der Erzbischof und die Domkapitel sowie der Dom dienten einige Jahre lang als Lagerhalle und Pferdestall.

Erst 1801 wurde er schließlich wieder zum Gotteshaus geweiht und hatte gerade in den Jahren, in denen er anderweitig genutzt wurde, neue Freunde gefunden, denen viel am Weiterbau des Doms gelegen war. Die Romantiker des beginnenden 19. Jahrhunderts hatten die Symbolkraft mittelalterlicher Bauwerke für ihre Forderungen nach deutscher Einheit entdeckt. 1814 wurde zudem auf dem Speicher eines Darmstädter Gasthauses eine Hälfte des so genannten Riss F, ein 4,05 m großer mittelalterlicher, bis dahin verschollener Bauplan der Westfassade entdeckt; 1816 fand man die zweite Hälfte in einem Pariser Antiquariat. Am 4. September 1842 konnte schließlich unter König Friedrich Wilhelm IV. und Erzbischof Johannes von Geissel mit dem

Weiterbau des Doms begonnen werden. Der Grundstein für den Weiterbau wurde seinerzeit symbolisch auf den unvollendeten Südturm gehievt und dort eingemauert. Die eine Hälfte der Baukosten wurde aus der preußischen Staatskasse gezahlt, die andere Hälfte des Geldes brachte der Zentral-Dombau-Verein auf, in dem sich viele Kölner Bürger damals zusammengeschlossen hatten. Es folgte eine intensive Bauphase, in der man die mittelalterlichen Pläne genau verfolgte, sich dabei jedoch der seinerzeit innovativsten Technologien bediente. Um 1820 erfolgte der erste Einbruch in den Kölner Dom, bei dem einige wertvolle Teile aus dessen großem Heiligtum, dem Dreikönigsschrein, herausgebrochen und geraubt wurden. Bereits im Jahr 1864 waren beide Querhausfassaden und die Obergadenzone von Langhaus und Querschiff fertiggestellt. Der hölzerne Dachstuhl, der seit dem Mittelalter den Ostchor überdachte, wurde durch eine Eisenkonstruktion ersetzt. Schließlich wurden im Jahr 1880 die beiden Türme vollendet. Am 15. Oktober 1880 feierte man in Köln unter Kaiser Wilhelm I. die Vollendung der Hohen Domkirche St. Peter und Maria.

Im Zweiten Weltkrieg wurde der Kölner Dom von vierzehn schweren Fliegerbomben getroffen. Die zahlreichen weiteren Brandbomben, die in den Dom einschlugen, wurden von den vielerorts im Gebäude postierten Mitarbeitern unmittelbar gelöscht. Dank des eisernen Dachstuhls konnten zwar einzelne Gewölbe, nicht aber das ganze Dach einstürzen. Die so genannte Kölner Domplombe bewahrte den Nordturm des Doms über Jahrzehnte vor dem Zusammenbruch. Es folgten lange Jahre des Wiederaufbaus, bei dem auch modernere Bauformen verwendet wurden, die insbesondere am Nordquerhaus und am Vierungsturm erkennbar sind. Erst im Jahr 1956 waren die Arbeiten soweit abgeschlossen, dass der Dom überhaupt erst wieder als Gotteshaus genutzt werden konnte. 1975 erfolgte der zweite Einbruch in den Dom, bei dem erneut wertvolle Schätze wie Monstranzen und Kreuze entwendet wurden. Obwohl man die Einbrecher zügig fassen konnte, so waren doch viele der Kunstwerke für immer verloren, da die Täter sie bereits eingeschmolzen hatten.

Obgleich bis heute nicht alle Kriegswunden des Doms geheilt sind, müssen derzeit vor allem die aufgrund von Umweltbelastungen und Witterung entstehenden Schäden behoben werden, da jene die Bausubstanz stetig angreifen und zu einem schnellen Verfall führen. Baugerüste gehören demzufolge auch heute noch mit zum Erscheinungsbild der Kathedrale und der Dom bleibt seinem Ruf als „ewige Baustelle" Kölns und Heinrich Heines „Prophezeiung" letztendlich treu.

12.5.2 Beschreibung des Gebäudes

Der Kölner Dom ist die erste und größte gotische Kathedrale im deutschsprachigen Raum. Als architektonisches Vorbild für den Dom gilt die Kathedrale in Amiens. Das Hauptschiff des Kölner Doms ist mit 144,00 m das längste Kirchenschiff Deutschlands und eines der längsten der Welt. Die äußere Gesamtbreite der Kathedrale beträgt 86,25 m. Die Westfassade besitzt eine Breite von 61,54 m, das Langhaus besitzt innen eine Breite von 45,19 m.

Der Südturm ist 157,31 m hoch, der Nordturm überragt diesen mit seinen 157,38 m um gerade einmal 7 cm. Damit ist der Kölner Dom nach dem Ulmer Münster die zweithöchste Kirche Deutschlands; von 1880 bis 1884 war der Kölner Dom das höchste Gebäude der Welt. Die Höhe des Dachreiters beträgt 109 m, während die Querhausfassaden eine Höhe von 69,95 m besitzen. Mit einer Gewölbehöhe von 43,35 m hat der Kölner Dom das zweithöchste Gewölbe der Welt. Die Gemäuer wurden aus rund 300 000 t Trachyt errichtet, welches aus dem Siebengebirge nach

Köln transportiert wurde. Die ca. 10 000 m2 Fensterfläche werden von beeindruckenden Glasmalereien geziert, die von damalig innovativen Techniken zeugen. Vor allem die so genannten Bayern-Fenster im südlichen Seitenschiff sowie Gerhard Richters Entwurf für das neue Südquerhausfenster zählen zu den bedeutendsten Werken dieser Gattung.

Die überbaute Gesamtfläche des Doms beträgt ca. 7914 m2 und die Dachfläche rund 12.000 m2. Der umbaute Raum umfasst ohne das Strebewerk rund 407 000 m3 und hat eine Platzkapazität von ca. 4000 Plätzen, davon 2800 Stehplätze und 1200 Sitzplätze. 21 Erzbischöfe des Erzbistums Köln wurden im Kölner Dom bestattet. Um die Turmspitze zu erklimmen, muss der Besucher 509 Stufen auf sich nehmen. Für den phänomenalen Ausblick über die Stadt Köln und den Rhein lohnt sich die Anstrengung des Aufstiegs jedoch in jedem Fall.

Der Domkran galt über Jahrhunderte als eine der besonderen Sehenswürdigkeiten des Kölner Doms und avancierte zeitweise sogar zum Wahrzeichen der Stadt. Zu Recht, denn der mittelalterliche Kran war durchaus eine beeindruckende, technische Innovation. Der Domkran muss bereits vor 1450 entstanden sein, da er auf den Gemälden aus jener Zeit schon zu sehen ist. Wahrscheinlich ist er um 1350, als man mit dem Bau des Südturms begonnen hatte, errichtet worden und wuchs gemeinsam mit dem Südturm in die Höhe. Sein Grundquadrat bestand aus vier starken Eichenbalken, welches auf die Mitten der Turmseiten aufgelegt wurde, so dass man nur knapp 10 m lange Hölzer benötigte, um einen Raum von knapp 185 m2 abzudecken. Um den Kran auf die nächste Ebene zu heben, brauchte man nur eine Ecke nach der anderen mit Keilen versehen, um die Dicke einer Quaderschicht anzuheben. So stand der Kran nach viermaligem Anheben entsprechend dem Baufortschritt des Turmes knapp 50 cm höher. Zuletzt lag die Höhe des Domkrans bei etwa 45 m.

Im Inneren des Doms reiht sich wiederum ein künstlerisches Meisterwerk an das andere: Das Chorgestühl stellt mit seinen 104 Sitzen eines der größten erhaltenen Chorgestühle des Mittelalters dar. Es diente den 24 Domkapitularen und deren 27 Vertretern sowie weltlichem und geistlichem Besuch als Sitzmöbel. Für den Papst und den Kaiser wurden gesonderte Plätze errichtet. Rund 29 mittelgroße Eichenstämme wurden für die Errichtung des imposanten Gestühls, welches relativ genau auf die Zeit zwischen 1308 und 1311 datiert werden konnte, verwendet. Die Werkstätten, die mit der Errichtung und Gestaltung des Chorgestühls betraut waren, stammten aus Köln, Lothringen und Paris.

Das wahrscheinlich älteste Kunstwerk des Kölner Doms ist das Gero-Kreuz. Erzbischof Gero hatte das monumentale Holzkreuz Mitte des 10. Jahrhunderts bereits für den Alten Dom zu Köln gestiftet, wo es inmitten der Kirche beim Grabe des Erzbischofs stand. 1270 wurde das Gero-Kreuz in den Neuen Dom gebracht und dort über dem Altar der Stephanuskapelle aufgestellt. 1350 wurde es an die Ostwand der Kreuzkapelle versetzt, wo es sich auch noch heute befindet. Es gilt als die erste erhaltene Monumentalfigur des gekreuzigten Christus. Der Kruzifixus und der Kreuzbalken sind original, während jedoch die Strahlensonne hinter dem Kreuz sowie der Marmoraltar erst im späten 17. Jahrhundert entstanden sind. Auch um das Gero-Kreuz rankt sich die Sage um das Wunder vom Gero-Kreuz, nach welcher sich schon bald nach der Stiftung des Kreuzes ein Riss im Kopf des Gekreuzigten zeigte. Da das Kreuz zu jenem Zeitpunkt bereits geweiht war, durfte keine Laienhand mehr daran arbeiten. So nahm Erzbischof Gero eine Hostie und einen Splitter vom heiligen Kreuz aus dem Kölner Reliquienschatz und legte beides in den Riss, welcher unmittelbar verschwand, als wäre er nie da gewesen.

Neben dem Gero-Kreuz gilt die Mailänder Madonna als das zweite bedeutende Gnadenbild im Kölner Dom. Laut Überlieferung hatte Erzbischof Rainald von Dassel zusammen mit dem Reliquienschrein der Heiligen Drei Könige eine Marienfigur mit nach Köln gebracht, die vermutlich 1248 beim Brand im Alten Dom zerstört wurde. Zwischen 1280 und 1290 entstand in einer Kölner Dombauhütte als Ersatz für die verlorene Skulptur das heute als Mailänder Madonna bekannte Gnadenbild. Als älteste Marienskulptur des gotischen Doms befand sich die Mailänder Madonna ursprünglich unter einem Baldachin auf dem Altar der Marienkapelle. Die Skulptur ist in ihrer Haltung und insbesondere im Faltenwurf ihres Gewands den französischen Vorbildern der schönen Madonnen nachempfunden, während die Farbfassung der Figur sowie Szepter und Krone aus dem ausgehenden 18. Jahrhundert stammen. Ein weiteres bedeutendes Kunstwerk des Doms ist der Klaren-Altar aus dem 14. Jahrhundert. Der Flügelaltar stammte ursprünglich aus der Kölner Franziskanerkirche St. Clara und wurde nach deren Abriss in den Dom gebracht. Der Altar besteht aus einem Schreinkasten mit vorkragendem Mittelschrein und ist durch ein doppeltes Flügelpaar verschließbar, so dass drei verschieden Bildkonstellationen möglich sind.

Das großformatigste Kunstwerk des Kölner Doms ist zweifelsohne mit 1350 m2 das Fußbodenmosaik. Acht Jahre vor der baulichen Vollendung des Doms wurde ein Wettbewerb zu dessen Innenausstattung ausgeschrieben, bei welchem vor allem die Fußbodenbeflurung diskutiert wurde. Der Architekt August von Essenwein legte 1887 einen Generalentwurf vor, der aus Gründen der besseren Haltbarkeit einen Boden aus keramischen Mosaiksteinchen vorsah. Das Langhaus und die Querschiffe sollten nach diesem Entwurf nur einen schlichten Sandsteinbelag erhalten. Das Fußbodenmosaik im Chor zeigt drei große Themenkomplexe: Auf den Fußbodenflächen des Chorumgangs ist die Geschichte des Erzbistums durch die Wappen und Namen der Kölner Bischöfe und Erzbischöfe dargestellt. Im Binnenchor werden die christliche Weltordnung und der Mensch in dessen irdischem Mittelpunkt gezeigt, während das Mosaik in der Vierung ein Abbild des Kosmos zeigt. Den Mittelpunkt der Darstellung bildet die Sonne, welche umgeben ist von den Personifikationen der Tageszeiten, einem Kranz der Tierkreiszeichen und einer Darstellung der Mondphasen. In den Ecken des zentralen Quadratfelds werden Personifikationen der vier Himmelphasen und der Winde gezeigt. In kleinen Bildquadraten sind schließlich die vier Elemente als bekränzte Knaben dargestellt. Die Arbeiten an dem Mosaik wurden noch zu Lebzeiten Essenweins dem Glasmaler Fritz Geiges übertragen, der sie 1899 vollendete. Heute liegt das große Vierungs-Mosaik unter einem Holzpodest verborgen.

Eine eher ungewöhnliche Sehenswürdigkeit des Doms ist der so genannte Teufelsstein. Der Sage nach war der Teufel über die zunehmende Verehrung des Dreikönigschreins derart verärgert, dass er versuchte, den Reliquienschrein zu zerstören. Mit einem schweren Stein zielte er durch das Dach auf den Schrein und schleuderte ihn herab. Gott aber ließ den Schrein an die Wand zurückweichen, so dass er der Zerstörung entging und der Stein zu Boden schmetterte. Der Stein und die sich scheinbar darauf abzeichnenden Krallen des Teufels sind heute noch im Dom anzusehen.

12.5.3 Nutzung, Größe

Der Kölner Dom ist eine der beliebtesten Sehenswürdigkeiten der Stadt Köln und ist täglich von 6.00 bis 19.30 Uhr geöffnet. Während der Gottesdienste ist eine Besichtigung nicht möglich. Führungen können von Montag bis Donnerstag zwischen 10.00 und 13.00 Uhr telefonisch unter 02 21/179 40 555 angemeldet werden. Die Schatzkammer ist täglich von 10.00 bis 18.00 Uhr geöffnet, der Eintrittspreis beträgt für Erwachsene 4,00 € und für Ermäßigungsberechtigte 2,00 €. Die Turmbesteigung kostet für Erwachsene 2,00 € und für Ermäßigungsberechtigte oder Gruppenteilnehmer ab 10 Personen 1,00 €. Der Turm ist von Dezember bis Februar täglich von 9.00 bis 16.00 Uhr, im März, April und Oktober von 9.00 bis 17.00 Uhr und von Mai bis September von 9.00 bis 18.00 Uhr geöffnet. Der Preis für eine Kombikarte für die Schatzkammer und eine Turmbesteigung beträgt für Erwachsene 5,00 € und für Ermäßigungsberechtigte 2,50 €. Der Dom verfügt insgesamt über 11 Glocken. 8 davon befinden sich im Südturm, die restlichen drei hängen im Dachreiter. Darunter befindet sich auch die sagenumwobene Teufelsglocke, die als Unglücksglocke ausschließlich zur Warnung bei Feuersbrünsten oder schweren Unwettern angeschlagen wird. Seit 1924 hängt auch die St. Petersglocke, die seinerzeit größte freischwingende Glocke der Welt, im Kölner Dom; von den Kölnern wird die 24 t schwere Glocke liebevoll als „der decke Pitter" bezeichnet. Auf Wunsch können spezielle Glockenführungen im Glockenstuhl bei der Dombauverwaltung reserviert werden. Die Glockenführungen finden ausschließlich werktags statt.

Der Kölner Dom verfügt über zwei Orgeln, die Chororgel oder Querhausorgel und die so genannte Schwalbennestorgel oder Langhausorgel. Alle Elemente des Orgelensembles können von einem gemeinsamen Spieltisch aus gespielt werden. Die Chororgel wurde kurz nach dem Krieg eingebaut und befindet sich in der nordöstlichen Ecke der Vierung. Ihr Platz auf einer Betonempore im östlichen Seitenschiff des Nordquerhauses ist durchaus unüblich für gotische Kirchenbauten und eher der Sperrung des Langhauses nach dem Zweiten Weltkrieg bis weit in die 1950er Jahre zu schulden. 1956 wurde die Orgel erweitert und ist heute mit 88 Registern die größte elektropneumatisch gesteuerte Orgel in Köln. Am 29. Juni 1998 wurde die neue Langhausorgel eingeweiht, mit der wieder eine zufrieden stellende Klangsituation im Kölner Dom geschaffen wurde. Sie befindet sich in Schwalbennestform an der nördlichen Langhauswand und besteht aus einem Rückpositiv, einem Hauptwerk, einem Schwellwerk und einem Pedal. Auf 53 Registern können 3963 Pfeifen gespielt werden. Im Jahr 2006 wurde schließlich das Orgelensemble nochmals erweitert: Durch ein Hochdruckwerk mit zwei Fanfarenregistern und insgesamt 122 Pfeifen am großen Fenster der Westseite wird nun auch bei voll besetzter Kirche und Festanlässen für vollen und repräsentativen Klang gesorgt.

Während der sommerlichen Orgelfeierstunden, die jährlich zwischen Juni und September stattfinden, kann man sich vom einmaligen Klang der Kölner Domorgel überzeugen. In dieser Zeit finden insgesamt 12 Konzerte jeweils dienstags um 20.00 Uhr statt. Renommierte Musiker präsentieren den interessierten Hörern eine breite Palette wertvoller Orgelmusik aus Vergangenheit und Gegenwart. Der Eintritt dazu ist frei, es gibt jedoch eine Kollekte nach Konzertschluss um 21.00 Uhr.

Die Dompropstei befindet sich im Margaretenkloster 5 in 50667 Köln und ist von Montag bis Freitag von 8.30 bis 13.00 Uhr geöffnet. Telefonisch ist die Dompropstei unter 02 21/179 40 100 erreichbar.

Das Dompfarramt befindet sich im Domkloster 3 in 50667 Köln und ist von Montag bis Freitag von 9.00 bis 12.00 Uhr und von 14.00 bis 17.00 Uhr (außer Mittwochnachmittag) geöffnet. Telefonisch ist das Dompfarramt unter 02 21/179 40 200 erreichbar. Weitere Informationen erteilt das Domforum telefonisch unter 02 21/92 85 47 20. Reservierungen können ebenfalls beim

Domforum vorgenommen werden. Die Öffnungs- und Sprechzeiten des Domforums sind von Montag bis Freitag von 10.00 bis 18.30 Uhr, samstags von 10.00 bis 17.00 Uhr und sonntags von 13.00 bis 17.00 Uhr.

12.5.4 Besonderheiten Unesco

Der Kölner Dom wurde 1996 in die Unesco-Liste des Weltkulturerbes aufgenommen. Die einzigartige Architektur macht den Kölner Dom zu einem der bedeutendsten Meisterwerke im Stil der internationalen, hochmittelalterlichen Gotik. Seine kulturhistorische Bedeutung und insbesondere die überaus reichhaltige Sammlung von Kunstschätzen im Inneren des Doms lassen keinerlei Zweifel an der Berechtigung seiner Aufnahme in die Liste des Weltkulturerbes der Menschheit.

Am 5. Juli 2004 wurde der Kölner Dom aufgrund der Hochhausplanungen auf der gegenüberliegenden Rheinseite auf die rote Liste des gefährdeten Weltkulturerbs gesetzt. Laut Unesco gefährdete die dort geplante Hochhausarchitektur „die visuelle Integrität des Doms und der Stadtsilhouette". Die zuständigen Behörden änderten daraufhin die Pläne für die Bebauung des Rheinufers. Neben dem bereits fertig gestellten KölnTriangle werden am gegenüberliegenden Rheinufer keine weiteren Hochhäuser entstehen und der Dom konnte im Juli 2006 wieder von der Roten Liste des gefährdeten Unesco Weltkulturerbes gestrichen werden.

Für die Aufnahme eines Objekts in die Liste der Denkmäler muss eines von zehn Kriterien erfüllt werden. Bis Anfang 2005 wurden Kriterien für Kultur- und Naturgüter getrennt geführt. Seitdem werden sie für jedes Objekt gemeinsam geprüft. So wird zwar weiterhin die Mehrheit der Welterbestätten nur als Kulturerbe (Nummern 1 bis 6) oder nur als Naturerbe (Nummern 7 bis 10) bezeichnet, aber 24 Stätten erfüllen zurzeit schon Kriterien aus beiden Bereichen.

Die Güter stellen ein Meisterwerk der menschlichen Schöpferkraft dar.

Die Güter zeigen für einen Zeitraum oder in einem Kulturgebiet der Erde einen bedeutenden Schnittpunkt menschlicher Werte in Bezug auf die Entwicklung von Architektur oder Technologie, der Großplastik, des Städtebaus oder der Landschaftsgestaltung auf.

Die Güter stellen ein einzigartiges oder zumindest außergewöhnliches Zeugnis von einer kulturellen Tradition oder einer bestehenden oder untergegangenen Kultur dar.

Die Güter stellen ein hervorragendes Beispiel eines Typus von Gebäuden, architektonischen oder technologischen Ensembles oder Landschaften dar, die einen oder mehrere bedeutsame Abschnitte der Geschichte der Menschheit versinnbildlichen.

Die Güter stellen ein hervorragendes Beispiel einer überlieferten menschlichen Siedlungsform, Boden- oder Meeresnutzung dar, die für eine oder mehrere bestimmte Kulturen typisch ist, oder der Wechselwirkung zwischen Mensch und Umwelt, insbesondere, wenn diese unter dem Druck unaufhaltsamen Wandels vom Untergang bedroht wird.

Die Güter sind in unmittelbarer oder erkennbarer Weise mit Ereignissen oder überlieferten Lebensformen, mit Ideen oder Glaubensbekenntnissen oder mit künstlerischen oder literarischen Werken von außergewöhnlicher universeller Bedeutung verknüpft. (Das Komitee einigte sich, dass dieses Kriterium in der Regel nur in Verbindung mit anderen Kriterien angewandt werden sollte.)

Die Güter weisen überragende Naturerscheinungen oder Gebiete von außergewöhnlicher Naturschönheit und ästhetischer Bedeutung auf.

Die Güter stellen außergewöhnliche Beispiele der Hauptstufen der Erdgeschichte dar, darunter der Entwicklung des Lebens, wesentlicher im Gang befindlicher geologischer Prozesse bei der Entwicklung von Landschaftsformen oder wesentlicher geomorphologischer oder physiogeografischer Merkmale.

Die Güter stellen außergewöhnliche Beispiele bedeutender in Gang befindlicher ökologischer und biologischer Prozesse in der Evolution und Entwicklung von Land-, Süßwasser-, Küsten- und Meeres-Ökosystemen sowie Pflanzen- und Tiergemeinschaften dar.

Die Güter enthalten die für die In-situ-Erhaltung der biologischen Vielfalt auf der Erde bedeutendsten und typischsten Lebensräume, einschließlich solcher, die bedrohte Arten enthalten, welche aus wissenschaftlichen Gründen oder ihrer Erhaltung wegen von außergewöhnlichem universellen Wert sind.

Zudem werden Güter auf ihre Unversehrtheit und/oder Echtheit geprüft und ein Schutz- und Erhaltungsplan verlangt, der ausreicht, um ihre Erhaltung sicherzustellen.

Die rechtliche Beurteilung der Convention Concerning the Protection of the World Cultural an Natural Heritage (Weltkulturerbekonvention) in Deutschland ist lange Zeit nur scheinbar geklärt gewesen. Die Bundesrepublik hat die Konvention 1976 ratifiziert und man ging von der Existenz eines entsprechenden Vertragsgesetzes im Sinne des Art. 59 Abs. 2 Satz 1 GG aus, das der Konvention innerstaatliche Geltung verschafft hätte. Tatsächlich fehlt jedoch bis heute ein solches Vertrags- oder Zustimmungsgesetz, was die überwiegende Meinung in der Literatur zu der Ansicht führt, dass die Welterbekonvention lediglich ein Verwaltungsabkommen im Sinne des Art. 59 Abs. 2 Satz 2 GG darstellt und damit also keine „echte" Umsetzung in nationales Recht erfolgt ist, was nach Ansicht von Unesco-Vertretern eine empfindliche Lücke darstellt. Die völkerrechtlichen Verpflichtungen, die die Bundesrepublik mit Beitritt zur Konvention eingegangen ist, sind aber ungeachtet dessen von alle staatlichen Organen zu beachten, wozu auch die Gerichte und Kommunen gehören (Völkerrechtsfreundlichkeit des Grundgesetzes).

12.5.5 Dombaumeister

Der erste Baumeister des Kölner Doms Gerhard von Ryle, auch Meister Gerhard oder Gerhard Morart genannt, stammte wahrscheinlich aus der Mosel-Gegend und von dem Adelsgeschlecht „von Ryle" ab. Er hatte seine Lehr- und Wanderjahre in Frankreich bei Pierre de Montereau, dem Baumeister der Abteikirche von St. Denis, verbracht und war mit dem französischen Kathedralenbau in Troyes und Paris vertraut. Wahrscheinlich war er auch auf der Baustelle der Pariser Notre Dames zugegen gewesen und stand in engem Kontakt mit deren Baumeister Jean de Chelles. 1248 wurde von Ryle Dombaumeister in Köln. Den Chor des Kölner Doms errichtete er im gotischen Stil, für die Gewölbe- und Wandgliederungen diente ihm die Kathedrale von Amiens als Vorbild.

Meister Gerhard verfolgte seine Arbeit in einem enormen Tempo und galt als ein sehr ehrgeiziger Mann, wodurch sich zahlreiche Legenden um ihn ranken. Diverse Wetten soll er mit dem Teufel eingegangen sein, wobei er die letzte schließlich verloren und sich von einem der Türme des Kölner Doms gestürzt haben soll. Tatsächlich verstarb er im Jahr 1260 in Köln unter durchaus mysteriösen Umständen.

Unter der Leitung des Dombaumeisters Ernst Friedrich Zwirner, geboren am 28. Februar 1802 in Oberschlesien, wurde der Kölner Dom schließlich vollendet. Zwirner hatte im Jahr 1821 die Bauschule in Breslau abgeschlossen. Anschließend studierte Zwirner als ein Schüler Schinkels an der königlichen Bauakademie und Universität zu Berlin. 1833 wurde er mit der Leitung der Bauarbeiten am Kölner Dom betraut. Sein Organisationstalent verlieh der Dombauhütte und dem Bau neuen Aufschwung, so dass er bereits 1841 die Restaurierungsarbeiten am Dom abschließen konnte. Anschließend legte er König Friedrich Wilhelm IV. seine Pläne für die Vollendung des Doms vor, welche von diesem begrüßt und finanziert wurden. Im Jahr 1853 wurde Zwirner zum Geheimen Regierungs- und Baurat ernannt. Neben dem Kölner Dom entwarf er unter anderem das Hauptgebäude der Universität Halle-Wittenberg, das Grabmonument für Friedrich Leopold Freiherr von Fürstenberg sowie die Apollinariskirche in Remagen, Burg Areindorf in Bad Hönningen und die Fialsäule oberhalb von Königswinter.

Ernst Friedrich Zwirner verstarb am 22. September 1861 in Köln.

Unter der Leitung des Dombaumeisters Willy Weyres fand nach dem Zweiten Weltkrieg der langsame und mühsame Wiederaufbau des Kölner Doms statt. Willy Weyres wurde am 31. Dezember 1903 in Oberhausen geboren und studierte zunächst Theologie und Kunstgeschichte an der Universität Bonn. Später entschloss er sich für ein Architekturstudium an der Rheinisch Westfälischen Technischen Hochschule in Aachen und ein Studium der Glasmalerei an der Kölner Werkschule. Nach Abschluss seines Studiums wurde er zunächst wissenschaftlicher Mitarbeiter beim Provinzialkonservator und arbeitete als Restaurator. Nachdem er einige Jahre in Limburg als Diözesebaurat tätig war, wurde er 1944 Dombaumeister in Köln. 1948 promovierte er an der Rheinisch-Westfälischen Technischen Hochschule Aachen zum Ingenieur. Neben dem Wiederaufbau der Kathedrale widmete sich Weyres vor allem den Ausgrabungen unter dem Dom, bei denen Vorgängerbauten bis ins 4. Jahrhundert entdeckt werden konnten. 1955 erhielt er einen Lehrstuhl als Professor für Baugeschichte und Denkmalpflege an der Rheinisch-Westfälischen Technischen Hochschule Aachen. Auch nach seiner Emeritierung im Jahr 1972 betreute er weiterhin Doktoranden und leitete bis 1986 die Domgrabungen.

Willy Weyres verstarb am 18. Mai 1989 in Aachen.

12.6 Auswertungsbasis 1: Videoumfrage am Beispiel von Schülerinnen und Schülern vor der ersten Stunde der Reihe

Da die Fragestellungen je nach Fall variieren, sind sie hier nicht zusammengefasst gelistet (wie in Basis 3 und 4), sondern einzeln hintereinander aufgereiht. Insgesamt handelt es sich um fünf Einzelinterviews von drei Schülerinnen und zwei Schülern des GK Kunst der Wöhlerschule in Frankfurt am Main.

12.6.1 Befragung (Prob. 1), 9. Nov. (2007), Tag vor dem Beginn des Projektes

Ihr Alter?

18 Jahre alt.

Ihr Geschlecht ist weiblich?

Ja!

Haben Sie schon mal Erfahrungen mit Weltkulturerbestätten der Unesco sammeln können?

Nein.

Haben Sie Erfahrungen mit dem Kölner Dom?

Ja, eine Kurs-Klassenfahrt in der 10. Klasse, Ausflugsziel: Kölner Dom.

Haben Sie sich damit inhaltlich befasst?

Ich glaube, wir haben uns mit der Bauart beschäftigt, aber des Weiteren haben wir ihn uns einfach angeguckt.

Wie oft schauen Sie Fernsehen in der Woche – wie viele Stunden?

Nicht viel ... wie viel Stunden, keine Ahnung ... vielleicht vier bis fünf Stunden in der Woche.

Wie groß ist Ihr Kinokonsum?

Ja ... also in drei bis vier Wochen vielleicht einmal.

Wie regelmäßig/häufig ist Ihr Podcast-Konsum?

Selten, keine Ahnung wie oft. Tut mir leid

Haben Sie schon Podcasts geschaut?

Ja.

Haben Sie schon mal etwas gefilmt?

Ja, ab und zu hobbymäßig so den Kindergeburtstag, das klassische Filmen eben.

Haben Sie auch schon einmal etwas geschnitten?

Ja, in der Projektwoche letztes Jahr hatten wir alle Projekte der Themenwoche zusammengeschnitten und vorgestellt in einem Film.

Fiel Ihnen das leicht oder schwer, das zu schneiden?

Gut, was war schwer, man musste sich anstrengen und konzentrieren, aber es hat Spaß gemacht. Von daher war es angenehme Arbeit.

War das ein Erfolgserlebnis für Sie?

Ja.

Welche Erfahrungen haben Sie bislang mit historischen Monumenten.

Na ja, eigentlich nicht wirklich positive, weil uns diese Monumente entweder nach stundenlangen Märschen gezeigt worden sind oder trocken in der Theorie.

Um welche Bauwerke handelte es sich?

Ja ... wie schon gesagt der Kölner Dom oder in Italien, diverse Tempelbauten, Villen, einige Denkmale, wenn man das dazu zählen kann. Also es waren schon einige.

Kennen Sie Weltkulturerbestätten der Unesco, welche?

Den Kölner Dom? Aber ansonsten hab ich keine Ahnung.

Aus welchen Gründen werden wohl Gebäude zu Weltkulturerbestätten der Unesco ernannt?

Vielleicht weil Stätten einfach einzigartige Gebäude stehen bzw. diese eine einzigartige Geschichte haben, die es wert ist, weitererzählt zu werden.

Wie kommt Ihnen der Begriff des Erbes darin vor, können Sie damit etwas verbinden?

Ja, damit die Generation nach uns und deren Nachgeneration etwas davon haben und wissen, was da war.

Trauen Sie sich zu, sich selbst zu informieren, und wenn ja, über welche Wege würden Sie das tun, z. B. recherchieren über so ein Thema?

Das würde ich mir zutrauen, und zwar vor allem dann natürlich übers Internet, weil man dann viele Quellen hat, die auch sehr ausführlich sind und ja ... zur Not Bücherei.

Bücherei?

Bücherei klassisch. Ja, Bücherei, Bibliothek. Vielleicht auch mal Bekannte fragen, wenn sie sich damit auskennen.

Gut, stellen Sie sich vor, einen etwa fünfminütigen Film über den Kölner Dom zu drehen, wie würden Sie den zeitlichen Aufwandsanteil einschätzen von Recherche, Filmen, Schnitt, Erstellen des Drehbuches und Postproduktion?

Ja, ich denke, das ist alles sehr zeitintensiv, aber ich hab natürlich keine Ahnung, wie lange das wirklich dauert, aber ich denke, wenn wir alleine einen ganzen Tag in Köln verbringen fürs Filmen, werden wir bestimmt mehrere Stunden Arbeit haben und vor allem auch viele Stunden ... Schulstunden dafür investieren, das Drehbuch zu schreiben, um zu wissen, wie wir das machen.

Und was braucht am meisten Zeit von den fünf Tätigkeiten, Recherche, Film, Schnitt, Drehbuch oder Postproduktion Ihrer Meinung nach, eins können Sie sich aussuchen.

Ich würde zwei tippen, erst mal der Schnitt dauert wahrscheinlich sehr lange und dann das Drehbuch, erst mal zu wissen, was mach ich so wie.

Welche Sendungen interessieren Sie besonders?

Alles Mögliche wild durcheinander. Abends, wenn mal ein guter Spielfilm läuft oder Tatort im Ersten.

Welche Sendungen schauen Sie, obwohl Sie sie eigentlich nicht interessieren?

Keine.

Aber vielleicht „Willi will's wissen", Werbung?

Na gut, Werbung manchmal, aber eigentlich keine.

Schauen Sie eher Quizsendungen oder Gerichtsshows oder andere Sachen?

Quizsendungen, Gerichtsshows gar nicht, Nachrichtensendungen schon mal ganz gerne, aber so diese Soaps am Nachmittag finde ich völlig furchtbar.

Haben Sie schon Dokumentationen im Fernsehen gesehen?

Ja.

Welche?

Tierdokumentationen bis hin zu Dokumentationen über Nachkriegszeit oder NS-Zeit, alles Mögliche.

Aber das sind doch ganz viele Dokumentationen, haben Ihnen da irgendwelche besonders gut gefallen, aus irgendwelchen Gründen?

Gefallen haben sie mir schon, sonst hätte ich sie nicht geguckt. Keine Ahnung, ich kann mich da nicht mehr daran erinnern.

Was erachten Sie denn für am Wichtigsten bei Dokumentationen?

Erst mal natürlich dass es abwechslungsreich ist und ... ja ... der Inhalt nicht immer nur trocken rübergebracht wird, sondern natürlich auch Bilder, die nett anzusehen sind.

Wie sollten Dokumentationen Ihrer Meinung nach sein und wie dürfen sie auf keinen Fall sein, was darf nicht passieren, wenn man eine Dokumentation macht?

Erst mal sollte man gucken, dass die Fakten richtig sind, ja ... und dann sollte auch die Art und Weise mehr oder weniger seriös sein, wenn man's rüberbringt, nicht so Art larifari.

Nicht langweilig ... das darf auch auf gar keinen Fall sein, sonst guckt es ja gar keiner.

Gut. Halten Sie Dokumentationen für objektiv oder eher für manipulativ und warum?

Teils, teils, kommt drauf an, wo sie laufen und worum es geht. Al Gore z. B. halte ich für sehr manipulativ.

Ich hätte jetzt gleich gefragt, wie Sie drauf kommen, was für ein Beispiel es da gibt, können Sie es genauer noch spezifizieren, woran das so liegt, warum halten Sie das für manipulativ, Al Gore z. B.

Ich nehme das Beispiel, weil ich finde, dass es entweder den großen Erfolg oder Geld bringt, es durchzubringen, natürlich wollen sie dann auch die Masse auf ihre Seite bringen, und es gibt natürlich auch Dokumentationen, die brauchen gar nicht mal manipulativ sein ... weil ... wenn ein Esel im Feld grast, davon hat keiner wirklich Nutzen erst mal.

Könnte man über den Dom in Köln auch eine manipulative Dokumentation machen?

Ich denke schon, wenn der Dom dringend Spenden benötigt, dann würde man sagen, wie arm der Dom doch dran ist.

Können Sie bitte Bewertungskriterien nennen oder sich ausdenken, so ganz spontan, die man zur Benotung der Arbeit im Unterricht nehmen und auch für die Bewertung eines Films heranziehen könnte, also wenn wir jetzt den Film machen, dann muss ich den ja auch bewerten, was könnte man an einem Film bewerten?

Also zuerst einmal ganz langweilig und dröge, aber wie ist denn die Recherche gelaufen, dann auch, wie sehr haben sich da welche Schüler für engagiert, für eingesetzt, und dann muss man natürlich auch sehen, wie da die Kreativität gefragt ist, da wird's aber schwierig.

Wenn man jetzt aber nur den Film sehen würde, und da ist 'ne Jury, die nicht weiß, wie lange die Recherchen dauerten und wie engagiert das war, und die gucken nur das Ding, nur die Dokumentationen, was könnten die für Kriterien haben?

Erst mal wie gut sind die Aufnahmen und wurden eher die wichtigen Dinge gefilmt oder eher Dinge, die man eigentlich hätte weglassen und wieder wie der Stil des Ganzen ist.

Ist schwer zu beschreiben.

Was sind gute Aufnahmen?

Na ja ... man kann keine Teile des Doms so filmen, dass wirklich nur die schönen Teile drauf sind, aber man kann auch die nächste Baustelle mit filmen ... z. B.

Gut, also die Bilder wären wichtig, und was war das noch?

Und ja, dass eben der Stil des Ganzen, dass das eben etwas Charme hat, wenn man die Dokumentationen sieht oder ob das einfach runtergerattert ist und nur gemacht ist, weil man es eben machen muss.

Oder ganz langweilig ist natürlich.

Trauen Sie sich zu, eine filmische Dokumentation über die Weltkulturerbestätte Kölner Dom zu produzieren und zu veröffentlichen?

Keine Ahnung ..., das würde ich dann sehen und sagen, wenn ich weiß, wie es aussieht wenn es fertig ist.

Wo sehen Sie denn Probleme dabei?

Zuerst mal die Entwerfung des Drehbuches, dass man da was findet, was so wirklich noch nicht gezeigt worden ist ... das ist es. Da muss man dann erst mal bisschen suchen.

Sonst noch, wenn das Drehbuch da ist?

Wenn das Drehbuch dann da ist, denke ich, muss man mit dem Schnitt, da probiert man etwas rum, dass es geht, und ansonsten, wenn man filmt, dann filmt man und sucht sich die besten Teile raus ...

Gut ... das war dann da, wo die Probleme sind, wo hätten Sie selbst noch Schwierigkeiten vielleicht so ganz persönlich bei irgendwas, Arbeitsablauf oder ... Gedanken dazu ... gibt's da noch etwas?

Disziplin, was jetzt die Recherche angeht z. B.

Gut ... was darf in einer Dokumentation einfach nicht passieren, wenn Sie die jetzt herstellen?

Keine Ahnung ...

Auf Ihr Projekt bezogen, wir hatten so eine ähnliche Frage eben schon mal. Was darf nicht passieren?

Also ... man sollte nicht von Birnen sprechen, wenn eigentlich Äpfel gefragt sind ...

Welche Vorteile haben die unterschiedlichen Medien: Buch, Filmidee, Dokumentationen, filmische Dokumentation?

Welche Vorteile habe die unterschiedlichen Medien bei der Darstellung solcher Themen: Buch, filmische Dokumentation, Spielfilm und Radiobeitrag?

Also ich denke mal, Buch hat den Vorteil, wenn man es nicht gesehen hat, stellt man sich wahrscheinlich erst mal was sehr Schönes und Spannendes vor und es sind erst mal große Erwartungen in einem. Ja, Dokumentation zeigt es einem, wie es so tatsächlich ist, sollte es zumindest. Spielfilm und Radiobeitrag könnte das Ganze romantisieren, auch noch mal interessant machen, wo dann die Leute auch noch mal sagen, oh das war im Fernsehen, da will ich noch mal hin.

Der Radiobeitrag ... inwiefern?

Ja ... wenn in einer alten Geschichte etwas erzählt wurde und dann wurde der da drin gekrönt oder der getauft ... ob es jetzt so war oder nicht, sei mal so dahingestellt, finden die Leute wieder so einen gewissen Gefallen daran ...

Und das hätte man im Filmischen nicht?

Doch auch ..., das hatte ich doch gesagt ...

Hat das Radio noch einen Vorteil gegenüber dem Fernsehen?

Gut, ich glaube Radio hört man dann doch noch mal öfter zumindest noch mal so nebenbei, das heißt, es erreicht einen schneller.

Wie würden Sie Ihren Film danach nutzen oder einsetzen, was kann man mit so einem Ding machen?

Ja ... mit so einem Ding ... kommt wieder drauf an, was man für einen Zweck hat, entweder man will einfach informieren und zeigen, wie schön es ist und was da war ... oder man möchte zeigen... och der arme Dom, schaut euch das doch an, habt Mitleid, spendet was dafür.

Sehen Sie einen Nutzen, den so ein Projekt hat ...? Als Schulprojekt?

Als Schulprojekt, wir selbst sammeln natürlich Erfahrungen und haben später vielleicht auch die Möglichkeit, so einen eigenen Film zu machen.

Was für Filme?

Muss man spontan entscheiden.

Welche Filme macht man denn so ... Sie hatten da ja eben schon was genannt so ganz am Anfang, wenn man zu Hause jetzt ... wir reden jetzt von der Schule irgendwann ... was könnte das denn für ein Film sein?

Was für Filme ..., ja dass man so Familiengeschehen nebenbei, sondern auch mal was Filme mit einer Handlung evtl.

Ja ... und wahrscheinlich kein Hollywood Spielfilm.

Eher sowas wie Familiendokumentation.

Halten Sie eine Gruppenarbeit als Arbeitsform hier für angemessen?

Ich halte sie nicht nur für angemessen, ich halte sie für nötig, weil erstens ist natürlich ein bisschen Arbeit weggenommen und zweitens, gerade wenn man so ein Drehbuch hat, hat man meistens alleine nicht so gute Ideen, die sich alle erst im Gespräch entwickeln, wenn jeder ein bisschen herumspinnt, kommt am Ende vielleicht wirklich was Gutes raus.

Haben Sie schon mal Gruppenarbeit in der Schule erlebt, gemacht, durchgeführt?

Ja natürlich.

Wie oft, wie viele, vielleicht schätzen Sie mal?

Oh Gott, wie oft, das weiß ich gar nicht mehr, also ich kann keine Zahl sagen, viel zu oft.

Kennen Sie ein Verfahren der Gruppenarbeit, wie man so klassisch eine Gruppenarbeit so macht oder können Sie sich das so denken?

Ja, klassisch einfach Gruppe finden, Themengebiet klären, recherchieren, das Produkt ausarbeiten und dann präsentieren.

Welche Vor- und Nachteile sehen Sie bei diesem Verfahren der Gruppenarbeit, hatten wir das schon?

Welche Vorteile gibt es, hatten wir schon, hatten wir eigentlich eher schon Nachteile?

Nachteil ist vielleicht, dass bei der Präsentation die restlichen Gruppen abschalten oder dass eben, weil man in der Gruppe ist und nicht vom Lehrer geleitet wird, erst mal ins offene Messer laufen kann.

Mögen Sie Kunstunterricht?

Ja immer!

12.6.2 Befragung (Prob. 2), 9. Nov. (2007), Tag vor dem Beginn des Projektes

Welches ja ... männlich als Geschlecht.

Ja haben Sie dann schon irgendwelche Erfahrungen mit Weltkulturerbestätten gesammelt?

Ich war mal in Ägypten und hab mir die Pyramiden angesehen.

Haben Sie Erfahrungen mit dem Kölner Dom?

Ne, ich war noch nie in Köln.

Welche Erfahrungen haben Sie bislang mit historischen Monumenten so überhaupt alles was Sie sich so...

Ja wenn, dann im Urlaub mit den Eltern meistens ...

Kennen Sie Weltkulturerbestätten und haben Sie schon einmal welche gesehen?

Ja wie gesagt, die Pyramiden habe ich gesehen, ja sonst weitere habe ich nicht gesehen.

Haben Sie Erfahrungen mit Filmschnitt?

Ne, noch gar nicht gemacht.

Haben Sie Erfahrungen mit Filmen?

Also aktiv Filmen, nicht Filme sondern Filmen.

Handyvideos gemacht oder so was. Podcasts ins Internet gesetzt?

Ne noch nicht.

Podcasts konsumiert?

Konsumiert ja... angeschaut auf YouTube oder so.

Sind Sie bei, haben Sie einen Account bei Clipfish, YouTube oder ...

Nein

Oder ... MyVideo?

Nein.

Myclip?

Kenn ich nicht.

Wenn es das noch nicht gibt, machen wir das.

Aus welchen Gründen werden wohl Gebäude zur Weltkulturerbestätte ernannt?

Bis die für die Kultur ...

Können Sie für sich selber noch Gründe ausdenken?

Ja meistens sind's ja irgendwelche alten Gebäude.

Welche Gründe könnten Sie sich selbst vorstellen/ausdenken? Weswegen solche Weltkulturerbestätten vielleicht ausgewählt werden?

Ja also meistens sind's ja alte Gebäude, oft auch Kirchen oder Kölner Dom oder irgendwelche, z. B. Pyramiden haben ja auch was mit Religion zu tun.

Trauen Sie sich zu, sich selbstständig zu informieren und über solche Weltkulturerbestätte? Und auf welchen Weg würden Sie das tun?

Von meinen Interesse oder wie?!?

Welche Methoden haben Sie zur Verfügung, um sich selbst darüber zu informieren?

Ja ich würde es übers Internet probieren, Bibliotheken, ja …

Bücher gibt es ja in der Bibliothek.

Bücher kamen jetzt ein bisschen zäh, das zählt nicht.

Videothek war statt Buch.

Bibliothek hab ich gesagt.

Ach Entschuldigung, ich dachte Videothek, Scheiße kannste nicht Videothek sagen.

Das war nämlich, weißte …

Stellen Sie sich vor, einen etwa fünfminütigen Film über den Kölner Dom zu drehen, wie würden Sie den zeitlichen Aufwandsanteil einschätzen von Recherche, Filmen, Schnitt, Erstellen des Drehbuches und Postproduktion?

Ich würde sagen, Filmen wird am wenigsten Zeit beanspruchen, dann das Schneiden wird viel Zeit beanspruchen, die Recherchen, ja kommt halt drauf an, wie wissenschaftlich man den Film machen will, wenn man mehr drauf Wert legt, dass er etwas lustig ist, muss man sich nicht so viel zu überlegen, und was war das noch.

Postproduktion.

Postproduktion, was ist denn das?

Wissen Sie nicht so genau, was das ist. Prima, das ist die beste Antwort.

Schauen Sie viel Fernsehen, wie viel, pro Woche, pro Tag?

Ja so pro Tag 4–5 Stunden.

Dann so pro Woche 35 würde ich mal so sagen.

In Mathe sind Sie gut, haben Sie Mathe?

Ja, Mathe hab ich noch.

Welche Sendungen interessieren Sie besonders, und was schauen Sie sonst noch so?

Komödie viel, Sport, Mtv, ja.

Was sonst noch so?

Und N24 zum Einschlafen.

Historische Filme, Anti-Kriegsfilme?

So ... was ist denn N24 für ein Sender?

Da kommen dann so Reportagen, keine Ahnung so Unglücksreportagen und so, wie wird was hergestellt, irgendwelche Geschichten, Filmreportagen.

Okay. Welche Sendungen schauen Sie, obwohl Sie sie nicht interessieren?

Gerichtsshows.

Und was noch?

Super Nanny und so Sachen, wo es ein bisschen rundgeht.

Was kommt nach Super Nanny?

Okay ...

Peter Zwegert, der tolle Schuldenberater, rettet alle armen Familien.

Und Mythbusters ist auch noch gut.

Okay.

Welche Sendungen schauen Sie, obwohl Sie sie nicht gut finden?

Eigentlich keine.

Aha.

Schauen Sie Quizsendungen oder eher Gerichtsshows?

Gerichtsshows.

Halt ...

Also Wiederholung

Also schauen Sie eher Gerichtsshows... ne Entschuldigung.

Schauen sie eher Quizsendungen oder Gerichtsshows?

Gerichtsshows.

Haben Sie schon Dokumentationen im Fernsehen gesehen? Und wenn ja, welche?

Auf N24 einige.

Zum Beispiel?

Über den Zweiten Weltkrieg, die Luftwaffe und ach keine Ahnung, alles Mögliche.

Irgendwas noch?

Was erachten Sie für am wichtigsten bei Dokumentationen?

Ja eigentlich die Information, also wenn es mich wirklich interessiert, die Information, und wenn ich jetzt nicht wirklich so viel Interesse an einem Thema habe, dann schöne Bilder.

Dokumentationen beispielsweise über Heidi Klum?

Nein.

Wie sollten Dokumentationen sein und wie dürfen sie auf keinen Fall sein?

Ja, sie sollten auf jeden Fall auch spannend sein, sie sollten jetzt nicht irgendwie so monoton von irgend so einem Erzähler erzählt werden und im Hintergrund sind irgendwelche Bilder, die überhaupt keinen Bezug dazu haben. Einfach damit der Zuschauer auch dran bleibt.

Mm.

Halten sie Dokumentationen für eher objektiv oder eher für manipulativ und warum?

Ja also ich denke, es kommt immer ganz auf den Sender an, es gibt Sender, da sind sie schon sehr manipulativ und oberflächlich manchmal und andere Sender sind da sehr subjektiv, denke ich, objektiv.

Können Sie bitte Bewertungskriterien nennen, die man zur Benotung z. B. von so Filmen, die im Unterricht entstehen über die Unesco Weltkulturerbestätte Kölner Dom, die man jetzt heranziehen könnte, also ich bin ja jetzt Lehrer und ich muss das dann ja jetzt benoten, und was kann ich jetzt daran benoten an Ihrer Arbeit, wenn die fertig ist.

Ja also ich würde mal sagen, dass erst mal bewertet wird, was die Schüler sich für Gedanken gemacht haben, wie sie es sich vorgestellt haben, sozusagen das Drehbuch bewertet wird, und dann auch geguckt wird, wie das Ganze auch umgesetzt wird und ob das dann auch alles so rüberkommt, wie sich die Schüler das vorgestellt haben.

Trauen Sie sich zu, eine filmische Dokumentation über die Weltkulturerbestätte Kölner Dom zu produzieren und zu veröffentlichen, jetzt im Moment?

Jetzt im Moment, ich würde sagen, jetzt im Moment noch nicht, erst nach der Vorbereitung.

Wo sehen Sie Probleme?

Ja in der Umsetzung, dass der ganze Filmtext auch mit den Filmmaterien auch zusammenpasst und ...

Gut ...

So einfach.

Wo hätten Sie selbst noch Schwierigkeiten, vielleicht gibt's da noch irgendwas...?

Die Zeit mit Texten zu füllen auf jeden Fall.

Okay.

Das wird sich noch ändern.

Welche Vorteile haben nee.

Was sollte oder darf in einer Dokumentation einfach überhaupt nicht passieren?

In Dokumentationen ja, dass es zu subjektiv ist, dass es nicht mehr um Fakten geht, sondern um irgendwelche persönlichen Eindrücke oder so was.

Okay, welche Vorteile haben die unterschiedlichen Medien im Vergleich Buch, filmische Dokumentation, Spielfilm und Radiobeitrag bei der Darstellung von solchen Themen, wie wir sie darstellen wollen?

Buch, filmische Dokumentationen, Spielfilm, Radiobeitrag.

Ja also das Buch, das liest ja jeder selber, und man hat auch keine bestimmte Vorstellung und bekommt es nur beschrieben, kann sich nicht ein genaueres Bild machen.

Beim Radiovortrag muss man nicht selbst lesen, sonst eigentlich das Gleiche wie beim Buch, und beim Film ist es halt so, dass man in dem Fall den Kölner Dom sieht und sich vorstellen kann, wie groß er ist, was für Ausmaße er so hat, wie die Fassade aussieht usw.

Gut.

Wie könnte man den Film danach einsetzen oder nutzen, wie würden Sie den Film einsetzen oder nutzen, was könnten wir damit dann machen, wenn er fertig ist?

Ja erst mal als Beispiel für Dokumentationen Film und als Informationsfilm für den Kölner Dom.

Halten Sie eine Gruppenarbeit als angemessen für dieses Projekt?

Ja, ich denke schon, dass es sehr umfassend ist das Projekt und deswegen wäre es auch besser, wenn man sich die Arbeit dann einteilen könnte, und da ist es schon ganz sinnvoll, Gruppenarbeit zu nehmen.

Gut, welche Vor- und auch Nachteile sehen Sie bei diesem Verfahren der Gruppenarbeit überhaupt so, was ist daran Vorteil, Nachteil?

Also Vorteile auf jeden Fall, dass man sich die Arbeit einteilen kann, dass jeder einen Part übernehmen kann, und Nachteile, ja würde ich sagen, dass es halt immer wieder Konflikte da dann halt auch gibt, wo man sich dann auch absprechen muss, wie man es dann auch genau macht und weil es ist ja auch eigentlich nur ein kleines Problem.

Und jetzt die letzte Frage, wie waren Ihre Erfahrungen mit Gruppenarbeit bislang, mit Gruppenarbeit überhaupt bislang?

Ja eigentlich recht gut, ist eigentlich immer ganz glatt gelaufen.

12.6.3 Befragung (Prob. 3), 9. Nov. (2007), Tag vor dem Beginn des Projektes

Wie alt sind sie?

19.

Geschlecht weiblich.

Haben Sie schon Erfahrungen mit Weltkulturerbestätten der Unesco gesammelt?

Nicht dass ich jetzt wüsste.

Haben Sie Erfahrungen mit dem Kölner Dom?

Ich war schon mal drin.

Dann schon.

Und?

Ja, war schön, doch, war interessant. Auf jeden Fall.

Gut.

Welche Erfahrungen haben Sie bislang mit historischen Monumenten der Architekturgeschichte?

Ich war schon in Tempeln und so und Kirchen, aber ...

Ach echt, welche?

In Frankreich und in Italien war ich in ein paar Kirchen, aber ich kann mir selten die Namen davon merken.

Tempel?

In Tempeln nicht, in Kirchen in Tempeln...

Gut.

Kennen Sie Weltkulturerbestätten und haben Sie schon mal welche gesehen?

Keine Ahnung, weiß ich nicht, also ich weiß vermutlich nicht, was es ist.

Gut, das ist ja auch immer so, bevor man so was lernt, weiß man es eben nicht.

Und dann aus welchen Gründen werden wohl Gebäude zur Weltkulturerbestätte der Unesco ernannt?

Vielleicht einmal, dass sie bewahrt werden, geschützt werden, renoviert werden, vielleicht irgendwas Fertiges.

Und welche Gründe... ganz kurz...

Welche Kriterien gibt es denn wahrscheinlich für solche Stätten, es ist ja nicht jede eine Weltkulturerbestätte. Wie werden die zur Weltkulturerbestätte?

Wie werden die … na ja wahrscheinlich welche kulturelle Bedeutung sie haben, wie alt sie sind, so was.

Mm gut.

Trauen Sie sich zu, sich selbstständig darüber zu informieren und über welche Wege würden Sie das tun?

Ja natürlich traue ich mir das zu.

Heutzutage gibt es ja das Internet und in die Bibliothek gehe ich auch noch manchmal, wenn mich was interessiert.

Oder vielleicht auch meine Eltern würde ich fragen, was die dazu wissen.

Stellen Sie sich vor, einen etwa fünfminütigen Film über den Kölner Dom zu drehen als Weltkulturerbestätte. Wie würden Sie den zeitlichen Aufwandsanteil einschätzen von Recherche, Filmen, Schnitt, Erstellen des Drehbuches und der Postproduktion?

Das ist ja so, dass ich das noch nie gemacht hab, daher hab ich eigentlich keine Ahnung, aber ich denke mal, die Recherche wäre am kürzesten und das Drehen wird bestimmt eine große Dauer auf sich nehmen und der Schnitt dauert wahrscheinlich auch noch ne Weile bis man es geschnitten hat, wie man es gerne möchte.

Gut.

Kosten weiß ich nicht.

Schauen Sie viel Fernsehen, wenn ja, wenn nein, wie viel Stunden pro Tag.

Ja das ist unterschiedlich … in der Woche denke ich in der Regel, ich mein, da wir häufig bis 6 in der Schule sind, bleibt ja nicht mehr viel Zeit zum Fernsehen gucken, das Abendprogramm meistens und dann kommt es drauf an, ob ich am Wochenende was mache, wenn ich nichts mache, gucken ich da schon relativ viel Fernsehen.

Welche Sendungen interessieren Sie besonders und was schauen Sie sonst noch so?

Welche Sendungen interessieren mich besonders … ich gucke schon gerne Reportagen auf Phönix z. B. über den Zweiten Weltkrieg so Sachen oder über die Antike und sonst gucke ich natürlich auch noch Komödien, was auf Pro 7 so abends eben läuft.

Welche Sendungen schauen Sie, obwohl Sie sie nicht interessieren?

Welche …, die mich nicht interessieren … schwierig, ich sag mal diese Unterhaltungssendungen, die man guckt, weil man sonst nichts anderes zu tun hat und unterhalten werden will, aber sie keinen richtigen Inhalt haben.

Werbung?

Werbung schalte ich weg.

Welche Sendungen schauen Sie obwohl Sie sie nicht gut finden?

Keine

Also diese.

Doch vielleicht, ich gucke Popstars und ich weiß, dass es eigentlich totale Scheiße ist, aber ich gucke es trotzdem.

Popstars, da gibt es jetzt aber auch noch was ...?

Ja dieses Supertalent, aber ...

Das Supertalent.

Ok. schauen Sie eher Quizsendungen oder Gerichtsshows?

Quizsendungen.

Und Gerichtsshows?

Gar nicht, also habe ich als das neu raus kam, habe ich das auch geguckt, aber mittlerweile irgendwann ist das auch mal gut.

Haben sie schon Dokumentationen im Fernsehen gesehen, wenn ja welche, woran erinnern Sie sich da?

Ich hab schon einige Dokumentationen wie gesagt halt über den Zweiten Weltkrieg ziemlich viel.

Gibt es da eine, an die Sie sich besonders gut erinnern?

Eine, woran ich mich besonders gut erinnere... ne also nichts, was jetzt so besonders hängen geblieben ist, ich weiß auch gar nicht, welchen Ausschnitt ich grade im Kopf hab, zu welcher Dokumentationen der jetzt gehört hat. Ist ja häufig, da überschneiden sich die Themen ja auch, wenn man über ein Thema einige geguckt hat, deswegen könnte ich das jetzt nicht so genau sagen.

Russland... Katharina die Große hab ich mal was gehört.

Gut. Was erachten Sie als am wichtigsten bei Dokumentationen?

Am wichtigsten... ja dass mich der Inhalt interessiert, dass ist erst mal das Wichtigste, sonst gucke ich sie mir nicht an.

Was sollten... wie sollten Dokumentationen sein und wie dürfen sie auf keinen Fall sein?

Also wenn zu sehr die Meinungen des Autors oder halt der von dem Macher des Films mitschwingt, das finde ich dann etwas anstrengend, wenn man dann alles in Frage stellen muss, wie er das jetzt da darstellt.

Es soll halt glaubhaft sein.

Halten Sie Dokumentationen für eher objektiv oder eher für manipulativ? Und warum?

Ich denke, man kann schon objektive machen, also objektive Dokumentationen machen, aber es ist auch ziemlich schwer, weil irgendwo hat ja jeder Mensch ne Meinungen über Geschehnisse und des ganzen Gangs und objektiv darzustellen ist jetzt schwierig und man kann natürlich auch leicht ne Meinung mitschwingen lassen...

Können Sie bitte Bewertungskriterien nennen, die man zur Benotung der Filmarbeiten im Unterricht und dieser Filme heranziehen könnte?
Ich bin ja jetzt der Lehrer, ich mach mit Ihnen die Filme, jetzt muss ich die benoten, wie mache ich das?
Eine gute Frage.
Ich weiß nicht, halt auf jeden Fall der Inhalt, was wird vermittelt, wie viele Fakten kommen darin vor und dann halt auch gibt's einen roten Strang oder ne rote Linie halt... keine Ahnung, ist er in sich stimmig. Es ist schwierig, das so zu sagen.
Dann trauen Sie sich zu, eine filmische Dokumentation über die Weltkulturerbestätte der Unesco Kölner Dom zu produzieren und zu veröffentlichen?
Jetzt im Moment?
Jetzt im Moment, ja wenn ich mich drauf vorbereite schon ja.
Es gehört schon viel Arbeit dazu, aber generell warum nicht.
Also jetzt vor der Unterrichtsreihe?
Nein... nein das nicht.
Wie gesagt, Vorbereitung gehört dazu.
Also nach der Unterrichtsreihe trauen Sie sich das zu?
Schauen wir dann, kommt drauf an, was Sie uns da vermitteln.
Wo sehen Sie Probleme? Wo könnten welche auftauchen?
Dass ich nicht kreativ bin und nicht weiß, was ich machen soll.
Wo hätten Sie selbst persönlich noch Schwierigkeiten?
Keine Ahnung, da ich das noch nie gemacht hab, kann ich Ihnen das schlecht sagen.
Was sollte, was darf in einer Dokumentation einfach nicht passieren?
Was darf einfach nicht passieren...
Dass sie total langweilig ist, dass es einfach zu schwer fällt, da hin zu hören.
Welche Vorteile haben die unterschiedlichen Medien bei der Darstellung solcher Themen wie dem Kölner Dom als Weltkulturerbestätte der Unesco. Mit Medien meine ich jetzt Buch, filmische Dokumentationen, Spielfilm und Radiobeitrag.
Welche Vorteile...
Mm ja... Film ist natürlich gut, weil das praktisch das Radio ja schon ersetzt und dazu halt auch noch was Visuelles hat. Buch finde ich auch immer gut, weil man da in seinem eigenen Tempo sein kann und es halt auch noch mal lesen kann, wenn man grad mal was nicht so verstanden hat.
Was hatten wir noch gesagt?

Spielfilm.

Spielfilm ist problematisch häufig, weil es hat in einem Spielfilm zu sehr auf die Handlung Acht gegeben wird und das Historische dabei dann oft vergessen wird, so was finde ich dann halt problematisch.

Kennen Sie einen Spielfilm über einen Dom?

Nein.

Der Glöckner von Notre Dame.

Och, das ist der einzige Disney Film, den ich nicht geguckt hab.

Ob... dann... Wie könnte man den Film danach einsetzen oder nutzen, wenn man ihn fertig gestellt hat, wie würden Sie den nutzen oder einsetzen?

Ja... keine Ahnung ich glaub nicht, dass da viel mit gemacht wird, vielleicht kann man es ja ins Internet stellen, na ja ne hohle Schulseite...

Und dann natürlich, wenn da so viele drin sind.

Wenn der jetzt ganz toll würde, der Film...

Wenn der jetzt ganz toll würde, dann kann man ihn vielleicht ins I-net stellen.

Gut, ich hätte ihn der Unesco angeboten.

Halten Sie eine Gruppenarbeit für angemessen, wenn es um dieses Thema geht im Unterricht?

Was heißt denn angemessen, wie meinen Sie das? Wäre es besser alleine oder wie?!?

Ja, zum Beispiel.

Na ne Gruppe ist auf jeden Fall besser, dass man mehr Ideen hat und Ideenanstöße sich gegenseitig geben kann ist, denke ich, schon von Vorteil.

Welche Vor- und Nachteile sehen Sie bei diesem Verfahren?

Ja wie gesagt die Vorteile, dass man nicht so alleine dasteht, wenn man grade nicht weiter weiß, dass vielleicht ein anderer einen helfenden Gedanken dazu hat.

Und Nachteile ist halt, dass man sich halt darüber streitet, weil man nicht einer Meinung ist.

Finden Sie es gut, dass so ein Film im Unterricht mal gemacht wird?

Finde ich das gut... also ich sag mal, generell zeichne ich lieber, aber an sich ist das schon auf jeden Fall hilfreich, ist ja auch ne gewisse Übung, wenn man weiß, was hinter so einem Film steckt, schaden tut's nicht.

Wie waren Ihre Erfahrungen mit Gruppenarbeit bislang?

Kommt drauf an, mit wem man sie macht. Hatte schon auch negative Erfahrungen, wenn halt zum Beispiel einer alles macht, die anderen machen gar nichts...

Wer zum Beispiel?

Ne keine Namen.

Das geht nicht, also generell man muss sich halt mit der Person verstehen und mit ihr diskutieren können, das ist ganz wichtig, weil es ja auch so Menschen gibt, die das einfach nicht einsehen, wenn sie man zurückstecken müssen, und ja dann noch, dass man sich einigen kann und dass man seine Meinung der Gruppe laut sagen kann. Das sind so Sachen, wo ich schon Probleme mit hatte, wo das nicht ging.

Gut.

Es gibt in der Gruppenarbeit ein Verfahren, wie man Gruppenarbeit aufbauen sollte, kennen Sie das? Das und das und das und das machen. Können Sie sich da ne Reihenfolge der Tätigkeiten ausdenken?

Jetzt auf was bezogen?

Auf das Filmprojekt Unesco.

Ja dass man sich erst mal eine Grundidee überlegt, man muss sich erst mal auf was einigen, wie man das Ganze aufbauen will, dass man vielleicht ein Drehbuch schreibt, damit man nicht planlos zum Kölner Dom fährt und ja dann… dass man halt … keine Ahnung.

Ok. das war ein gutes Interview`... jetzt haben wir Schluss aus, danke schön.

12.6.4 Befragung (Prob. 4), 9. Nov., einen Tag vor dem Beginn des Projektes

Wie alt sind Sie?

18 Jahre.

Ok. Sie sind männlich, das wird deutlich.

Haben Sie schon Erfahrungen mit Weltkulturerbestätten gemacht?

Ja halt so im Urlaub oder so auf eher sag ich jetzt mal eher drögen Schulveranstaltungen durchaus.

Drögen ...

Welche?

Es gab alle paar Jahre mal wieder irgendwas, wo wir wieder mal irgendwas besucht haben und da Vorträge gehalten wurden und so was in der Art.

Haben Sie schon Erfahrungen mit dem Kölner Dom gemacht?

Ja, ich war schon mal da, allerdings ist das schon 'ne Zeit lang her und da kann ich mich nicht genau daran erinnern.

TV Konsum?

Haben Sie schon Filmerfahrungen gesammelt aktiv, passiv, privat oder beruflich?

Ja durchaus, ich hab schon in der Schule an Projekttagen bei zwei verschiedenen Filmproduktionen mitgearbeitet, das eine war so eher Musikvideo, das andere ein Video über die Innenstadt Frankfurts.

Haben Sie schon Schnitterfahrungen gemacht?

Ja, haben wir auch gemacht.

Welche Erfahrungen haben Sie bislang mit historischen Monumenten?

Ja halt im Urlaub mit den Eltern und so auch mal erlebt und angeguckt, wie ist das und so was in der Art.

Welche Monumente?

Ja alles Mögliche, Kölner Dom natürlich und dann Pompeji.

Kennen sie Weltkulturerbestätten und haben Sie schon mal welche gesehen?

Ja.

Welche?

Pompeji ...

Der Schrein von Maradona, der kleine Fußballschrein und der Kölner Dom und so was.

Aus welchen Gründen werden wohl Gebäude zu Weltkulturerbestätten?

Entweder ist da irgendwas Besonderes passiert, es hat einen geschichtlichen Hintergrund, ja.

Welche Gründe könnten Sie sich selbst noch ausdenken?

Ja natürlich religiöse Hintergründe, spirituelle Hintergründe.

Trauen Sie sich zu informieren, über welche Wege würden Sie das tun?

Hauptsächlich übers Internet, über Wikipedia, da der Rest relativ zeitaufwändig ist.

Was gibt es noch für Möglichkeiten?

Ja Bibliothek, dann gibt es Bücher, Radio.

Stellen Sie sich vor, einen etwa fünfminütigen Film über den Kölner Dom zu drehen, wie würden Sie den zeitlichen Aufwandsanteil einschätzen von Recherche, Filmen, Schnitt, Erstellen des Drehbuches und der Postproduktion?

Also ich würde insgesamt mal so vier Tage einplanen, am ersten Tag halt so das Skript ausarbeiten, was überhaupt gemacht wird, dann einen Tag auf jeden Fall, man muss ja zum Drehort fahren, zum Filmen, und die anderen zwei Tage halt da noch zum Schneiden und zum Nachbearbeiten des Films, Beispiel, wenn man noch ne Werbung erstellen will oder irgend so was Tolles.

Schauen Sie viel Fernsehen?

Ja so drei Stunden am Tag kommt schon hin.

Kommt dann in der Woche?

Kommt dann auf dreimal sieben, also 21 Stunden.

Welche Sendungen interessieren Sie besonders, und was schauen Sie sonst noch?

Ja eher Actionsendungen, Prison Break, Lost und so was in der Art.

Was schauen Sie sonst noch so?

Kommt ganz drauf an, z. B. Spielfilme, Tragödien und so.

Welche schauen Sie, obwohl Sie sich nicht dafür interessieren?

Ja ... Galileo und ja Galileo.

Welche schauen Sie, obwohl Sie sie nicht gut finden?

Galileo, N24-Reportagen und die RTL2-Nachrichten.

Schauen Sie eher Quizsendungen oder Gerichtsshows?

Die Gerichtshows sind mir einfach zu schlecht geschauspielert, die haben einfach zu wenig Talent und die Quizsendungen finde ich nicht sehr interessant vom Inhalt her.

Haben Sie schon Dokumentationen im TV gesehen und wenn ja, welche?

Ja über den Zweiten Weltkrieg, dann über verschiedene Tiere, über das Sinken der Titanic, über Flugzeugabstürze und so.

Was erachten Sie als am wichtigsten bei Dokumentationen?

Dass sie so aufregend gestaltet ist, man soll sich sozusagen hineinversetzen können in die Zeit, das miterleben, was passiert ist.

Wie sollten sie sein, wie dürfen sie auf keinen Fall sein?

Sie sollten natürlich sehr ansprechend sein, visuell gut gestaltet und auf keinen Fall monoton. Und mit Fakten und überladen.

Halten Sie Dokumentationen eher für objektiv oder eher für manipulativ und warum?

Also es kommt immer ganz drauf an, wie sehr man den objektiven Teil in den Vordergrund stellen möchte, aber die meisten sind schon recht objektiv, finde ich.

Können Sie Bewertungskriterien nennen, die man zur Bewertung der Arbeit im Unterricht und der eines Films heranziehen könnte?

Ja, wie gut man vorher recherchiert hat, wie gut man sich mit der Materie auskennt, die Schnitttechnik, die man verwendet hat und so was.

Trauen Sie sich zu, eine filmische Dokumentation über die Weltkulturerbestätte Kölner Dom zu produzieren und zu veröffentlichen?

Ja, kein Problem.

Wo sehen Sie doch Probleme?

Im Moment noch gar keine.

Wo hätten Sie selbst noch Schwierigkeiten?

Ja, es ist halt Zeitaufwand, man muss das halt wirklich erledigen.

Was sollte und darf in einer Dokumentation nicht passieren?

Es sollte, man sollte nicht den roten Faden verlieren und es sollten keine Fakten runter gerattert werden.

Welche Vorteile haben die unterschiedlichen Medien bei der Darstellung solcher Themen? Buch, filmische Dokumentation, Spielfilm und Radiobeitrag.

Radio ja, ist halt die Fakten, man kann sozusagen die Fakten nur hören, sich so gut einprägen. Im Buch kann man es immer wieder nachlesen und wiederholen. Der Spielfilm ist halt mehr auf Action ausgelegt, also die Fakten sind halt eher im Hintergrund, und dann halt Reportagen, wo halt der Text und die Szenerie gut verbunden sind.

Wie könnte jemand den Film danach einsetzen oder benutzen?

Man könnte anderen Schülern zeigen, was man geleistet hat in diesen Tagen beim Herrn Wirth. Herr Wirth kann sich selbst präsentieren, was er seinen Schülern beigebracht hat, dann könnte man ihn noch als Lehrvideo einsetzen.

Halten Sie Gruppenarbeit für angemessen?

Ja, durchaus.

Welche Vor- und Nachteile sehen Sie bei diesem Verfahren?

Vorteile sind z. B. die Arbeitsteilung. Man hat relativ weniger zu tun, man hat mehrere verschiedene subjektive Meinungen. Als Nachteil würde ich halt zählen, z. B. wenn man zwei Fronten hat, kann man sich halt nicht entscheiden, was man jetzt letztendlich durchsetzt und es halt einbaut.

Wie waren Ihre Erfahrungen mit Gruppenarbeiten bislang?

Ja, sehr positiv.

Welche Erfahrungen haben Sie sonst noch mit Gruppenarbeit?

Na ja, halt im Unterricht. Da haben wir halt immer mal in Gruppen gearbeitet, das war ganz gut.

12.7 Auswertungsbasis 2 – Schriftliche Umfrage der Lerngruppe (Basis 2) tabellarisch

Fragebogen für die teilnehmenden Schülerinnen und Schüler	
Filmprojekt 2007, Unesco „Weltkulturerbestätte Kölner Dom" Zwei Filme: „Weltkulturerbestätte Kölner Dom" „Der Dom, wie ihn noch nie jemand gesehen hat" Länge avisiert jeweils fünf Minuten	1
Fragen zu: Alter	Frage: 2
Geschlecht	3
Erfahrungen mit Weltkulturerbestätten	4
Erfahrungen mit dem Kölner Dom	5
TV-Konsum (in Std. pro Woche)	6
Kino-Konsum (in Std. pro Woche)	7
Podcast-Konsum (in Std. pro Woche)	8
Schuljahre	9
Haben Sie Erfahrung in der Herstellung von: Dokumentationen Spielfilmen Hobbyfilm	10
Mögen Sie Fernsehen?	11
Schauen Sie viel Fernsehen?	12
Sind Sie mehr im Internet oder sehen Sie mehr Fernsehen?	13
Genauer: Wie viel Stunden sind Sie im Internet? täglich _____ Stunden bzw. wöchentlich _____ Stunden	14
Besitzen Sie:	15
Videokamera zu Hause? Eigenen Computer zu Hause? Berechtigung zur Mitbenutzung eines Computers zu Hause? Internetanschluss? Analogen Photoapparat? Digitalen Photoapparat? Handy? Photohandy? Filmhandy?	16
Welches Betriebssystem ist auf dem Computer installiert?	17
Kennen Sie ein Schnittsystem, Schnittprogramm? Ist eines auf Ihrem PC installiert?	18
Haben Sie eine eigene Homepage?	19
Haben Sie selber eine Homepage erstellt und im Netz veröffentlicht?	20
Dabei Bilder verwendet?	21

Dabei Filme verwendet?	22
Sind sie Mitglied bei: MyVideo? YouTube? Clipfish? Besuchen Sie die Seiten: MyVideo? YouTube? Clipfish?	23
Haben Sie schon mit einer Videokamera etwas gefilmt? War das schwierig? Hatten Sie Hilfe?	25
Haben Sie schon einmal etwas auf dem Handy gefilmt?	26
Haben Sie schon mal einen Podcast im Internet geschaut?	27
Haben Sie schon mal einen Podcast ins Internet gestellt?	28
Haben Sie schon mal einen selbst produzierten Video-Podcast ins Netz gestellt?	29
Haben Sie sich schon einmal selbst dargestellt in einem Film?	30
Haben Sie das veröffentlicht?	31
Besitzen Sie Erfahrungen mit Filmschnitt?	32
Kennen Sie sich ihrem Gefühl nach ganz gut aus?	33
Trauen Sie sich ohne Hilfe zu, einen Spielfilm zu schneiden?	34
Trauen Sie sich mit Hilfe zu, einen Spielfilm zu schneiden?	35
Trauen Sie sich zu, eine Dokumentation zu schneiden?	36
Was glauben Sie macht am meisten Arbeit bei einem Film über den Kölner Dom:	37
Filmen	38
Die Recherche	39
Der Schnitt	40
Drehbuchschreiben	41
Oder etwas anderes	42
Was kostet am meisten beim Produzieren einer Dokumentation?	43
Was kostet am meisten beim Produzieren eines Werbeclips?	44
Trauen Sie sich zu, zu formulieren, was die UN ist?	45
Trauen Sie sich zu, zu formulieren, was die Unesco ist?	46
Kennen Sie Weltkulturerbestätten?	47
Können Sie sich Kriterien bei der Verleihung dieses Titels vorstellen?	48
Würden Sie lieber ein Referat über dieses Thema halten als einen Film produzieren? Eine Präsentation? Eine Hausarbeit? Eine Homepage erstellen?	49

Was ist Ihrer Meinung nach am wichtigsten beim Film (in %): Die Recherche Der Schnitt Drehbuchschreiben Filmen	50
	51
Kennen Sie den Kölner Dom?	52
Wissen Sie, was die UN ist?	53
Freuen Sie sich auf den Film über die Weltkulturerbestätte Kölner Dom?	54
Finden Sie Filmen im Unterricht richtig?	55
Finden Sie es einem Thema wie dem Kölner Dom angemessen, einen Fünfminüter zu drehen? Zu lang Zu kurz Gerade richtig	56
Glauben Sie, dass Sie mit dem Thema Erbestätte Kölner Dom und dem Medium Filmen zurechtkommen werden?	57
Glauben Sie, dass die anderen zurechtkommen werden?	58
Glauben Sie, dass Schülerinnen und Schüler der 6. Klasse zurechtkommen würden?	59
Was kostet am meisten beim Produzieren einer Dokumentation?	60
Was kostet am meisten beim Produzieren eines Werbeclips?	61
Trauen Sie sich zu, zu formulieren, was die UN ist?	62
Können Sie sich Kriterien bei der Verleihung dieses Titels vorstellen?	63
	64
Was ist Ihrer Meinung nach am wichtigsten beim Film (in %):	65
Die Recherche	66
Der Schnitt	67
Drehbuchschreiben	68
Filmen	69
Kennen Sie Weltkulturerbestätten?	70
Kennen Sie den Kölner Dom?	71
Wissen Sie, was die UN ist?	72
Freuen Sie sich auf den Film über die Welterbestätte Kölner Dom?	73
Finden Sie Filmen im Unterricht richtig?	74
Zu lang	75
Zu kurz	76
Gerade richtig	77

Glauben Sie, dass Sie mit dem Thema Erbestätte Kölner Dom und dem Medium Filmen Zurechtkommen werden?	78
	79
Glauben Sie, dass die anderen zurechtkommen werden?	80

Beantwortungen

Schülerinnen und Schüler	Haben Sie eine eigene Homepage?	Haben Sie selber eine Homepage erstellt und im Netz veröffentlicht?	Dabei Bilder verwendet?	Dabei Filme verwendet?
1	N	N	N	N
2	J	J	J	N
3	N	N	N	N
4	N	N	-	-
5	N	N	-	-
6	N	N	N	N
7	N	N	N	N
8	N	N	N	N
9	N	N	N	N
10	J	N	J	N
12	N	N	N	N
13	J	J	J	N
14	N	N	N	N
15	N	N	N	N

Sind Sie Mitglied bei	MyVideo?	YouTube?	Clipfish?	
1	N	N	N	
2	N	J	J	
3	N	N	N	
4	N	N	N	
5	N	N	N	
6	N	N	N	
7	N	N	N	
8	N	N	N	
9	N	N	N	
10	N	N	N	
11	N	N	N	
12	N	N	N	
13	N	J	N	
14	N	N	N	
15	N	N	?	

Besuchen Sie die Seiten:	MyVideo?	YouTube?	Clipfish?	
1				
2	J	J	J	
3	J	J	J	
4	J	N	N	
5	N	N	N	
6				
7	N	N	N	
8	J	J	N	
9	N	J	N	
10	N	N	J	
11	J	J	N	
12	N	J	N	
13	J	J	J	
14	N	N	N	
15	N	J	N	
	Haben Sie schon mit einer Videokamera etwas gefilmt?	Kam Ihnen das schwierig vor?	Hatten Sie Hilfe?	Haben Sie schon einmal etwas auf dem Handy gefilmt?
1	J	N	MANCHMAL	J
2	J	N	J	J
3	J	N	-	J
4	N	N	N	J
5	N	N	N	N
6	J	N	N	J
7	J	N	N	J
8	N	N	N	J
9	J	J	J	J
10	N	N	N	J
11	J	J	J	N
12	J	N	N	N
13	J	N	N	J
14	N	N	N	N
15	N	N	J	N

	Haben Sie schon mal einen Podcast ins Netz gestellt?	Haben Sie schon mal einen selbstproduzierten Podcast ins Netz gestellt?	Haben Sie schon mal einen Videopodcast ins Internet gestellt?	Besitzen Sie selbst einen Camcorder oder ein Filmhandy?
1	N	N	N	J
2	J	J	J	J
3	N	N	N	J
4	N	N	N	J
5	N	N	N	J
6	N	N	N	J
7	N	N	N	J
8	N	N	N	J
9	N	N	N	J
10	N	N	N	J
11	N	N	N	J
12	N	N	N	J
13	J	J	J	J
14	N	N	N	J
15	N	N	N	J

Besitzen Sie Erfahrungen mit Filmschnitt?	Kennen Sie sich Ihrem Gefühl nach aus?	Trauen Sie sich mit Hilfe zu, eine Dokumentation zu schneiden?	Trauen Sie sich zu, mit Hilfe eine Dokumentation zu schneiden?
Ja	Nein	Nein	Nein
Ja	Ja	Vielleicht	Ja
Nein	Nein	Nein	Nein
Nein	Na	Vielleicht	Ja
Nein	Nein	Nein	Ja
Nein	Nein	Nein	Nein
Nein	Nein	Nein	Nein
Nein	Nein	Nein	Nein
Ja	Nein	Nein	Nein
Nein	Nein	Nein	Nein
Ja	Ja	Nein	Nein
Nein	Nein	Nein	Nein
Nein	Nein	Nein	Nein
Nein	Nein	Ja	Ja
Nein	Nein	Ja	Ja

12.8 Auswertungsbasis 3 – Schriftliche Umfrage Rückfahrt

Schriftliche Umfrage von zwölf Schülerinnen und Schülern, die im Zug saßen/Rückfahrt direkt nach dem Dreh in Köln (13.11.2007):

Frage 1: Wie haben Sie sich auf dem Dreh gefühlt?

Antworten:

1. Sehr gut, weil es Spaß gemacht hat. Wir haben in der Gruppe viel gelacht und erfolgreich mit der Kamera experimentiert.
2. Ich fand es gut, so ein kunstvolles Bauwerk sieht man selten.
3. Gut.
4. Es hat Spaß gemacht, war aber eindeutig zu kalt!
5. KALT.
6. Erst verunsichert, dann hat es Spaß gemacht.
7. Nicht schlecht.
8. Soweit recht gut, nur am Ende war es zu kalt.
9. Nicht anders als sonst.
10. Gut, gut.
11. Hungrig, aber sonst gut unterhalten.
12. Grandios. Es war recht amüsant und vor allem lehrreich. In unsere Gruppe war jeder mit den Ideen des anderen sofort einverstanden.

Frage 2: Haben Sie schöne Aufnahmen gemacht? (Welche fanden Sie am schönsten?)

Antworten:

1. Auf jeden Fall! Das Filmen des Südturms durch eine Pfütze mit dem Dach der Kathedrale und anschließend vertikales Hochschwenken.
2. Ja, ich habe eine schöne Aufnahme vom Hauptschiff gemacht, die mir als die beste erschien.
3. Ja. Wo Tauben auf einen Menschen zugeflogen sind.
4. Ja, von den Eingängen und auf der Aussichtsplattform
5. Ja, Aufnahmen der Eingänge und die Aussicht auf Köln.
6. Ja, Dom von oben nach unten.
   Verfolgungsjagd mit Toni im Turm.
7. Ja, vom Dom.
8. Wir haben das Kerzenlicht gefilmt, das war gut.

9. Die Aufnahmen auf dem Dom oben drauf => Schwenk über die ganze Stadt.
10. Ja, alle Aufnahmen, besonders die, wo die Teelichter mit drauf sind oder die mit der Wasserspiegelung auf dem Dom.
11. Ja, teilweise auf dem Domturm.
12. Sicherlich, und zwar jede Menge. Die schönsten waren die von oben, auf der Spitze des Doms.

Frage 3: Fühlten Sie sich gut vorbereitet?

1. Nein. Es gab zu viel Druck, wenn man berücksichtigt, dass wir wenig Zeit und andere Schulaufgaben hatten. Technisch waren wir optimal vorbereitet.
2. Es geht.
3. Einigermaßen.
4. Einigermaßen.
5. Nein, so bisschen.
6. Hätte besser sein können.
7. Nein.
8. Ja.
9. Natürlich.
10. Na ja, es hätte besser sein können! (Sollen?!)
11. Na ja, ich hätte mich vorher etwas gründlicher vorbereiten können. Technisch waren wir jedoch hervorragend vorbereitet.
12. Ja ziemlich.

Frage 4: Hatten Sie sich gut vorbereitet?

1. Ich habe mich bemüht. Hätte noch mehr machen können, aber auch sehr viel weniger.
2. Na ja, es geht.
3. Es geht.
4. Na ja, bisschen wenig Zeit.
5. So gut es ging.
6. Drehbuch, sonst sind wir ja spontan.
7. Hätte besser sein können.
8. Hätte besser sein können.
9. Ja.

10. Natürlich.
11. Nein.
12. Na ja, ich hätte mich vorher etwas gründlicher vorbereiten können. Technisch waren wir jedoch hervorragend vorbereitet.

Frage 5: Mussten Sie Improvisieren? (Klar, aber wann, wo, wie?)

1. Na klar, wir kannten nicht den Drehort (deshalb Drehbuch schreiben eigentlich unmöglich), zweites Drehbuch war auch unklar.
2. Ja.
3. Beim Rundgang im Dach.
4. Ja, wir hatten keinen Ton und konnten nicht so gut im Dom filmen, weil es dunkel war und man kein Stativ benutzen konnte. (Drehgenehmigung nur ohne Stativ, Anm. d. Verf.)
5. Ja, bei den Aufnahmen zum zweiten Film.
6. Drehbuch konnte nicht benutzt werden aufgrund der Bedingungen (keine Verkleidung, Ton etc.) im Dom.
7. Ständig.
8. Das Drehbuch war noch nicht ganz ausgearbeitet. Also haben wir viel improvisiert in allen Szenen.
9. Wir mussten unser gesamtes alternatives Drehbuch ändern. Also filmten wir die am düstersten wirkenden Stellen.
10. Ja – vor allem im 2. Teil.
11. Viele Kameraeinstellungen mussten improvisiert werden, da man sich erst vor Ort ein genaues Bild machen konnte.
12. Fast überall.
13. Ja, denn wir wussten nicht genau, wie es dort aussieht und ob wir die Leute bekommen konnten, die wir uns vorgestellt haben.

Frage 6: Kam es zu schwierigen Situationen? (Wann, welche?)

1. Nein.
2. Nein, eigentlich nicht.
3. Nein.
4. Im Dom einen Krimi zu filmen (war schwierig).
5. Das Filmen ohne Stativ war zum Teil verwackelt und die Improvisation unseres zweiten Films.
6. Nein.

7. Nein.
8. Akku war zu früh leer. 1. Kamera hatte Wackelkontakt.
9. Nein.
10. Ja, wenn immer wieder Leute durchs Bild gelaufen sind, die da nicht hingehörten.
11. Nein.
12. Nein.

Frage 7: Hat sich die Form der Gruppenarbeit als richtig erwiesen? (Wann, wieso, wie?)

1. Auf jeden Fall. Arbeitsteilung, gegenseitige Hilfe, nicht zu große Gruppen, so dass individuelle Ideen verwirklicht werden konnten.
2. Ja, man konnte sich gut ergänzen.
3. Ja, weil alles gut funktioniert hat.
4. Ja, Teamarbeit – einer filmt, andere laufen vorbei oder halten das Stativ in schwierigen Situationen.
5. Ja, da es alleine nicht möglich gewesen wäre, alle Aufnahmen zu machen, und es kamen mehr Ideen zustande.
6. Perfekt!
7. Grundlagenvermittlung wäre besser in Frontalunterricht gewesen, ansonsten war die Gruppenarbeit gut.
8. Ja, da so mehr Ideen aufkommen.
9. Ja.
10. Ja, denn alleine wäre die Vorbereitung viel zeitaufwendiger gewesen.
11. Gruppenarbeit ist in meinen Augen, abgesehen von Ausnahmen, immer richtig und positiv.
12. Klar, Arbeitsteilung gegenseitige Unterstützung.

Frage 8: Hatten Sie Probleme in der Gruppe? (Wann, wieso, wie?)

1. Nein.
2. Nein.
3. Nein.
4. Nein.
5. Nein.
6. Nein.
7. Nein.

8. Leider konnte R. nicht da sein.
9. Nein, nicht wirklich, hatten vielleicht leichte Verständigungsprobleme anfangs.
10. Ja, wenn der XY (geändert durch Verf.) wieder alles zehnmal aus der gleichen Perspektive gefilmt hat.
11. Nein.
12. Nein.

Frage 9: Hätten Sie sich etwas anderes gewünscht? (Was, warum?)

1. Der Kölner Dom ist ein gutes Projekt. Mehr Vorbereitungszeit.
2. Nein.
3. Wärmeres Wetter.
4. Bessere Ausstattung?
5. Mehr Akku.
   Andere Bedingungen im Dom.
6. Bin unvoreingenommen nach Köln gefahren.
7. Vorbereitung zum Filmen frontal.
8. Weniger Kälte.
9. Nein.
10. Mehr Zeit.
11. Eine ausschlaggebende Idee wäre doch schon besser gewesen.
12. Nein.

Frage 10: Haben Sie das Gefühl, aus den Aufnahmen einen schönen Film herstellen zu können?

1. Ja.
2. Ja, ich denke schon, unsere Aufnahmen sind alle sehr schön geworden.
3. Es geht.
4. Das werden wir sehen.
5. Noch unsicher.
6. Selbstverständlich.
7. Ja, na klar.
8. Ja.
9. Ja.

10. Auf jeden Fall.
11. Erwarten Sie etwas anderes? Ich nicht!
12. Klar.

Frage 11: Sind Sie vom Drehbuch abgewichen? (Wann, warum, wo, wie, etc.?)

1. Siehe Frage 5 (Mussten Sie Improvisieren?).
2. Nein, eigentlich nicht.
3. Ja.
   Das eine Drehbuch wurde nicht genug beachtet.
4. Ja, weil wir auch schauspielerische Sachen geplant hatten, die nicht ausgeführt werden konnten.
5. Ja, wegen der Bedingungen im Dom. Spontane Aufnahmen wichen auch vom Drehbuch ab.
6. Nein.
7. Siehe Improvisation.
8. Ja, im gesamten 2. Drehbuch.
9. Ja ... weil man schönere Motive bekam.
10. Ja, das Grundkonzept ist zwar erhalten geblieben, jedoch musste man doch häufiger aufgrund der Örtlichkeiten improvisieren.
11. Da dieses nicht besonders vollkommen war ... – selbstverständlich.
12. Ja, wir mussten einige Male improvisieren.

Frage 12: Sind Sie der Meinung, dass so etwas an der Schule zur Standardausbildung der Schülerinnen und Schüler gehören sollte? (Warum?)

1. Ja, aber nicht unter Zeitdruck, da Kreativität dann nicht gut möglich ist.
2. Ja, denn es ist mal was anderes.
3. Ja, in Teamarbeit.
4. Nein.
5. Nein.
6. Warum nicht.
7. Ja, jeder sollte mal so etwas gemacht haben.
8. So was wird im Alltag immer mal gebraucht.
9. Ja ...

10. Ein Teil der Standardausbildung muss es nicht sein, jedoch ist es eine sehr schöne Erfahrung für die Schüler.
11. Gerne – allerdings – vielleicht als Wahlpflichtunterricht ...
    Fordert, erfordert Medienverständnis.
12. Nur für die, die sich dafür interessieren.

Frage 13: Sind Sie zufrieden mit Ihrer Arbeit? (Wann, warum, wo, wie, etc.?)

1. Ja. Es hat alles so geklappt, wie ich es mir vorgestellt habe.
2. Ja.
3. Ja.
4. Einigermaßen.
5. Einigermaßen.
6. Ja, war ja lustig.
7. Ja, war lustig.
8. Das weiß ich erst, wenn der Film fertig ist.
9. Man hätte mehr rausholen können.
10. Mit dem Drehbuch kann ja keiner zufrieden sein, aber mit der Filmarbeit bin ich sehr zufrieden.
11. Das werden wir erst später sehen.
12. Ja, es wird ein atemberaubender Film.

Frage 14: Würden Sie gerne noch mal so ein Projekt durchführen? (Warum, wo, wie?)

1. Ja – über Chichen Itza oder eine andere antike südamerikanische Inkastadt.
2. Ja, es war spannend.
3. Ja, aber eher einen Spielfilm machen und keine Dokumentationen.
4. Wenn, dann in der Nähe der Schule – durch die Fahrt war man müde.
5. Eventuell.
6. Ja klar.
7. Ja, warum nicht.
8. Warum nicht?!
9. Ja, als Projekt Frankfurter Dom.
10. Ja klar, am besten in New York.
11. Durchaus. In Abstimmung mit anderen.

12. Klar. So bald wie möglich. Egal über was. Filmen macht Spaß.

Frage 15: Hatten Sie Probleme mit der Kamera, mit dem Ton, mit dem Mikrofon? (Oder anderem?)

1. Nein.
2. Nein.
3. Nein.
4. Unsere Kamera ging nicht, wir mussten eine andere nehmen ohne Ton.
5. Ja, Kamera kaputt und viel verwackelt, da im Dom nicht mit Stativ gedreht werden konnte.
6. Mikrofon hatte erst keine Batterie, sonst nicht.
7. Nein.
8. Nein.
9. Nein.
10. Nein.
11. Nein.
12. Nein.

Frage 16: Hatten Sie „Angst" vor der Technik?

1. Nein.
2. Nein.
3. Nein.
4. Nein.
5. Nein.
6. Nein.
7. Nein.
8. Nein.
9. Nein.
10. Ne.
11. Nein!
12. Nein.

Frage 17: Hätten Sie jetzt „Angst" vor der Technik?

1. Nein.

2. Nein.
3. Nein.
4. Nein.
5. Nein.
6. Nein.
7. Nein.
8. Nein.
9. Nein.
10. Nein.
11. Nein.
12. Nein.

13. Literatur

ADAM, Konrad: Die deutsche Bildungsmisere: PISA und die Folgen. Berlin 2002.

AEBLI, Hans: Denken: das Ordnen des Tuns, Band 1: Kognitive Aspekte der Handlungstheorie. Stuttgart 2001 a, 3. Auflage, Band 2: Denkprozesse. Stuttgart 1994, 2. Auflage.

AEBLI, Hans: Zwölf Grundformen des Lehrens, Eine Allgemeine Didaktik auf kognitionspsychologischer Grundlage, Stuttgart 2001b, 11. Auflage.

AHLRING, Ingrid und Bärbel BRÖMER: Wege zur Selbstreflexion. In: Praxis Schule 5–10, 6/2001, S. 42–47.

ALBERT, Marie-Theres: Erziehung für die Zukunft: Herausforderungen für die Gegenwart. In: Zentrum für Technik und Gesellschaft (Hrsg.): Festschrift für Helga Thomas zum 60. Geburtstag. IKO Verlag für Interkulturelle Kommunikation, Frankfurt am Main 1997 (= Querschnitte fachübergreifender Lehre und Forschung an der BTU Cottbus [1]), S. 15–28.

ALBERT, Marie-Theres: Interkulturelles Lernen zwischen Globalisierung, Nationalismen und Orientierungslosigkeit. In: Overwien, Bernd (Hrsg.): Lernen und Handeln im globalen Kontext: Beiträge zu Theorie und Praxis internationaler Erziehungswissenschaft. IKO Verlag für Interkulturelle Kommunikation, Frankfurt am Main 2000 (= Internationale Beiträge zu Kindheit, Jugend, Arbeit und Bildung 6).

ALBERT, Marie-Theres: Unesco-Konventionen: historische Kontexte und Bezüge. In: Deutsche Unesco-Kommission (Hrsg.): Natur und Kultur: ambivalente Dimensionen unseres Erbes; Perspektivwechsel. Cottbus 2002, S. 19–25.

ALBERT Marie-Theres: World Heritage Studies – Strategien zum Erhalt kultureller Vielfalt in der globalen Welt. In: Wulf, Christoph (Hrsg.): Globalisierung als Herausforderung der Erziehung: Theorien, Grundlagen, Fallstudien. Waxmann, Münster 2002 (= European studies in education 15), S. 464–473.

ARNHEIM, Rudolf: Anschauliches Denken, Köln 1972.

ARNHEIM, Rudolf: Die Macht der Mitte. Eine Kompositionslehre für die bildenden Künste. Neuausgabe (deutsche Ausgabe von: „The Power of the Center. Revised Version"). DuMont Taschenbuch, Köln 1996.

ARNHEIM, Rufolf: Zur Psychologie der Kunst. Köln 1977.

ARRIENS, Klaus: Wahrheit und Wirklichkeit im Film. Königshausen & Neumann, Würzburg 1999.

ARTELT, Cordula [u. a.]: Learners for life: student approaches to learning; results from PISA 2000. Paris: OECD, 2003 [PDF-Datei].

ARTELT, Cordula (Hrsg.): PISA 2000: Zusammenfassung zentraler Befunde. Berlin: Max-Planck-Institut für Bildungsforschung, 2001 [PDF-Datei].

AUERNHEIMER, Georg: Einführung in die interkulturelle Erziehung. Wissenschaftliche Buchgesellschaft, Darmstadt 1995, 2., überarb. Aufl.

AUERNHEIMER, Georg: Interkulturelle Pädagogik – ein überflüssiges akademisches Steckenpferd? Online: http://www.uni-koeln.de/ew-fak/Allg_paeda/int/pub/artikel.html [2004-03-01]., 2.9.2009

AUFENANGER, Stefan: Lernen mit Neuen Medien – mehr Wissen und bessere Bildung? In: Keil-Slawik, Reinhard. und Michael. Kerres (Hrsg.): Wirkungen und Wirksamkeit Neuer Medien in der Bildung. Waxmann, Münster, New York, München u. a. 2003 (= education quality forum 1), S. 161–171.

AUFENANGER, Stefan: Lernen mit den Neuen Medien. URL-Dokument: www.erzwiss.uni hamburg.de. Stand 1998, Download 29.08.1999.

AUFENANGER, Stefan: Medien-Visionen und die Zukunft der Medienpädagogik. Plädoyer für Medienbildung in der Wissensgesellschaft. In: Medien praktisch, 24. Jg. (2000), H. 93, S. 4–14.

BAACKE, Dieter (1999): Medienkompetenz: theoretisch erschließend und praktisch folgenreich. In: Medien und Erziehung. Medienkompetenz – Was soll das? 43. Jahrgang/Nr. 1.

BACHMAIR, Ben: Fernsehkultur. Subjektivität in einer Zeit bewegter Bilder. Opladen 1996.

BANDARIN, Francesco: Vorwort. In: Deutsche Unesco-Kommission (Hrsg.): Natur und Kultur: ambivalente Dimensionen unseres Erbes; Perspektivwechsel. Cottbus 2002, S. 15–16.

BARTHELMES, Jürgen und Ekkehard SANDERS: Erst die Freunde, dann die Medien. Medien als Begleiter in Pubertät und Adoleszenz. Medienerfahrungen von Jugendlichen. Bd. 2. DJI, München 2001.

BARTHES, Roland: Die helle Kammer. Suhrkamp TB, Frankfurt 1989.

BAUMERT, Jürgen [u. a.]: PISA 2000: die Länder der Bundesrepublik Deutschland im Vergleich; Zusammenfassung zentraler Befunde. Max-Planck-Institut für Bildungsforschung, Berlin 2002 [PDF-Datei].

BAUMERT, Jürgen: PISA 2000: die Studie im Überblick; Grundlagen, Methoden, Ergebnisse. In: Hans-Seidel-Stiftung (Hrsg.): Bildung: Standards, Tests, Reformen. Atwerb-Verlag, München 2003 (Politische Studien, Zweimonatsschrift für Politik undZeitgeschehen, Sonderheft 2003, 3), [PDF-Datei], S. 8–35.

BAYERL, Günter: F 60 – Die Niederlausitzer Brücke : eine Abraumförderbrücke als Wahrzeichen einer Tagebauregion. In: Technisches Museum Wien (Hrsg.): Blätter für Technikgeschichte 63 (2001), S. 33–59.

BAYERL, Günter: Kulturlandschaften – Erbe und Erblasser: die Niederlausitz als bedeutsames Erbe? In: Deutsche Unesco-Kommission (Hrsg.): Natur und Kultur: ambivalente Dimensionen unseres Erbes; Perspektivwechsel. Cottbus 2002, S. 59.

BAYERL, Günter (Hrsg.): Technisch-historische Spaziergänge in Cottbus und dem Land zwischen Elster, Spree und Neiße. Niederlausitzer Edition, Cottbus 1995, S. 39–59.

BDK (Bund Deutscher Kunsterzieher e. V.): Digitale Medien und Kunstunterricht. In: BDK-Mitteilungen 3/2001, S. 42–45.

BERING, Cornelia und Kunibert BERING: Konzeptionen der Kunstdidaktik: Dokumente eines komplexen Gefüges. Athena, Oberhausen 1999.

BERING, Kunibert: Visuelle Kompetenz. In: Bering, Kunibert und Rolf Niehoff (Hrsg.): Bilder. Eine Herausforderung für die Bildung. Oberhausen 2005.

BEICKEN, Peter: Wie interpretiert man einen Film? – Für die Sekundarstufe II, Reclam, Stuttgart 2004.

BENNER, Dietrich: Wilhelm von Humboldts Bildungstheorie: eine problemgeschichtliche Studie zum Begründungszusammenhang neuzeitlicher Bildungsreform. Juventa Verlag, Weinheim 1990.

BERGMANN, Anne u. a.: Medienkompetenz. Modelle und Projekte. Bonn 2004.

BERGMANN, Anne, Jürgen LAUFFER, Lothar Mikos, Günter A. Thiele (Hrsg.): Medienkompetenz. Modelle und Projekte (plus CD-Rom). Bonn 2004.

BERLYNE, Daniel Ellis: Konflikt, Erregung und Neugier. Stuttgart 1974.

BERNECKER, Roland: Anmerkungen zu dreißig Jahren Unesco-Welterbekonvention. In: World Heritage: die Welt beerben? Ästhetik und Kommunikation Verlag, Berlin 2002 (Ästhetik und Kommunikation 119), S. 23–27.

BERNECKER, Roland: Kulturelles Gedächtnis. In: Deutsche Unesco-Kommission (Hrsg.): Natur und Kultur: ambivalente Dimensionen unseres Erbes; Perspektivwechsel. Cottbus 2002, S. 51–56.

BERNER, Hans: Aktuelle Strömungen in der Pädagogik und ihre Bedeutung für den Erziehungsauftrag der Schule. Haupt, Bern 1992 (Studien zur Geschichte der Pädagogik und Philosophie der Erziehung 3).

BERNHARD, Armin (Hrsg.): Kritische Erziehungswissenschaft und Bildungsreform: Programmatik, Brüche, Neuansätze. Bd. 2: Reformimpulse in Pädagogik, Didaktik und Curriculumentwicklung. Schneider Verlag Hohengehren, Baltmannsweiler 2003.

BIELSKI, Sven und Bernhard ROSEMANN: Veränderungsbereitschaft von Lehrerkollegien. Veränderungsbereitschaft von Lehrerkollegien und Schulentwicklungsmaßnahmen. In: Bildung und Erziehung, 52. Jg. (1999), H. 1, S. 85–103.

BOECKMANN, K.: Wissen und Bildung in der Informationsgesellschaft. In: Deubel, V. und K. H. Kiefer (Hrsg.): Medienbildung im Umbruch. Lehren und Lernen im Kontext der Neuen Medien. Aisthesis, Bielefeld 2003 (= Schrift und Bild in Bewegung 6), S. 31–40.

BINDSEIL, Ilse, Elisabeth von HAEBLER und Albrecht von LUCKE: Holzweg Bildung: Editorial. In: Holzweg Bildung. Ästhetik und Kommunikation Verlag, Berlin 2003 (= Ästhetik und Kommunikation 120), S. 10–11.

BLANKERTZ, Herwig: Fachdidaktische Curriculumforschung: Strukturansätze für Geschichte, Deutsch, Biologie. Neue Deutsche Schule Verlag, Essen 1973 (= Neue pädagogische Bemühungen 57).

BOHL, Thorsten: Prüfen und Bewerten im offenen Unterricht. Kriftel, Neuwied 2004.

BÖHM, Winfried: Wörterbuch der Pädagogik. Kröner, Stuttgart 1988, Kröners Taschenausgabe, 13., überarb. Aufl.

BORRIES, Bodo von: Das Geschichtsbewusstsein Jugendlicher: erste repräsentative Untersuchung über Vergangenheitsdeutungen, Gegenwartswahrnehmungen und Zukunftserwartungen von Schülerinnen und Schülern in Ost- und Westdeutschland. Juventa, Weinheim 1995.

BORNEMANN, Stefan und Lars GERHOLD: TV-Produktion in Schule und Hochschule – ein Leitfaden zur Vermittlung praktischer Medienkompetenz. München 2004.

BORTZ, Jürgen und Nicola DÖRING: Forschungsmethoden und Evaluation. Springer-Verlag, Berlin, Heidelberg 2005, 3. Aufl.

BOVET, Huwendiek (Hrsg.): Leitfaden Schulpraxis. Pädagogik und Psychologie für den Lehrerberuf, Berlin 2000.

BREMER, Claudia und Kerstin KOHL: E-Learning Strategien und E-Learning Kompetenzen an Hochschulen, Bielefeld 2004.

BRENNE, Andreas: Ressource Kunst. „Künstlerische Feldforschung" in der Primarstufe. Qualitative Erforschung eines kunstpädagogischen Modells. Verlagshaus Monsenstein & Vannerdat; www.mv-wissenschaft.com, Münster 2004.

BRINKMANN, Annette: Neue Medien im Kunstunterricht: eine Analyse der 2003 gültigen Bildungspläne; Abschluss der Lehrplanerhebung: Juni 2003. ARCult Media, Bonn 2004.

BROCKHAUS MULTIMEDIAL PREMIUM 2001. Bibliographisches Institut, Mannheim 2000 [CD-Rom-Datenbank].

DIE BUNDESREGIERUNG (Hrsg.): Grundgesetz für die Bundesrepublik Deutschland. Online: http://www.bundesregierung.de/Gesetze/-,4222/Grundgesetz.htm [2004-07-24]., 7.12.2008

BUCHEGGER, Barbara und Christoph KAINDL: Nutzung Neuer Medien Wiener Jugendlicher. http://www.netbridge.at/dloads/ngenstudie.pdf. 2000., Stand 7.7. 2008

BUNDESMINISTERIUM FÜR GESUNDHEIT UND BILDUNG (Hrsg.): IT-Ausstattung der Allgemeinbildenden und berufsbildenden Schulen in Deutschland. Bestandsaufnahme 2004 und Entwicklung 2001 bis 2004. Bonn, Berlin 2004.

BUND-LÄNDER-KOMMISSION FÜR BILDUNGSPLANUNG UND FORSCHUNGSFÖRDERUNG, ARBEITSSTAB FORUM BILDUNG (Hrsg.): Expertenberichte des Forums Bildung. Bonn 2002 (= Ergebnisse des Forums Bildung 3).

CASPARY, Hans: Licht und Schatten: das Welterbe am Ende des zweiten Jahrtausends; die 23. Sitzung des Welterbekomitees der Unesco in Marrakesh. Online: http://www.unesco.de/c_aktuelles/uh1-2000_cas.htm [2004-03-17], Stand. 8.12.2008

CLAUSBERG, Karl: Neuronale Kunstgeschichte. Wien, New York 1999.

CRIEGERN, Axel von: Ästhetische Konzepte künstlerischer Auseinandersetzung. In: Kunst + Unterricht, H. 233 (1999), S. 40–43.

DIECKMANN, Bernhardt.: Empirische Sozialforschung. Grundlagen, Methoden, Anwendungen. Rowohlt, Reinbek b. Hamburg 2003 (= Rowohlts Enzyklopädie), 10. Aufl.

DEUBEL, V. und K. H. KIEFER (Hrsg.): Medienbildung im Umbruch. Lehren und Lernen im Kontext der Neuen Medien. Aisthesis, Bielefeld 2003 (= Schrift und Bild in Bewegung 6).

DEUTSCHE STIFTUNG DENKMALSCHUTZ (Hrsg.): Denkmal aktiv: Kulturerbe macht Schule; Arbeitsblätter für den Unterricht. Bonn 2002.

DEUTSCHE STIFTUNG DENKMALSCHUTZ (Hrsg.): Kurzinformation „denkmal aktiv". Stand: 20. September 2002. [Bonn] 2002.

DEUTSCHE STIFTUNG DENKMALSCHUTZ (Hrsg.): Kurzinformation „denkmal aktiv". Stand: 15. März 2003. [Bonn] 2003.

DEUTSCHE UNESCO-KOMMISSION (Hrsg.): Natur und Kultur: ambivalente Dimensionen unseres Erbes; Perspektivwechsel. Cottbus 2002.

DEUTSCHE UNESCO-KOMMISSION, ÖSTERREICHISCHE UNESCO-KOMMISSION, DEUTSCHE STIFTUNG DENKMALSCHUTZ (Hrsg.): Welterbe für junge Menschen: entdecken, erforschen, erhalten; eine Unterrichtsmappe für Lehrerinnen und Lehrer. Bonn 2003.

DEUTSCHE UNESCO-KOMMISSION (Hrsg.): Unesco heute online: Online-Magazin der Deutschen UNESCO-Kommission; Ausgabe 3, März 2003; Welterbe für junge Menschen. Online: http://www.unesco-heute.de/0303/welterbekit.htm [2004-08-11].

DÖRING, Nicola: Kommunikation im Internet: Neun theoretische Ansätze. In: Batinic, B. (Hrsg.): Internet für Psychologen. Hogrefe, Göttingen 1997. S. 267–297.

DÖRING, Nicola: Identitäten, Beziehungen und Gemeinschaften im Internet. In: Batinic, B. (Hrsg.): Internet für Psychologen. Hogrefe, Göttingen 1997. S. 297–336.

DÖRING, Nicola: Lernen und lehren im Internet. Ind: Batinic, B. (Hrsg.): Internet für Psychologen. Hogrefe, Göttingen 1997. S. 359–393.

DÖRING, Nicola: Sozialpsychologie des Internets. Die Bedeutung des Internets für Kommunikationsprozesse, Identitäten, soziale Beziehungen und Gruppen. Hogrefe, Göttingen, Bern, Toronto u. a. 1999 (= Internet und Psychologie. Neue Medien in der Psychologie, herausgegeben von Bernard Batinic, 2).

DÖRR, Gunther und Karl Ludwig JÜNGST (Hrsg.): Lernen mit Medien. Ergebnisse und Perspektiven zu medial vermittelten Lehr- und Lernprozessen. Juventa, Weinheim, München 1998.

DROSTE, Bernd von: Towards World Heritage Education. In: United Nations Educational, Scientific and Cultural Organization (Hrsg.): World Heritage in young hands: to know, cherish and act; an educational resource kit for teachers. Unesco, Paris 1998, S. 7–8.

EHMER, Herrmann: Visuelle Kommunikation, Köln 1971.

EIKENBUSCH, Gerhardt: Erfahrungen mit Schülerrückmeldungen in der Oberstufe. In: Pädagogik, Nr. 5, 2001, S. 18–22.

ELLWEIN, Thomas: Bildungstraditionen und zukunftsorientierte Ausbildung. Heiderhoff, Frankfurt am Main 1971 (= Eidos Beiträge zur Kultur 15), 1. Aufl.

FRIEBERTSHÄUSER, Barbara: Interviewtechniken – ein Überblick. In: Friebertshäuser, Barbara/Prengel, Annedore (Hrsg.): Handbuch Qualitative Forschungsmethoden in der Erziehungswissenschaft. Juventa, Weinheim, München 1997, S. 371–397.

FLECHSIG, Karl-Heinz: Kulturelle Identität als Lernproblem. In: Wulf, Christoph (Hrsg.): Globalisierung als Herausforderung der Erziehung: Theorien, Grundlagen, Fallstudien. Waxmann, Münster 2002 (= European studies in education 15), S. 64–74.

FLEISSNER, Peter (Hrsg.): Digitale Medien – neue Möglichkeiten für Demokratie und Partizipation, Trafo, Berlin 2007.

FLOTO, Christian: Neue Medien und Content: Chancen und Herausforderungen einer potenziellen Sollbruchstelle. In: Keil-Slawik, R. und M. Kerres (Hrsg.): Wirkungen und Wirksamkeit Neuer Medien in der Bildung. Waxmann, Münster, New York, München u. a. 2003 (= education quality forum. 1), S. 173–183.

FREY, Karl (Hrsg.): Curriculum-Handbuch. Bd. 2. Piper, München 1975, S. 539–564.

FRIED, Johannes: Erfahrung, Wissen und Gesellschaft – Erfahrungen der Wissensgesellschaft. In: Kilius, Nelson (Hrsg.): Die Zukunft der Bildung. Suhrkamp, Frankfurt am Main 2002, 1. Aufl., S. 14–44.

FRIEDRICHSEN, Mike und Wolfgang MÜHL-BENNINGHAUS: Neue Technik, Neue Medien, neue Gesellschaft? R. Fischer, München 2007.

FROMME, Johannes (Hrsg.): Medien – Macht – Gesellschaft. Verl. für Sozialwiss., Wiesbaden 2007.

FREY, Karl: Die Projektmethode. Der Weg zum bildenden Tun, Weinheim, Basel 2002.

FRÖHLICH, Werner D.: Wörterbuch Psychologie. Deutscher Taschenbuch-Verlag, München 1997 (= Dtv 3285), 21., bearb. u. erw. Aufl.

FROESE, Leonhard: Bildungspolitik und Bildungsreform: amtliche Texte und Dokumente zur Bildungspolitik im Deutschland der Besatzungszone, der Bundesrepublik Deutschland und der Deutschen Demokratischen Republik. Goldmann, München 1969 (= Goldmanns gelbe Taschenbücher 2470/2471).

FUCHS, Max: „Kulturelle Bildung – Grundlagen – Praxis – Politik". Schriftenreihe Kulturelle Bildung. München 2008.

FÜHR, Christoph (Hrsg.): Zur Bildungsreform in der Bundesrepublik Deutschland: Impulse und Tendenzen; Bericht und Dokumentation über eine Tagung im Unesco-Institut für Pädagogik in Hamburg vom 18. bis 21. Juni 1968. Beltz, Weinheim 1969 (= Unesco-Institut Hamburg: Internationale pädagogische Studien 19).

GANZ, Reinhardt E.: Wahrnehmung und Projektion. In: Neuser, J. und R. Kriebel: Projektionen – Grenzprobleme zwischen innerer und äußerer Realität. Göttingen 1992, S. 127 ff.

GAPSKI, Harald: Medienkompetenz – Eine Bestandsaufnahme und Vorüberlegungen zu einem systemtheoretischen Rahmenkonzept. Wiesbaden 2001.

GERGEN, Kenneth J.: Konstruierte Wirklichkeiten – eine Hinführung zum sozialen Konstruktionismus. Kohlhammer Verlag, Stuttgart 2002.

GNADL, Lisa: Faszination Unesco-Welterbe: die Bedeutung eines globalen Denkmalschutzkonzeptes für die Stadtgesellschaft, 2005. Hochschulschrift: Diplomarbeit, Univ. Frankfurt am Main 2006.

GIESECKE, Hermann: Pädagogische Illusionen: Lehren aus 30 Jahren Bildungspolitik. Klett-Cotta, Stuttgart 1998.

GOLDSTEIN, Bruce: Wahrnehmungspsychologie. Heidelberg 1997.

GOMBRICH, Ernst: Geschichte der Kunst. Stuttgart 1986.

GRÄSEL, Cornelia: Problemorientiertes Lernen. Göttingen 1997.

GRIMM, Anne: Soziologie der Bildung und Erziehung: eine Einführung und kritische Bilanz. Ehrenwirth, München 1987 (= EGS Texte).

GROEBEL, Jo (Hrsg.): Internet 2002: Deutschland und die digitale Welt. Leske + Budrich, Opladen 2003 (= Schriftenreihe Medienforschung der Landesanstalt für Medien Nordrhein-Westfalen 46).

GUDJONS, Herbert: Handlungsorientiert lehren und lernen. Schüleraktivierung – Selbsttätigkeit – Projektarbeit (Erziehen und Unterrichten in der Schule). Bad Heilbrunn 1992.

GUDJONS, Herbert: Selbstgesteuertes Lernen der Schüler, Fahren ohne Führerschein? In: Pädagogik 5 (2003), S. 6–9.

HÄCKER, Hartmut O. (Hrsg.): Dorsch psychologisches Wörterbuch. Huber, Bern 2004, 14., vollst. überarb. u. erw. Aufl.

HÄßLER, Hans-Jürgen und Heiko KAUFFMANN (Hrsg.): Kultur gegen Krieg. Pahl-Rugenstein, Köln 1986 (= Kleine Bibliothek 383).

HALPERIN, Daniel S.: To live together: shaping new attitudes to peace through education: based on the Israeli-Palestinian Workshop held 26 January to 2 February 1997 at the Centre des Pensières, Fondation Marcel Mérieux, Veyrier du Lac (Annecy), France. Unesco, Paris 1997.

HAMPE, Barry: Making Documentaryfilms and Reality Videos – a practical Guide to Planning, Filming and Editing Documentaries of Real Events, New York 1997.

HEMMER, Klaus P. und Jürgen ZIMMER: Der Bezug zu Lebenssituationen in der didaktischen Diskussion. In: Frey, Karl (Hrsg.): Curriculum-Handbuch. Bd. 2. Piper, München 1975, S. 188–201.

HERTER, Jürgen (Hrsg.): Eingriffe in Globalisierung und Kultur, in Wissenschaft und Wirtschaft, in Arbeit und Bildung. IKO Verlag für Interkulturelle Kommunikation, Frankfurt 2000 (= Querschnitte fachübergreifender Lehre und Forschung an der BTU Cottbus 3), S. 11–24.

HILDEBRANDT, Jens: Film: Ratgeber für Lehrer. Aulis-Verl., Deubner 2006, 2., aktualisierte Aufl.

HILKE-GÜNTHER, Arndt (Hrsg.): Geschichts-Didaktik: Praxishandbuch für die Sekundarstufe I und II. Cornelsen, Berlin 2003.

HILLMANN, Karl-Heinz und Günter HARTFIELD: Wörterbuch der Soziologie. Kröner, Stuttgart 1994 (= Kröners Taschenausgabe 410), 4., überarb. u. erg. Aufl.

HIRCHE, Walter: Vorwort. In: Forum der Unesco-Projektschulen, H. 3/4, (2003), S. 5.

HOFSOMMER, Heiner: Die PISA-Pleite. Aton Verlag, Unna 2003, 1. Aufl.

HOORMANN, Anne: Die Neuen Medien und das Schulfach Kunst. Plädoyer für eine medienintegrative Didaktik. BDK-Mitteilungen 4/2002, S. 2–6.

HÜFNER, Klaus: Ansprache von Prof. Dr. Klaus Hüfner, Präsident der Deutschen Unesco-Kommission, auf der Welterbekonferenz in Weimar am 1. Februar 2001 (Auszug). In: Unesco heute 48 (2001), H. 1/2, S. 111–113.

HÜFNER, Klaus: 30 Jahre Welterbekonvention: Wie soll es weitergehen? In: Deutsche Unesco-Kommission: Natur und Kultur: ambivalente Dimensionen unseres Erbes; Perspektivwechsel. Cottbus 2002, S. 141–146.

HÜFNER, Klaus: Grußwort. In: Deutsche Unesco-Kommission (Hrsg.): Natur und Kultur: ambivalente Dimensionen unseres Erbes; Perspektivwechsel. Cottbus 2002, S. 9–10.

HUIZINGA, Johann: Homo Ludens. Hamburg 1963, 6. Aufl.

HUMBOLDT, Wilhelm von: Ideen zu einem Versuch, die Grenzen der Wirksamkeit des Staates zu bestimmen. In: Humboldt, Wilhelm von: Schriften zur Anthropologie und Geschichte. Cotta, Stuttgart 1960 (Wilhelm von Humboldt, Werke in fünf Bänden 1), S. 56–233.

HUMBOLDT, Wilhelm von: Theorie der Bildung des Menschen: Bruchstück. In: Humboldt, Wilhelm von: Schriften zur Anthropologie und Geschichte. Cotta, Stuttgart 1960 (Wilhelm von Humboldt, Werke in fünf Bänden 1), S. 234–240.

JAKOB, Gisela: Das narrative Interview in der Biographieforschung. In: Friebertshäuser, Barbara und Annedore Prengel (Hrsg.): Handbuch Qualitative Forschungsmethoden in der Erziehungswissenschaft. Juventa, Weinheim, München 1997, S. 445–458.

JOERGER, Konrad: Lernprozesse bei Schülern. Stuttgart 1975.

KÄMPF-JANSEN, Helga: Ästhetische Forschung und ihre Kontexte. Innovative Zugänge zur Welterfahrung und Selbsterkenntnis. Köln 2000.

KÄMPF-JANSEN, Helga: Ästhetische Forschung. Köln 2001.

KIENER, Wilma: Die Kunst des Erzählens: Narrativität in dokumentarischen und ethnographischen Filmen. UVK-Medien, Konstanz 1999.

KIENITZ, Günther W.: Web 2.0: der ultimative Guide für die neue Generation Internet. Moses, Kempen 2007.

KIESOW, Gottfried: Vorwort. In: Deutsche Stiftung Denkmalschutz (Hrsg.): Denkmal aktiv: Kulturerbe macht Schule; Arbeitsblätter für den Unterricht. Bonn 2002, S. 1.

KILIUS, Nelson (Hrsg.): Die Zukunft der Bildung. Suhrkamp, Frankfurt am Main 2002.

KIRSCHENMANN, Johannes: Medienbildung in der Kunstpädagogik. Zu einer Didaktik der Komplementarität und Revalidierung. VDG, Verlag und Datenbank für Geisteswissenschaften, Weimar 2003.

KIRSCHENMANN, Johannes, Rainer Wenrich und Wolfgang Zacharias (Hrsg.): Kunstpädagogisches Generationengespräch. Zukunft braucht Herkunft, München 2004.

KIRSTEN, Cornelia: Gründe und Möglichkeiten der Implementierung von Erbeerziehung in den Schulunterricht. Unveröffentlichte Magisterarbeit, Uni Paderborn, 2007

KINSTLE, Theo: Leben an Grenzen: Filmprojekt im Rahmen d. Modellversuchs „Kulturelle Jugendarbeit in d. ländl. Region" d. Internat. Jugend-Kulturzentrums Bayreuth e. V. Internat. Jugend-Kulturzentrum, Bayreuth 1986.

KLAFIK, Wolfgang: Schlüsselprobleme und Schlüsselqualifikationen – Schwerpunkte neuer Allgemeinbildung in einer demokratischen Kinder- und Jugendschule. In: Hepp, G. und H. Schneider (Hrsg.): Schule in der Bürgergesellschaft. Demokratisches Lernen im Lebens- und Erfahrungsraum Schule. Wochenschau, Schwalbach/Ts. 1999 (= Politik und Bildung 16), S. 30–49.

KÖCK, Peter und Hanns OTT: Wörterbuch für Erziehung und Unterricht: 2300 Begriffe aus den Bereichen Pädagogik, Didaktik, Psychologie, Soziologie, Sozialwesen für Eltern und Erzieher, Lehrer aller Schularten, Ausbilder und Auszubildende, Studenten und Studierende, Führungskräfte im Personalbereich, Berufs- und Bildungsberater u. a. Auer, Donauwörth 1989, 4. Aufl.

KOHN, Rita und Catherine HANLEY LUTHOLTZ, Dennis KELLY: My country 'tis of me: helping children discover citizenship through cultural heritage. MacFarland, Jefferson, N. C. 1988.

KÜBLER, H.-D.: Neue Medien – Neues Lernen? Perspektiven und Bedingungen des schulischen Lernens mit „Neuen Medien". In: Felsmann, K.-D. (Hrsg.): 4. Buckower Mediengespräche. Neue Medien – Neues Lernen? Erweiterte Dokumentation 2000. Kopäd, München 2001, S. 17–36.

KÜNG, Hans: Spurensuche: die Weltreligionen auf dem Weg. Piper, München 1999.

LAND HESSEN: Lehrplan Kunst G8, Hessen, Stand 2008.

LANGE, Marie-Luise: Körper-Handlungsspielräume in der Performance-Art. In: Richter, Heide und Adelheid Sievert: Eine Tulpe ist eine Tulpe ist eine Tulpe. Frauen, Kunst und Neue Medien. Königstein/Ts. 1998, S. 157–189.

LEWY, Arieh (Hrsg.): Handbook of curriculum evaluation. Unesco, Paris 1977.

MARCUSE, Herbert: Die Permanenz der Kunst – wider eine bestimmte marxistische Ästhetik/ Ein Essay. München 1977.

MANDL, Heinz (Hrsg.): Bericht über den 40. Kongreß der Deutschen Gesellschaft für Psychologie in München. Hogrefe, Göttingen 1996.

MANDL, Heinz: Eröffnungsvortrag: Wissen und Handeln: Eine theoretische Standortbestimmung. In: Mandl, H. (Hrsg.): Bericht über den 40. Kongreß der Deutschen Gesellschaft für Psychologie in München. Hogrefe, Göttingen 1996, S. 3–13.

MANDL, Heinz und J. GERSTENMAIER (Hrsg.): Die Kluft zwischen Wissen und Handeln. Empirische und theoretische Lösungsansätze. Hogrefe, Göttingen, Bern, Toronto u. a. 2000.

MANDL, H. und G. REINMANN-ROTHMEIER: Auf dem Weg zu einer neuen Kultur des Lehrens und Lernens. In: Dörr, G. und K. L. Jüngst (Hrsg.): Lernen mit Medien. Ergebnisse und Perspektiven zu medial vermittelten Lehr- und Lernprozessen. Juventa, Weinheim, München 1998.

MANDL, Heinz und G. REIMMANN-ROTHMEIER, C. GRÄSEL (Hrsg.): Gutachten zur Vorbereitung des Programms „Systematische Einbeziehung von Medien, Informations- und Kommunikationstechnologien in Lehr-Lern-Prozesse". Ludwig-Maximilians-Universität München, Institut für Pädagogische Psychologie und Empirische Pädagogik, Forschungsbericht Nr. 93, 1998. Als Manuskript gedruckt.

MANDL, Heinz und K. WINKLER: Auf dem Weg zu einer neuen Lehr-Lern-Kultur – Der Beitrag der Neuen Medien. In: Deubel, V. und K. H. Kiefer (Hrsg.): Medienbildung im Umbruch. Lehren und Lernen im Kontext der Neuen Medien. Aisthesis, Bielefeld 2003 (= Schrift und Bild in Bewegung 6), S. 75–94.

MARCI-BOEHNCKE, Gudrun und Matthias RATH (Hrsg.): BildTextZeichen lesen. Intermedialität im didaktischen Diskurs. München 2006.

MAYRING, Philipp: Einführung in die qualitative Sozialforschung. Psychologie Verlags Union, München 1996.

MATHEWS, Gordon: Global culture, individual identity: searching for home in the cultural supermarket. Routledge, London 2000.

MAX-PLANCK-INSTITUT FÜR BILDUNGSFORSCHUNG, ARBEITSGRUPPE BILDUNGSBERICHT (Hrsg.): Das Bildungswesen in der Bundesrepublik Deutschland: Strukturen und Entwicklungen im Überblick. Rowohlt, Reinbek bei Hamburg 1997, vollst. überarb. u. erw. Neuausg.

MAJETSCHAK, Stefan: Klassiker der Kunstphilosophie. Von Platon bis Lyotard. München 2005.

MASET, Pierangelo (Hrsg.): Pädagogische und psychologische Aspekte der Medienästhetik. Opladen 1999.

MC LUHAN, Marshall Herbert: Understanding Media. The Extension of Men. New York 1964.

MEDIENPÄDAGOGISCHER FORSCHUNGSVERBUND SÜDWEST (Hrsg.): JIM-Studie 2008,

MEYER, Hilbert L.: Einführung in die Curriculum-Methodologie. 2., durchges. Aufl. Kösel, München 1972.

MEYER, Hilbert L.: Skizze des Legitimationsproblems von Lernzielen und Lerninhalten. In: Frey, Karl (Hrsg.): Curriculum-Handbuch. Bd. 2. Piper, München 1975, S. 426–438.

MEYER, Hilbert L.: Unterrichtsmethoden. Bd. 2, Praxisband. Berlin 2000.

MEYER, Torsten: Neues Bauen in Cottbus. In: Bayerl, Günter (Hrsg.): Technisch-historische Spaziergänge in Cottbus und dem Land zwischen Elster, Spree und Neiße. Niederlausitzer Edition, Cottbus 1995, S. 83–95.

MEYER, Thorsten: Interfaces, Medien, Bildung – Paradigmen einer pädagogischen Medientheorie. Bielefeld 2001 (Diss.).

MEYERS KLEINES LEXIKON PÄDAGOGIK. Meyers Lexikon Verlag, Mannheim 1988.

MILLER-KIPP, Gisela.: Eine technische Auffassung der Natur des Menschen wird von der Gehirnbiologie nicht unterschrieben. Zur kritischen Gemeinsamkeit zwischen Neurobiologie und pädagogischer Anthropologie. In: Liebau, E. und H. Peskoller, Ch. Wulf (Hrsg.): Natur. Pädagogisch-anthropologische Perspektiven. Beltz, Weinheim 2003.

MONTESSORI, Mario: Erziehung zum Menschen: Montessori-Pädagogik heute. Fischer, Frankfurt am Main 1991 (= Fischer-Taschenbuch 3069).

MOSER, Heinz: Einführung in die Medienpädagogik – Aufwachsen im Medienzeitalter. VS Verl. für Sozialwiss., Wiesbaden 2006, 4., überarb. und aktualisierte Aufl.

NAUMANN, Michael: Bildung – eine deutsche Utopie: wie ein Begriff der mittelalterlichen Mystik zum Generalthema der Pädagogik wurde und warum wir uns davon noch nicht erholt haben. In: Die Zeit 58 (2003-12-04), Nr. 50, S. 45.

NESTVOGEL, Renate Zum Verhältnis von „Interkulturellem Lernen", „Globalem Lernen" und „Bildung für eine nachhaltige Entwicklung". In: Wulf, Christoph (Hrsg.): Globalisierung als Herausforderung der Erziehung: Theorien, Grundlagen, Fallstudien. Waxmann, Münster 2002 (= European studies in education 15), S. 31–44.

NIEHOFF, Rolf und Rainer WENRICH (Hrsg): Denken und Lernen mit Bildern. München 2007.

NIESYTO, Horst und Matthias RATH, Hubert SOWA (Hrsg.): Medienkritik heute, Grundlagen, Beispiele und Praxisfelder. München 2006.

NIESTYO, Horst und Peter HOLZWARTH: Qualitative Forschung auf der Basis von Eigenproduktionen mit Medien – Erfahrungswerte aus dem aktuellen EU-Forschungsprojekt CHICAM. Beitrag im Rahmen der Herbsttagung 2003 der Kommission Medienpädagogik der Deutsche Gesellschaft für Erziehungswissenschaft (DGfE) an der Universität Magdeburg, 27.–28.11.2003. In: LUB@M 2004. Ludwigsburger Beiträge zur Medienpädagogik. Ausgabe 5/2004.

NIESYTO, Horst (Hrsg.): Film Kreativ – aktuelle Beiträge zur Filmbildung, München 2006.

NOACK, Steffen und Walter TAUSENDPFUND: Welterbeerziehung der Unesco-Projekt-Schulen: wenn wir unser Morgen nicht dem Zufall überlassen wollen. In: Forum der Unesco-Projektschulen, H. 3/4 (2003), S. 84. Programme for International Student Assessment. Online: http://www.pisa.oecd.org [2004-01-07].

OTTO, Gunter und Wolfgang SCHULZ: Der Beitrag der Curriculumforschung. In: Lenzen, Dieter (Hrsg.): Enzyklopädie Erziehungswissenschaft: Handbuch und Lexikon der Erziehung in 11 Bänden und einem Registerband. Bd. 3: Ziele und Inhalte der Erziehung und des Unterrichts. Klett, Stuttgart 1986.

PANDEL, Hans-Jürgen: Dimensionen des Geschichtsbewusstseins. In: Geschichtsdidaktik 12 (1987).

PEEZ, Georg: Evaluation ästhetischer Erfahrungs- und Bildungsprozesse. Beispiel zu ihrer empirischen Erforschung. München 2005.

PEEZ, Georg: Handbuch Fallforschung in der ästhetischen Bildung/Kunstpädagogik. Hohengehren 2007.

PEEZ, Georg: Qualitative empirische Forschung in der Kunstpädagogik. Methodologische Analysen und praxisbezogene Konzepte zu Fallstudien über ästhetische Prozesse, biografische Aspekte und soziale Interaktion in unterschiedlichen Bereichen der Kunstpädagogik. Book on Demand, Norderstedt 2002.

PEUKERT, H.: Bildung – ein uneingelöstes Versprechen. Reflexionen im Schnittfeld von Erziehungswissenschaft, praktischer Philosophie und Theologie. Hamburg 1998.

PETERßEN, Wilhelm H.: Kleines Methodenlexikon. München 2001.

PETERßEN, Wilhelm H.: Fächerverbindender Unterricht, Begriff – Konzept – Planung – Beispiele. Oldenbourg, München 2000.

PIRNER, Manfred und Thomas BREUER (Hrsg.): Medien – Bildung – Religion. Zum Verhältnis von Medienpädagogik und Religionspädagogik in Theorie, Empirie und Praxis. München 2004, *Band 3*.

PIRNER, Manfred und Matthias I. RATH (Hrsg.): Perspektiven und Probleme einer Anthropologie der Medien. Kopaed, München 2003.

POSTMAN, Neil und Tobias RICHTER: Der Auftrag der Schule heute: Wirklichkeit und Unwirklichkeit in der Erziehung. Mayer, Stuttgart 1998.

RABGIER, Michael: Dokumentarfilme drehen. Zweitausendeins, Frankfurt Main 2000.

REIL, Andreas: Das DV System, DV, DCV Cam und DVCPro im praktischen Einsatz, Kameras, Bild und Tonaufnahme, Ausleuchtung, Zubehör, Bildgestaltung, Postproduktion, DVD Authoring. Mediabook-Verl., Gau-Heppenheim 2002.

REICH, Kersten: Systemisch-konstruktivistische Pädagogik. München 2002.

RÖLL, Franz Joseph: Pädagogik der Navigation. Selbstgesteuertes Lernen durch Neue Medien. KoPäd, München 2000.

RÖSSLER, Mechthild: Verbindung von Natur und Kultur : 30 Jahre Unesco-Welterbekonvention. In: Deutsche Unesco-Kommission (Hrsg.): Natur und Kultur: ambivalente Dimensionen unseres Erbes; Perspektivwechsel. Cottbus 2002, S. 27–29.

ROTH, Heinrich: Pädagogische Psychologie des Lehrens und Lernens. Hannover 1976, 15. Aufl.

ROTH, Heinrich: Stimmen die deutschen Lehrpläne noch? Online: http:// paedagogik.uniosnabrück.de/lehrende/schusser/foliend/stimmen.doc [2004-01-12]., 4.5. 2008

ROTH, Gerhardt: Fühlen, Denken, Handeln. Wie das Gehirn unser Verhalten steuert. Suhrkamp, Frankfurt/Main 2001.

SANDER, Uwe, Friederike von GROSS und Kai-Uwe HUGGER: Handbuch Medienpädagogik, Wiesbaden , 2008

SAUER, Michael: Geschichte unterrichten: eine Einführung in die Didaktik und Methodik. Kallmeyer, Seelze-Velber 2001.

SCHADT, Thomas: Das Gefühl des Augenblicks. Zur Dramaturgie des Dokumentarfilms. Bergisch Gladbach 2002,

SCHIERSMANN, Christiane und Johannes BUSSE, Detlev KRAUSE: Medienkompetenz – Kompetenz für Neue Medien – Studie im Auftrag des Forum Bildung. Forum Bildung, Bonn 2002.

SCHILLER, Friedrich: Über die ästhetische Erziehung des Menschen. In: Die digitale Bibliothek der deutschen Literatur und Philosophie. Directmedia, Berlin 2000 [CD-Rom-Datenbank], 3. Bf., 15. Bf., 23. Bf.

SCHMIDT, Siegfried J.: Kognitive Autonomie und soziale Orientierung. Konstruktivistische Bemerkungen zum Zusammenhang von Kognition, Kommunikation, Medien und Kultur. Suhrkamp, Frankfurt a. M. 1996.

SCHMIRBER, Gisela und Siegfried HÖFLING: Vorwort. In: Politische Studien: Zweimonatsschrift für Politik und Zeitgeschehen. Sonderheft 3/2003, S. 5–7.

SCHMITZ, Lilo: in: http://www.socialnet.de/rezensionen/592.php, Stand 9.2.2009 Rezension vom 14.01.2003 zu: Kenneth J. Gergen: Konstruierte Wirklichkeiten – eine Hinführung zum sozialen Konstruktionismus. Kohlhammer Verlag, Stuttgart 2002.

SCHÖTTKER, Detlev (Hrsg.): Mediengebrauch und Erfahrungswandel. UTB, Göttingen 2003.

SCHOMERS, Michael: Die Fernsehreportage. Frankfurt am Main 2001.

SCHORB, Bernd: Multimediale Zukunft. Einige Aufgaben der Medienpädagogik. In: Zacharias, Wolfgang (Hrsg.): Interaktiv. Medienökologie zwischen Sinnenreich und Cyberspace. München 2000, S. 14–20.

SCHORB, Bernd und H. THEUNERT (Hrsg.): „Ein bisschen wählen dürfen ..." Jugend – Politik – Fernsehen. Eine Untersuchung zur Rezeption von Fernsehinformation durch 12- bis 17-Jährige. KoPäd, München 2000.

SCHORB, Bernd und H. THEUNERT: Jugend – Politik – Fernsehen: Einführung und Fragestellung. In: dies. (Hrsg.): „Ein bisschen wählen dürfen ..." Jugend – Politik – Fernsehen. Eine Untersuchung zur Rezeption von Fernsehinformation durch 12- bis 17-Jährige. KoPäd, München 2000, S. 13–35.

SCHÜTZE, Fritz: Rätselhafte Stellen im narrativen Interview und ihre Analyse. In: Handlung Kultur Interpretation. Zeitschrift für Sozial- und Kulturwissenschaften, 1/2001, S. 12–28.

SCHWANITZ, Dietrich: Bildung: alles, was man wissen muss. Eichborn, Frankfurt am Main 1999, ungekürzte, bebilderte Sonderausg.

SCHWINGER, Michael: Du kannst sogar Fotograf sein. Medienpädagogische Arbeit mit brasilianischen Straßenkindern. IKO, Frankfurt 2005. in WELTZEL, M. und H. STADLER (Hrsg.): Nimm' doch mal die Kamera! Zur Nutzung von Videos in der Lehrerausbildung – Beispiele und Empfehlungen aus den Naturwissenschaften, Münster 2005

SELLE, Gert: 2005 Kunstpädagogik und ihre Globalisierung. BDK-Mitteilungen 1/2005, S. 2–3.

SELLE, Gert: Einführung. Das Ästhetische: Sinntäuschung oder Lebensmittel? In: Selle, Gert (Hrsg.): Experiment Ästhetische Bildung. Aktuelle Beispiele für Handeln und Verstehen. Rowohlt, Reinbek 1990, S. 14–37.

SESNIK, Werner: Bildung für die „Informationsgesellschaft". In: Beutler, K. und U. Bracht, H.-J. Gamm u. a. (Hrsg.): Jahrbuch für Pädagogik 1998. Bildung nach dem Zeitalter der großen Industrie. Peter Lang, Franfurt/Main, Berlin, Bern u. a. 1998. S. 81–97.

SINGER, Wolf: Der Beobachter im Gehirn. Essays zur Hirnforschung. Frankfurt am Main, 2002.

SKOWRONEK, Helmut: Lernen und Lernfähigkeit. München 1970.

SPITZER, Manfred: Lernen: Gehirnforschung und die Schule des Lebens. Spektrum, Akademischer Verlag, Heidelberg 2002.

SPREEN, Dierk: Grenzen der Bildungsökonomie: Bildung als Humankapital. In: Holzweg Bildung. Ästhetik und Kommunikation Verlag, Berlin 2003 (= Ästhetik und Kommunikation 120), S. 25–30.

STRÖTER-BENDER, Jutta und Heidrun WOLTER: Das Weltkulturerbe der Unesco im Kunstunterricht – Materialien für die Grundschule. Donauwörth, 2005, 1. Aufl.

STRÖTER-BENDER, Jutta: Claude Monet im Kunstunterricht, Kreative Ideen für die Primarstufe. Donauwörth 2006.

STRÖTER-BENDER, Jutta und Heidrun WOLTER: Das Erbe der Welt, Ästhetische Projekte zum Weltkulturerbe der Unesco, Primarstufe, Band 1. Donauwörth 2005.

STRÖTER-BENDER, Jutta: Lebensräume von Kunst und Wissen, Welterbestätten der Unesco in NRW, Unterrichtsmaterialien für die Sekundarstufen. Paderborn 2004.

STRÖTER-BENDER, Jutta: Liebesgöttinnen, Von der großen Mutter zum Hollywoodstar. DuMont, Köln 1994, S. 165.

STRÖTER-BENDER, Jutta: Zeitgenössische Kunst der „Dritten Welt". DuMont Verlag, Köln 1991, S. 246.

STRÖTER-BENDER, Jutta: Die Muttergottes. Das Marienbild in der christlichen Kunst. Symbolik und Spiritualität. DuMont Verlag, Köln 1992.

STRÖTER-BENDER, Jutta: Heilige. Reihe Symbole. Kreuz Verlag, Stuttgart 1990.

STRÖTER-BENDER, Jutta: Engel. Reihe Symbole. Kreuz Verlag 1988, Stuttgart.

STRÖTER-BENDER, Jutta: Zur Umstrukturierung kolonialer Kulturinstitutionen, Probleme und Perspektiven der Museen in Senegal, Bremer Afrika Archiv. Bd. 18. Übersee Museum, Bremen 1984.

STRÖTER-BENDER, Jutta: Japan, Kunst und Kultur im Kunstunterricht, Primarstufe, Donauwörth. 2007

STRÖTER-BENDER, Jutta und Paula MONDERSOHN-BECKER: Auf den Spuren einer großen Malerin, Primarstufe. Donauwörth. 2007

STRÖTER-BENDER, Jutta und Heidrun WOLTER: Das Erbe der Welt, Ästhetische Projekte zum Weltkulturerbe der Unesco, Primarstufe, Band 2. Donauwörth., 2005

STRÖTER-BENDER, Jutta und Heidrun WOLTER: Das Erbe der Welt, Ästhetische Projekte zum Weltkulturerbe der Unesco, Sekundarstufen, 2 Bände. Donauwörth. 2005

STRÖTER-BENDER, Jutta: Das Weltkulturerbe der Unesco. Ein Projekt im Fach Kunst. In: Hoffmann, Detlef (Hrsg.): Welt – Kunst – Pädagogik. Kunstvermittlung zwischen westlichen Kunstkonzepten und globalen Fragestellungen. Rehburg-Loccum, 2005, S. 121–134.

STRÖTER-BENDER, Jutta: Museumskoffer – Ästhetische Projekte zum Weltkulturerbe der Unesco. In: Marlies große Holthaus, Katharina Köller (Hrsg.): Interkulturelles lernen – erziehen – bilden. Dokumentation des Paderborner Grundschultages 2003. Münster 2004, S. 167–174.

STRÖTER-BENDER, Jutta: Tapetenforschungen im Kunstunterricht. In: BDK-Mitteilungen, Heft Nr. 2, 2006, S. 21–23.

STRÖTER-BENDER, Jutta: Welterbepädagogik für die Schule. Ein Lehr- und Forschungsprojekt an der Universität Paderborn. In: Grundschule, Heft 4, 2006, S. 38–41.

STRÖTER-BENDER, Jutta: Von Himmelsleuchtern und Bergarbeiter-Brotzeit, Unesco-Welterbe in der Schule – ein neues Unterrichtswerk. In: Unesco-Heute Nr. 2, 2004.

STRÖTER-BENDER, Jutta: Lebensräume von Kunst und Wissen. Das Welterbe der Unesco im Fach Kunst. In: Forschungsforum Paderborn Nr. 7, 2004.

STRÖTER-BENDER, Jutta: Paderborner Perspektiven im internationalen Jahr des Unesco-Weltkulturerbes. Neue kunstpädagogische Zugänge in der Entwicklung. In: Paderborner Universitätszeitschrift, 2003, S. 16–17.

STRÖTER-BENDER, Jutta: Danke für Age of Empires. Bild-Eindrücke in der ästhetischen Sozialisation durch Computerspiele. In: Gundula Mattenklott, Constanze Rora (Hrsg.): Ästhetische Sozialisation. Juventa, Weinheim 2004, S. 239–252.

TAST, Hans Jürgen (Hrsg.): Medienkompetenz. Handlungsmöglichkeiten für Kinder und Jugendliche, Schellerten 1996.

TEWES, Uwe (Hrsg.): Psychologie-Lexikon. Oldenbourg, München 1999, 2., überarb. u. erw. Aufl.

UNITED NATIONS (Hrsg.): Charter of the United Nations: [signed on 26 June 1945, in San Francisco, at the conclusion of the United Nations Conference on International Organization]. Online: http://www.un.org/aboutun/charter/ [2004-07-17]., 3.5. 2008

TRAUD, Silke: Selbstgesteuertes Lernen in der Praxis. In: Pädagogik Schule 5-10, 6 (2001), S. 37–40.

TRUFFAUT, François : Truffaut Hitchcock, Diana Verlag, München 2002.

TULODZIECKI, Gerhardt: Medien in Erziehung und Bildung: Grundlagen und Beispiele einer handlungs- und entwicklungsorientierten Medienpädagogik, Bad Heilbrunn. 1997.

TULODZIECKI, Gerhardt: Digitale Medien – veränderte Schule? In: Keil-Slawik, R. und M. Kerres (Hrsg.): Wirkungen und Wirksamkeit Neuer Medien in der Bildung. Waxmann, Münster, New York, München u. a. 2003 (= education quality forum 1), S. 259–273.

TULODZIECKI, Gerhardt und B. HERZIG: Computer & Internet im Unterricht. Medienpädagogische Grundlagen und Beispiele. Cornelsen, Berlin 2002 (= Studium kompakt).

TULODZIECKI, Gerhardt: Entwicklung medienpädagogischer Konzepte in der Schule. In: Gogolin, Ingrid und Dieter Lenzen (Hrsg.): Medien-Generation. Leske + Budrich, Opladen 1999, S. 285–303.

UNITED NATIONS EDUCATIONAL, SCIENTIFIC AND CULTURAL ORGANIZATION, WORLD HERITAGE CENTRE (Hrsg.): Provision of International Assistance, Online: http://whc.unesco.org/nwhc /pages /doc/main.htm [2004-03-17].

UNITED NATIONS EDUCATIONAL, SCIENTIFIC AND CULTURAL ORGANIZATION, WORLD HERITAGE CENTRE (Hrsg.): Ratification status. Online: http://whc.unesco.org/nwhc/pages/doc/main.htm [2004-02-29]., 2.5. 2008

UNITED NATIONS EDUCATIONAL, SCIENTIFIC AND CULTURAL ORGANIZATION (Hrsg.): Allgemeine Erklärung zur kulturellen Vielfalt: 2. November 2001, Paris, 31. Generalkonferenz der Unesco; nichtoffizielle Übersetzung durch das Sekretariat der Kultusministerkonferenz und die Deutsche Unesco-Kommission. In: Unesco heute 49 (2002), H. 1/2, S. 1–6.

UNITED NATIONS EDUCATIONAL, SCIENTIFIC AND CULTURAL ORGANIZATION (Hrsg.): Brief description of the 754 properties inscribed on the World Heritage List 2003. Paris 2003.

UNGEWITTER, Karsten: Perspektiven [Elektronische Ressource]: Erfahrungen aus einem interkulturellen Filmprojekt. – Stand Informationen: September 2004. DIE, Bonn 2006.

VOLKMER, Ingrid: Schöne neue Medienwelten? Konzepte und Visionen für eine Medienpädagogik der Zukunft [Hrsg.: Gesellschaft für Medienpädagogik und Kommunikationskultur in der Bundesrepublik Deutschland (GMK) e. V.; Wiedemann, Dieter (Hrsg.)]. GMK, Bielefeld 2006.

VOß, Reinhardt (Hrsg.): Unterricht aus konstruktivistischer Sicht. München 2002.

WAGNER, Ernst und Monika DREYKORN (Hrsg): Museum – Schule – Bildung. Aktueller Diskurs, Innovative Modelle, Erprobte Methoden. München 2007.

WATZLAWIK, Paul: Kommunikation als Konstruktion von Wirklichkeit. In: Online-Forum Medienpädagogik, http://lbs.bw.schule.de/onmerz (Datum des Zugriffs: 12.11.2002).

WETZEL, Tanja: Das Spiel in der Ästhetischen Bildung, Bd. 1. München 2005.

WELTZEL, M. und H. STADLER (Hrsg.): Nimm' doch mal die Kamera! Zur Nutzung von Videos in der Lehrerausbildung – Beispiele und Empfehlungen aus den Naturwissenschaften. Münster 2005, S. 45–64.

WICHELHAUS, Barbara: Unterrichtsmedien. In: Kunst + Unterricht, H. 223/224, 1998, S. 93–99.

WINKLER, Hartmut: Diskursökonomie – Versuch über die innere Ökonomie der Medien. Suhrkamp Taschenbuch Wissenschaft, Frankfurt am Main 2004, 1. Aufl.

WIRTH, Heinz Willi: Ästhetik – Artikulation und Kommunikation in der bildenden Kunst. Kramer Verlag, Frankfurt 1976, 1. Aufl.

WIRTH, Kai Helge: Die archäologische Trickkiste. In: DEUTSCHE STIFTUNG DENKMALSCHUTZ: Denkmal Aktiv – Kulturerbe macht Schule, Bonn, 2003 S. 23 (B1).

WIRTH, Kai Helge: Film und Video – Handlung – Zeitlichkeit – Multimedialität. In: Wirth, Ingo: Abiteacher Kunst. Berlin, 2005, S. 122-128.

WIRTH, Kai Helge: Kunst Bewegung Spiel, eine erkenntnistheoretische Herausforderung. Alpha Literatur Verlag 2003

WIRTH, Kai Helge und Hubert GLOSS: Film ab. Schüler spielen am preußischen Hof, NEUE PRESSE, Frankfurt am Main, 6.6, 2005, S. 10.

WIRTH, Kai Helge: „Instruieren". In: WIRTH, INGO: Kunst und Methodik – Handbuch für die Sekundarstufe I und II. Berlin 2009.

WORLD HERITAGE YOUTH FORUM <10, KARLSKRONA, 2001>: Report from the World Heritage Youth Forum: Karlskrona, September, 2001. Svenska Unescoradet, Stockholm 2002 [PDF-Datei].

WÜBBELS, Herrmann und Norbert POSSE: Gruppenbildung. In: Lernende Schule, 18 (2002), S. 40–42.

ZACHARIAS, Wolfgang (Hrsg.): Interaktiv. Medienökologie zwischen Sinnenreich und Cyberspace. München 2000.

ZIERMANN, Andreas: Soziologie der Medien. Transcript, Bielefeld 2006.

ZIMMERMANN, Peter (Hrsg.): Fernsehdokumentarismus – Bilanz und Perspektive, Close Up – Schriften aus dem Haus des Dokumentarfilms, Band 1. Ölschläger, Konstanz 1994.

www.ingramcontent.com/pod-product-compliance
Lightning Source LLC
Chambersburg PA
CBHW051356290426
44108CB00015B/2031